I0168790

HINDI

VOCABULAIRE

FRANÇAIS
HINDI

Les mots les plus utiles
Pour enrichir votre vocabulaire et aiguiser
vos compétences linguistiques

9000 mots

Vocabulaire Français-Hindi pour l'autoformation. 9000 mots
Dictionnaire thématique

Par Andrey Taranov

Les dictionnaires T&P Books ont pour but de vous aider à apprendre, à mémoriser et à réviser votre vocabulaire en langue étrangère. Ce dictionnaire thématique couvre tous les grands domaines du quotidien: l'économie, les sciences, la culture, etc ...

Acquérir du vocabulaire avec les dictionnaires thématiques T&P Books vous offre les avantages suivants:

- Les données d'origine sont regroupées de manière cohérente, ce qui vous permet une mémorisation lexicale optimale
- La présentation conjointe de mots ayant la même racine vous permet de mémoriser des groupes sémantiques entiers (plutôt que des mots isolés)
- Les sous-groupes sémantiques vous permettent d'associer les mots entre eux de manière logique, ce qui facilite votre consolidation du vocabulaire
- Votre maîtrise de la langue peut être évaluée en fonction du nombre de mots acquis

Copyright © 2016 T&P Books Publishing

T&P Books Publishing
www.tpbooks.com

ISBN: 978-1-78616-532-9

Ce livre existe également en format électronique.
Pour plus d'informations, veuillez consulter notre site: www.tpbooks.com ou rendez-vous sur ceux des grandes librairies en ligne.

VOCABULAIRE HINDI POUR L'AUTOFORMATION
Dictionnaire thématique

Les dictionnaires T&P Books ont pour but de vous aider à apprendre, à mémoriser et à réviser votre vocabulaire en langue étrangère. Ce lexique présente, de façon thématique, plus de 9000 mots les plus fréquents de la langue.

* Ce livre comporte les mots les plus couramment utilisés
* Son usage est recommandé en complément de l'étude de toute autre méthode de langue
* Il répond à la fois aux besoins des débutants et à ceux des étudiants en langues étrangères de niveau avancé
* Il est idéal pour un usage quotidien, des séances de révision ponctuelles et des tests d'auto-évaluation
* Il vous permet de tester votre niveau de vocabulaire

Spécificités de ce dictionnaire thématique:

* Les mots sont présentés de manière sémantique, et non alphabétique
* Ils sont répartis en trois colonnes pour faciliter la révision et l'auto-évaluation
* Les groupes sémantiques sont divisés en sous-groupes pour favoriser l'apprentissage
* Ce lexique donne une transcription simple et pratique de chaque mot en langue étrangère

Ce dictionnaire comporte 256 thèmes, dont:

les notions fondamentales, les nombres, les couleurs, les mois et les saisons, les unités de mesure, les vêtements et les accessoires, les aliments et la nutrition, le restaurant, la famille et les liens de parenté, le caractère et la personnalité, les sentiments et les émotions, les maladies, la ville et la cité, le tourisme, le shopping, l'argent, la maison, le foyer, le bureau, la vie de bureau, l'import-export, le marketing, la recherche d'emploi, les sports, l'éducation, l'informatique, l'Internet, les outils, la nature, les différents pays du monde, les nationalités, et bien d'autres encore ...

TABLE DES MATIÈRES

GUIDE DE PRONONCIATION

Lettre	Exemple en hindi	Alphabet phonétique T&P	Exemple en français

Voyelles

Lettre	Exemple en hindi	Alphabet phonétique T&P	Exemple en français
अ	अक्सर	[a]; [ɑ], [ə]	aller; record
आ	आगमन	[a:]	camarade
इ	इनाम	[i]	stylo
ई	ईश्वर	[i], [i:]	faillite
उ	उठना	[ʊ]	groupe
ऊ	ऊपर	[u:]	tour
ऋ	ऋग्वेद	[r, rʲ]	riche
ए	एकता	[e:]	aller
ऐ	ऐनक	[aj]	maillot
ओ	ओला	[o:]	tableau
औ	औरत	[au]	Arabie Saoudite
अं	अंजीर	[ŋ]	parking
अः	अ से अः	[h]	[h] aspiré
ऑ	ऑफिस	[ɒ]	portier

Consonnes

Lettre	Exemple en hindi	Alphabet phonétique T&P	Exemple en français
क	कमरा	[k]	bocal
ख	खिड़की	[kh]	[k] aspiré
ग	गरज	[g]	gris
घ	घर	[gh]	[g] aspiré
ङ	डाकू	[ŋ]	parking
च	चक्कर	[tʃ]	match
छ	छात्र	[tʃh]	[tsch] aspiré
ज	जाना	[dʒ]	adjoint
झ	झलक	[dʒ]	adjoint
ञ	विज्ञान	[ɲ]	canyon
ट	मटर	[t]	tennis
ठ	ठेका	[th]	[t] aspiré
ड	डंडा	[d]	document
ढ	ढलान	[d]	document
ण	क्षण	[n]	La consonne nasale rétroflexe
त	ताकत	[t]	tennis
थ	थकना	[th]	[t] aspiré
द	दरवाज़ा	[d]	document
ध	धोना	[d]	document
न	नाई	[n]	ananas

Lettre	Exemple en hindi	Alphabet phonétique T&P	Exemple en français
प	पिता	[p]	panama
फ	फल	[f]	formule
ब	बच्चा	[b]	bureau
भ	भाई	[b]	bureau
म	माता	[m]	minéral
य	याद	[j]	maillot
र	रीछ	[r]	racine, rouge
ल	लाल	[l]	vélo
व	वचन	[v]	rivière
श	शिक्षक	[ʃ]	chariot
ष	भाषा	[ʃ]	chariot
स	सोना	[s]	syndicat
ह	हजार	[h]	[h] aspiré

Consonnes supplémentaires

क़	क़लम	[q]	cadeau
ख़	ख़बर	[h]	[h] aspiré
ड़	लड़का	[r]	racine, rouge
ढ़	पढ़ना	[r]	racine, rouge
ग़	ग़लती	[ɣ]	g espagnol - amigo, magnífico
ज़	ज़िन्दगी	[z]	gazeuse
झ़	ट्रेझ़र	[ʒ]	jeunesse
फ़	फ़ौज	[f]	formule

ABRÉVIATIONS
employées dans ce livre

Abréviations en français

adj	-	adjective
adv	-	adverbe
anim.	-	animé
conj	-	conjonction
dénombr.	-	dénombrable
etc.	-	et cetera
f	-	nom féminin
f pl	-	féminin pluriel
fam.	-	familiar
fem.	-	féminin
form.	-	formal
inanim.	-	inanimé
indénombr.	-	indénombrable
m	-	nom masculin
m pl	-	masculin pluriel
m, f	-	masculin, féminin
masc.	-	masculin
math	-	mathematics
mil.	-	militaire
pl	-	pluriel
prep	-	préposition
pron	-	pronom
qch	-	quelque chose
qn	-	quelqu'un
sing.	-	singulier
v aux	-	verbe auxiliaire
v imp	-	verbe impersonnel
vi	-	verbe intransitif
vi, vt	-	verbe intransitif, transitif
vp	-	verbe pronominal
vt	-	verbe transitif

Abréviations en hindi

f	-	nom féminin
f pl	-	féminin pluriel
m	-	nom masculin
m pl	-	masculin pluriel

CONCEPTS DE BASE

Concepts de base. Partie 1

1. Les pronoms

je	मैं	main
tu	तुम	tum
il, elle, ça	वह	vah
nous	हम	ham
vous	आप	āp
ils, elles	वे	ve

2. Adresser des vœux. Se dire bonjour. Se dire au revoir

Bonjour! (fam.)	नमस्कार!	namaskār!
Bonjour! (form.)	नमस्ते!	namaste!
Bonjour! (le matin)	नमस्ते!	namaste!
Bonjour! (après-midi)	नमस्ते!	namaste!
Bonsoir!	नमस्ते!	namaste!
dire bonjour	नमस्कार कहना	namaskār kahana
Salut!	नमस्कार!	namaskār!
salut (m)	अभिवादन (m)	abhivādan
saluer (vt)	अभिवादन करना	abhivādan karana
Comment ça va?	आप कैसे हैं?	āp kaise hain?
Quoi de neuf?	क्या हाल है?	kya hāl hai?
Au revoir!	अलविदा!	alavida!
À bientôt!	फिर मिलेंगे!	fir milenge!
Adieu! (fam.)	अलिवदा!	alivada!
Adieu! (form.)	अलविदा!	alavida!
dire au revoir	अलविदा कहना	alavida kahana
Salut! (À bientôt!)	अलविदा!	alavida!
Merci!	धन्यवाद!	dhanyavād!
Merci beaucoup!	बहुत बहुत शुक्रिया!	bahut bahut shukriya!
Je vous en prie	कोई बात नहीं	koī bāt nahin
Il n'y a pas de quoi	कोई बात नहीं	koī bāt nahin
Pas de quoi	कोई बात नहीं	koī bāt nahin
Excuse-moi!	माफ़ कीजिएगा!	māf kījiega!
Excusez-moi!	माफ़ी कीजियेगा!	māfī kījiyega!
excuser (vt)	माफ़ करना	māf karana
s'excuser (vp)	माफ़ी मांगना	māfī māngana
Mes excuses	मुझे माफ़ कीजिएगा	mujhe māf kījiega

Pardonnez-moi!	मुझे माफ़ कीजिएगा!	mujhe māf kījiega!
pardonner (vt)	माफ़ करना	māf karana
s'il vous plaît	कृप्या	krpya

N'oubliez pas!	भूलना नहीं!	bhūlana nahin!
Bien sûr!	ज़रूर!	zarūr!
Bien sûr que non!	बिल्कुल नहीं!	bilkul nahin!
D'accord!	ठीक है!	thīk hai!
Ça suffit!	बहुत हुआ!	bahut hua!

3. Comment s'adresser à quelqu'un

monsieur	श्रीमान	shrīmān
madame	श्रीमती	shrīmatī
madame (mademoiselle)	मैम	maim
jeune homme	बेटा	beta
petit garçon	बेटा	beta
petite fille	कुमारी	kumārī

4. Les nombres cardinaux. Partie 1

zéro	ज़ीरो	zīro
un	एक	ek
deux	दो	do
trois	तीन	tīn
quatre	चार	chār

cinq	पाँच	pānch
six	छह	chhah
sept	सात	sāt
huit	आठ	āth
neuf	नौ	nau

dix	दस	das
onze	ग्यारह	gyārah
douze	बारह	bārah
treize	तेरह	terah
quatorze	चौदह	chaudah

quinze	पन्द्रह	pandrah
seize	सोलह	solah
dix-sept	सत्रह	satrah
dix-huit	अठारह	athārah
dix-neuf	उन्नीस	unnīs

vingt	बीस	bīs
vingt et un	इक्कीस	ikkīs
vingt-deux	बाईस	baīs
vingt-trois	तेईस	teīs

| trente | तीस | tīs |
| trente et un | इकतीस | ikattīs |

| trente-deux | बतीस | battīs |
| trente-trois | तैंतीस | taintīs |

quarante	चालीस	chālīs
quarante et un	इकतालीस	iktālīs
quarante-deux	बयालीस	bayālīs
quarante-trois	तैंतालीस	taintālīs

cinquante	पचास	pachās
cinquante et un	इक्यावन	ikyāvan
cinquante-deux	बावन	bāvan
cinquante-trois	तिरपन	tirapan

soixante	साठ	sāth
soixante et un	इकसठ	ikasath
soixante-deux	बासठ	bāsath
soixante-trois	तिरसठ	tirasath

soixante-dix	सत्तर	sattar
soixante et onze	इकहत्तर	ikahattar
soixante-douze	बहत्तर	bahattar
soixante-treize	तिहत्तर	tihattar

quatre-vingts	अस्सी	assī
quatre-vingt et un	इक्यासी	ikyāsī
quatre-vingt deux	बयासी	bayāsī
quatre-vingt trois	तिरासी	tirāsī

quatre-vingt-dix	नब्बे	nabbe
quatre-vingt et onze	इक्यानवे	ikyānave
quatre-vingt-douze	बानवे	bānave
quatre-vingt-treize	तिरानवे	tirānave

5. Les nombres cardinaux. Partie 2

cent	सौ	sau
deux cents	दो सौ	do sau
trois cents	तीन सौ	tīn sau
quatre cents	चार सौ	chār sau
cinq cents	पाँच सौ	pānch sau

six cents	छह सौ	chhah sau
sept cents	सात सो	sāt so
huit cents	आठ सौ	āth sau
neuf cents	नौ सौ	nau sau

mille	एक हज़ार	ek hazār
deux mille	दो हज़ार	do hazār
trois mille	तीन हज़ार	tīn hazār
dix mille	दस हज़ार	das hazār
cent mille	एक लाख	ek lākh

| million (m) | दस लाख (m) | das lākh |
| milliard (m) | अरब (m) | arab |

6. Les nombres ordinaux

premier (adj)	पहला	pahala
deuxième (adj)	दूसरा	dūsara
troisième (adj)	तीसरा	tīsara
quatrième (adj)	चौथा	chautha
cinquième (adj)	पाँचवाँ	pānchavān

sixième (adj)	छठा	chhatha
septième (adj)	सातवाँ	sātavān
huitième (adj)	आठवाँ	āthavān
neuvième (adj)	नौवाँ	nauvān
dixième (adj)	दसवाँ	dasavān

7. Nombres. Fractions

fraction (f)	अपूर्णांक (m)	apūrnānk
un demi	आधा	ādha
un tiers	एक तीहाई	ek tīhaī
un quart	एक चौथाई	ek chauthaī

un huitième	आठवां हिस्सा	āthavān hissa
un dixième	दसवां हिस्सा	dasavān hissa
deux tiers	दो तिहाई	do tihaī
trois quarts	पौना	pauna

8. Les nombres. Opérations mathématiques

soustraction (f)	घटाव (m)	ghatāv
soustraire (vt)	घटाना	ghatāna
division (f)	विभाजन (m)	vibhājan
diviser (vt)	विभाजित करना	vibhājit karana

addition (f)	जोड़ (m)	jor
additionner (vt)	जोड़ करना	jor karana
ajouter (vt)	जोड़ना	jorana
multiplication (f)	गुणन (m)	gunan
multiplier (vt)	गुणा करना	guna karana

9. Les nombres. Divers

chiffre (m)	अंक (m)	ank
nombre (m)	संख्या (f)	sankhya
adjectif (m) numéral	संख्यावाचक (m)	sankhyāvāchak
moins (m)	घटाव चिह्न (m)	ghatāv chihn
plus (m)	जोड़ चिह्न (m)	jor chihn
formule (f)	फ़ारमूला (m)	fāramūla
calcul (m)	गणना (f)	ganana
compter (vt)	गिनना	ginana

| calculer (vt) | गिनती करना | ginatī karana |
| comparer (vt) | तुलना करना | tulana karana |

Combien?	कितना?	kitana?
somme (f)	कुल (m)	kul
résultat (m)	नतीजा (m)	natīja
reste (m)	शेष (m)	shesh

quelques ...	कुछ	kuchh
peu de ...	थोड़ा ...	thora ...
reste (m)	बाक़ी	bāqī
un et demi	डेढ़	derh
douzaine (f)	दर्जन (m)	darjan

en deux (adv)	दो भागों में	do bhāgon men
en parties égales	बराबर	barābar
moitié (f)	आधा (m)	ādha
fois (f)	बार (m)	bār

10. Les verbes les plus importants. Partie 1

aider (vt)	मदद करना	madad karana
aimer (qn)	प्यार करना	pyār karana
aller (à pied)	जाना	jāna
apercevoir (vt)	देखना	dekhana
appartenir à ...	स्वामी होना	svāmī hona

appeler (au secours)	बुलाना	bulāna
attendre (vt)	इंतज़ार करना	intazār karana
attraper (vt)	पकड़ना	pakarana
avertir (vt)	चेतावनी देना	chetāvanī dena

avoir (vt)	होना	hona
avoir confiance	यकीन करना	yakīn karana
avoir faim	भूख लगना	bhūkh lagana

avoir peur	डरना	darana
avoir soif	प्यास लगना	pyās lagana
cacher (vt)	छिपाना	chhipāna
casser (briser)	तोड़ना	torana
cesser (vt)	बंद करना	band karana

changer (vt)	बदलना	badalana
chasser (animaux)	शिकार करना	shikār karana
chercher (vt)	तलाश करना	talāsh karana
choisir (vt)	चुनना	chunana
commander (~ le menu)	ऑर्डर करना	ordar karana

commencer (vt)	शुरू करना	shurū karana
comparer (vt)	तुलना करना	tulana karana
comprendre (vt)	समझना	samajhana
compter (dénombrer)	गिनना	ginana
compter sur ...	भरोसा रखना	bharosa rakhana
confondre (vt)	गड़बड़ा जाना	garabara jāna

connaître (qn)	जानना	jānana
conseiller (vt)	सलाह देना	salāh dena
continuer (vt)	जारी रखना	jārī rakhana
contrôler (vt)	नियंत्रित करना	niyantrit karana

courir (vi)	दौड़ना	daurana
coûter (vt)	दाम होना	dām hona
créer (vt)	बनाना	banāna
creuser (vt)	खोदना	khodana
crier (vi)	चिल्लाना	chillāna

11. Les verbes les plus importants. Partie 2

décorer (~ la maison)	सजाना	sajāna
défendre (vt)	रक्षा करना	raksha karana
déjeuner (vi)	दोपहर का भोजन करना	dopahar ka bhojan karana
demander (~ l'heure)	पूछना	pūchhana
demander (de faire qch)	माँगना	māngana

descendre (vi)	उतरना	utarana
deviner (vt)	अंदाज़ा लगाना	andāza lagāna
dîner (vi)	रात्रिभोज करना	rātribhoj karana
dire (vt)	कहना	kahana
diriger (~ une usine)	प्रबंधन करना	prabandhan karana
discuter (vt)	चर्चा करना	charcha karana

donner (vt)	देना	dena
donner un indice	इशारा करना	ishāra karana
douter (vt)	शक करना	shak karana
écrire (vt)	लिखना	likhana
entendre (bruit, etc.)	सुनना	sunana

entrer (vi)	अंदर आना	andar āna
envoyer (vt)	भेजना	bhejana
espérer (vi)	आशा करना	āsha karana
essayer (vt)	कोशिश करना	koshish karana

être (vi)	होना	hona
être d'accord	राज़ी होना	rāzī hona
être nécessaire	आवश्यक होना	āvashyak hona
être pressé	जल्दी करना	jaldī karana

étudier (vt)	पढ़ाई करना	parhaī karana
exiger (vt)	माँगना	māngana
exister (vi)	होना	hona
expliquer (vt)	समझाना	samajhāna

faire (vt)	करना	karana
faire tomber	गिराना	girāna
finir (vt)	ख़त्म करना	khatm karana
garder (conserver)	रखना	rakhana
gronder, réprimander (vt)	डाँटना	dāntana
informer (vt)	खबर देना	khabar dena
insister (vi)	आग्रह करना	āgrah karana

insulter (vt)	अपमान करना	apamān karana
inviter (vt)	आमंत्रित करना	āmantrit karana
jouer (s'amuser)	खेलना	khelana

12. Les verbes les plus importants. Partie 3

libérer (ville, etc.)	आज़ाद करना	āzād karana
lire (vi, vt)	पढ़ना	parhana
louer (prendre en location)	किराए पर लेना	kirae par lena
manquer (l'école)	ग़ैर-हाज़िर होना	gair-hāzir hona
menacer (vt)	धमकाना	dhamakāna

mentionner (vt)	उल्लेख करना	ullekh karana
montrer (vt)	दिखाना	dikhāna
nager (vi)	तैरना	tairana
objecter (vt)	एतराज़ करना	etarāz karana
observer (vt)	देखना	dekhana

ordonner (mil.)	हुक्म देना	hukm dena
oublier (vt)	भूलना	bhūlana
ouvrir (vt)	खोलना	kholana
pardonner (vt)	क्षमा करना	kshama karana
parler (vi, vt)	बोलना	bolana

participer à ...	भाग लेना	bhāg lena
payer (régler)	दाम चुकाना	dām chukāna
penser (vi, vt)	सोचना	sochana
permettre (vt)	अनुमति देना	anumati dena
plaire (être apprécié)	पसंद करना	pasand karana
plaisanter (vi)	मज़ाक करना	mazāk karana
planifier (vt)	योजना बनाना	yojana banāna
pleurer (vi)	रोना	rona
posséder (vt)	मालिक होना	mālik hona
pouvoir (v aux)	सकना	sakana
préférer (vt)	तरजीह देना	tarajīh dena

prendre (vt)	लेना	lena
prendre en note	लिख लेना	likh lena
prendre le petit déjeuner	नाश्ता करना	nāshta karana
préparer (le dîner)	खाना बनाना	khāna banāna
prévoir (vt)	उम्मीद करना	ummīd karana

prier (~ Dieu)	दुआ देना	dua dena
promettre (vt)	वचन देना	vachan dena
prononcer (vt)	उच्चारण करना	uchchāran karana
proposer (vt)	प्रस्ताव रखना	prastāv rakhana
punir (vt)	सज़ा देना	saza dena

13. Les verbes les plus importants. Partie 4

| recommander (vt) | सिफ़ारिश करना | sifārish karana |
| regretter (vt) | अफ़सोस जताना | afasos jatāna |

répéter (dire encore)	दोहराना	doharāna
répondre (vi, vt)	जवाब देना	javāb dena
réserver (une chambre)	बुक करना	buk karana
rester silencieux	चुप रहना	chup rahana
réunir (regrouper)	संयुक्त करना	sanyukt karana
rire (vi)	हंसना	hansana
s'arrêter (vp)	रुकना	rukana
s'asseoir (vp)	बैठना	baithana
sauver (la vie à qn)	बचाना	bachāna
savoir (qch)	मालूम होना	mālūm hona
se baigner (vp)	तैरना	tairana
se plaindre (vp)	शिकायत करना	shikāyat karana
se refuser (vp)	इन्कार करना	inkār karana
se tromper (vp)	गलती करना	galatī karana
se vanter (vp)	डींग मारना	dīng mārana
s'étonner (vp)	हैरान होना	hairān hona
s'excuser (vp)	माफ़ी मांगना	māfī māngana
signer (vt)	हस्ताक्षर करना	hastākshar karana
signifier (vt)	अर्थ होना	arth hona
s'intéresser (vp)	रुचि लेना	ruchi lena
sortir (aller dehors)	बाहर जाना	bāhar jāna
sourire (vi)	मुस्कुराना	muskurāna
sous-estimer (vt)	कम मूल्यांकन करना	kam mūlyānkan karana
suivre … (suivez-moi)	पीछे चलना	pīchhe chalana
tirer (vi)	गोली चलाना	golī chalāna
tomber (vi)	गिरना	girana
toucher (avec les mains)	छूना	chhūna
tourner (~ à gauche)	मुड़ जाना	mur jāna
traduire (vt)	अनुवाद करना	anuvād karana
travailler (vi)	काम करना	kām karana
tromper (vt)	धोखा देना	dhokha dena
trouver (vt)	ढूंढना	dhūrhana
tuer (vt)	मार डालना	mār dālana
vendre (vt)	बेचना	bechana
venir (vi)	पहुँचना	pahunchana
voir (vt)	देखना	dekhana
voler (avion, oiseau)	उड़ना	urana
voler (qch à qn)	चुराना	churāna
vouloir (vt)	चाहना	chāhana

14. Les couleurs

couleur (f)	रंग (m)	rang
teinte (f)	रंग (m)	rang
ton (m)	रंग (m)	rang
arc-en-ciel (m)	इन्द्रधनुष (f)	indradhanush
blanc (adj)	सफ़ेद	safed

21

noir (adj)	काला	kāla
gris (adj)	धूसर	dhūsar
vert (adj)	हरा	hara
jaune (adj)	पीला	pīla
rouge (adj)	लाल	lāl
bleu (adj)	नीला	nīla
bleu clair (adj)	हल्का नीला	halka nīla
rose (adj)	गुलाबी	gulābī
orange (adj)	नारंगी	nārangī
violet (adj)	बैंगनी	bainganī
brun (adj)	भूरा	bhūra
d'or (adj)	सुनहरा	sunahara
argenté (adj)	चाँदी-जैसा	chāndī-jaisa
beige (adj)	हल्का भूरा	halka bhūra
crème (adj)	क्रीम	krīm
turquoise (adj)	फ़ीरोज़ी	fīrozī
rouge cerise (adj)	चेरी जैसा लाल	cherī jaisa lāl
lilas (adj)	हल्का बैंगनी	halka bainganī
framboise (adj)	गहरा लाल	gahara lāl
clair (adj)	हल्का	halka
foncé (adj)	गहरा	gahara
vif (adj)	चमकीला	chamakīla
de couleur (adj)	रंगीन	rangīn
en couleurs (adj)	रंगीन	rangīn
noir et blanc (adj)	काला-सफ़ेद	kāla-safed
unicolore (adj)	एक रंग का	ek rang ka
multicolore (adj)	बहुरंगी	bahurangī

15. Les questions

Qui?	कौन?	kaun?
Quoi?	क्या?	kya?
Où? (~ es-tu?)	कहाँ?	kahān?
Où? (~ vas-tu?)	किधर?	kidhar?
D'où?	कहाँ से?	kahān se?
Quand?	कब?	kab?
Pourquoi? (~ es-tu venu?)	क्यों?	kyon?
Pourquoi? (~ t'es pâle?)	क्यों?	kyon?
À quoi bon?	किस लिये?	kis liye?
Comment?	कैसे?	kaise?
Quel? (à ~ prix?)	कौन-सा?	kaun-sa?
Lequel?	कौन-सा?	kaun-sa?
À qui? (pour qui?)	किसको?	kisako?
De qui?	किसके बारे में?	kisake bāre men?
De quoi?	किसके बारे में?	kisake bāre men?
Avec qui?	किसके?	kisake?

| Combien? | कितना? | kitana? |
| À qui? (~ est ce livre?) | किसका? | kisaka? |

16. Les prépositions

avec (~ toi)	के साथ	ke sāth
sans (~ sucre)	के बिना	ke bina
à (aller ~)	की तरफ़	kī taraf
de (au sujet de)	के बारे में	ke bāre men
avant (~ midi)	के पहले	ke pahale
devant (~ la maison)	के सामने	ke sāmane
sous (~ la commode)	के नीचे	ke nīche
au-dessus de ...	के ऊपर	ke ūpar
sur (dessus)	पर	par
de (venir ~ Paris)	से	se
en (en bois, etc.)	से	se
dans (~ deux heures)	में	men
par dessus	के ऊपर चढ़कर	ke ūpar charhakar

17. Les mots-outils. Les adverbes. Partie 1

Où? (~ es-tu?)	कहाँ?	kahān?
ici (c'est ~)	यहाँ	yahān
là-bas (c'est ~)	वहां	vahān
quelque part (être)	कहीं	kahīn
nulle part (adv)	कहीं नहीं	kahīn nahin
près de ...	के पास	ke pās
près de la fenêtre	खिड़की के पास	khirakī ke pās
Où? (~ vas-tu?)	किधर?	kidhar?
ici (Venez ~)	इधर	idhar
là-bas (j'irai ~)	उधर	udhar
d'ici (adv)	यहां से	yahān se
de là-bas (adv)	वहां से	vahān se
près (pas loin)	पास	pās
loin (adv)	दूर	dūr
près de (~ Paris)	निकट	nikat
tout près (adv)	पास	pās
pas loin (adv)	दूर नहीं	dūr nahin
gauche (adj)	बायाँ	bāyān
à gauche (être ~)	बायीं तरफ़	bāyīn taraf
à gauche (tournez ~)	बायीं तरफ़	bāyīn taraf
droit (adj)	दायां	dāyān
à droite (être ~)	दायीं तरफ़	dāyīn taraf

à droite (tournez ~)	दायीं तरफ़	dāyīn taraf
devant (adv)	सामने	sāmane
de devant (adj)	सामने का	sāmane ka
en avant (adv)	आगे	āge
derrière (adv)	पीछे	pīchhe
par derrière (adv)	पीछे से	pīchhe se
en arrière (regarder ~)	पीछे	pīchhe
milieu (m)	बीच (m)	bīch
au milieu (adv)	बीच में	bīch men
de côté (vue ~)	कोने में	kone men
partout (adv)	सभी	sabhī
autour (adv)	आस-पास	ās-pās
de l'intérieur	अंदर से	andar se
quelque part (aller)	कहीं	kahīn
tout droit (adv)	सीधे	sīdhe
en arrière (revenir ~)	वापस	vāpas
de quelque part (n'import d'où)	कहीं से भी	kahīn se bhī
de quelque part (on ne sait pas d'où)	कहीं से	kahīn se
premièrement (adv)	पहले	pahale
deuxièmement (adv)	दूसरा	dūsara
troisièmement (adv)	तीसरा	tīsara
soudain (adv)	अचानक	achānak
au début (adv)	शुरू में	shurū men
pour la première fois	पहली बार	pahalī bār
bien avant ...	बहुत समय पहले ...	bahut samay pahale ...
de nouveau (adv)	नई शुरुआत	naī shurūāt
pour toujours (adv)	हमेशा के लिए	hamesha ke lie
jamais (adv)	कभी नहीं	kabhī nahin
de nouveau, encore (adv)	फिर से	fir se
maintenant (adv)	अब	ab
souvent (adv)	अकसर	akasar
alors (adv)	तब	tab
d'urgence (adv)	तत्काल	tatkāl
d'habitude (adv)	आमतौर पर	āmataur par
à propos, ...	प्रसंगवश	prasangavash
c'est possible	मुमकिन	mumakin
probablement (adv)	संभव	sambhav
peut-être (adv)	शायद	shāyad
en plus, ...	इस के अलावा	is ke alāva
c'est pourquoi ...	इस लिए	is lie
malgré ...	फिर भी ...	fir bhī ...
grâce à ...	... की मेहरबानी से	... kī meharabānī se
quoi (pron)	क्या	kya
que (conj)	कि	ki

quelque chose (Il m'est arrivé ~)	कुछ	kuchh
quelque chose (peut-on faire ~)	कुछ भी	kuchh bhī
rien (m)	कुछ नहीं	kuchh nahin

qui (pron)	कौन	kaun
quelqu'un (on ne sait pas qui)	कोई	koī
quelqu'un (n'importe qui)	कोई	koī

personne (pron)	कोई नहीं	koī nahin
nulle part (aller ~)	कहीं नहीं	kahīn nahin
de personne	किसी का नहीं	kisī ka nahin
de n'importe qui	किसी का	kisī ka

comme ça (adv)	कितना	kitana
également (adv)	भी	bhī
aussi (adv)	भी	bhī

18. Les mots-outils. Les adverbes. Partie 2

Pourquoi?	क्यों?	kyon?
pour une certaine raison	किसी कारणवश	kisī kāranavash
parce que ...	क्यों कि ...	kyon ki ...
pour une raison quelconque	किसी वजह से	kisī vajah se

et (conj)	और	aur
ou (conj)	या	ya
mais (conj)	लेकिन	lekin
pour ... (prep)	के लिए	ke lie

trop (adv)	ज़्यादा	zyāda
seulement (adv)	सिर्फ़	sirf
précisément (adv)	ठीक	thīk
près de ... (prep)	करीब	karīb

approximativement	लगभग	lagabhag
approximatif (adj)	अनुमानित	anumānit
presque (adv)	करीब	karīb
reste (m)	बाक़ी	bāqī

chaque (adj)	हर एक	har ek
n'importe quel (adj)	कोई	koī
beaucoup (adv)	बहुत	bahut
plusieurs (pron)	बहुत लोग	bahut log
tous	सभी	sabhī

en échange de ...	... के बदले में	... ke badale men
en échange (adv)	की जगह	kī jagah
à la main (adv)	हाथ से	hāth se
peu probable (adj)	शायद ही	shāyad hī

probablement (adv)	शायद	shāyad
exprès (adv)	जानबूझकर	jānabūjhakar

par accident (adv)	संयोगवश	sanyogavash
très (adv)	बहुत	bahut
par exemple (adv)	उदाहरण के लिए	udāharan ke lie
entre (prep)	के बीच	ke bīch
parmi (prep)	में	men
autant (adv)	इतना	itana
surtout (adv)	ख़ासतौर पर	khāsataur par

Concepts de base. Partie 2

19. Les jours de la semaine

lundi (m)	सोमवार (m)	somavār
mardi (m)	मंगलवार (m)	mangalavār
mercredi (m)	बुधवार (m)	budhavār
jeudi (m)	गुरूवार (m)	gurūvār
vendredi (m)	शुक्रवार (m)	shukravār
samedi (m)	शनिवार (m)	shanivār
dimanche (m)	रविवार (m)	ravivār
aujourd'hui (adv)	आज	āj
demain (adv)	कल	kal
après-demain (adv)	परसों	parason
hier (adv)	कल	kal
avant-hier (adv)	परसों	parason
jour (m)	दिन (m)	din
jour (m) ouvrable	कार्यदिवस (m)	kāryadivas
jour (m) férié	सार्वजनिक छुट्टी (f)	sārvajanik chhuttī
jour (m) de repos	छुट्टी का दिन (m)	chhuttī ka din
week-end (m)	सप्ताहांत (m)	saptāhānt
toute la journée	सारा दिन	sāra din
le lendemain	अगला दिन	agala din
il y a 2 jours	दो दिन पहले	do din pahale
la veille	एक दिन पहले	ek din pahale
quotidien (adj)	दैनिक	dainik
tous les jours	हर दिन	har din
semaine (f)	हफ़्ता (f)	hafata
la semaine dernière	पिछले हफ़्ते	pichhale hafate
la semaine prochaine	अगले हफ़्ते	agale hafate
hebdomadaire (adj)	सप्ताहिक	saptāhik
chaque semaine	हर हफ़्ते	har hafate
2 fois par semaine	हफ़्ते में दो बार	hafate men do bār
tous les mardis	हर मंगलवार को	har mangalavār ko

20. Les heures. Le jour et la nuit

matin (m)	सुबह (m)	subah
le matin	सुबह में	subah men
midi (m)	दोपहर (m)	dopahar
dans l'après-midi	दोपहर में	dopahar men
soir (m)	शाम (m)	shām
le soir	शाम में	shām men

nuit (f)	रात (f)	rāt
la nuit	रात में	rāt men
minuit (f)	आधी रात (f)	ādhī rāt
seconde (f)	सेकन्ड (m)	sekand
minute (f)	मिनट (m)	minat
heure (f)	घंटा (m)	ghanta
demi-heure (f)	आधा घंटा	ādha ghanta
un quart d'heure	सवा	sava
quinze minutes	पंद्रह मीनट	pandrah mīnat
vingt-quatre heures	24 घंटे (m)	chaubīs ghante
lever (m) du soleil	सूर्योदय (m)	sūryoday
aube (f)	सूर्योदय (m)	sūryoday
point (m) du jour	प्रातःकाल (m)	prātahkāl
coucher (m) du soleil	सूर्यास्त (m)	sūryāst
tôt le matin	सुबह-सवेरे	subah-savere
ce matin	इस सुबह	is subah
demain matin	कल सुबह	kal subah
cet après-midi	आज शाम	āj shām
dans l'après-midi	दोपहर में	dopahar men
demain après-midi	कल दोपहर	kal dopahar
ce soir	आज शाम	āj shām
demain soir	कल रात	kal rāt
à 3 heures précises	ठीक तीन बजे में	thīk tīn baje men
autour de 4 heures	लगभग चार बजे	lagabhag chār baje
vers midi	बारह बजे तक	bārah baje tak
dans 20 minutes	बीस मीनट में	bīs mīnat men
dans une heure	एक घंटे में	ek ghante men
à temps	ठीक समय पर	thīk samay par
... moins le quart	पौने ... बजे	paune ... baje
en une heure	एक घंटे के अंदर	ek ghante ke andar
tous les quarts d'heure	हर पंद्रह मीनट	har pandrah mīnat
24 heures sur 24	दिन-रात (m pl)	din-rāt

21. Les mois. Les saisons

janvier (m)	जनवरी (m)	janavarī
février (m)	फ़रवरी (m)	faravarī
mars (m)	मार्च (m)	mārch
avril (m)	अप्रैल (m)	aprail
mai (m)	माई (m)	maī
juin (m)	जून (m)	jūn
juillet (m)	जुलाई (m)	julaī
août (m)	अगस्त (m)	agast
septembre (m)	सितम्बर (m)	sitambar
octobre (m)	अक्तूबर (m)	aktūbar
novembre (m)	नवम्बर (m)	navambar
décembre (m)	दिसम्बर (m)	disambar

printemps (m)	वसन्त (m)	vasant
au printemps	वसन्त में	vasant men
de printemps (adj)	वसन्त	vasant

été (m)	गरमी (f)	garamī
en été	गरमियों में	garamiyon men
d'été (adj)	गरमी	garamī

automne (m)	शरद (m)	sharad
en automne	शरद में	sharad men
d'automne (adj)	शरद	sharad

hiver (m)	सर्दी (f)	sardī
en hiver	सर्दियों में	sardiyon men
d'hiver (adj)	सर्दी	sardī

mois (m)	महीना (m)	mahīna
ce mois	इस महीने	is mahīne
le mois prochain	अगले महीने	agale mahīne
le mois dernier	पिछले महीने	pichhale mahīne

il y a un mois	एक महीने पहले	ek mahīne pahale
dans un mois	एक महीने में	ek mahīne men
dans 2 mois	दो महीने में	do mahīne men
tout le mois	पूरे महीने	pūre mahīne
tout un mois	पूरे महीने	pūre mahīne

mensuel (adj)	मासिक	māsik
mensuellement	हर महीने	har mahīne
chaque mois	हर महीने	har mahīne
2 fois par mois	महीने में दो बार	mahine men do bār

année (f)	वर्ष (m)	varsh
cette année	इस साल	is sāl
l'année prochaine	अगले साल	agale sāl
l'année dernière	पिछले साल	pichhale sāl

il y a un an	एक साल पहले	ek sāl pahale
dans un an	एक साल में	ek sāl men
dans 2 ans	दो साल में	do sāl men
toute l'année	पूरा साल	pūra sāl
toute une année	पूरा साल	pūra sāl

chaque année	हर साल	har sāl
annuel (adj)	वार्षिक	vārshik
annuellement	वार्षिक	vārshik
4 fois par an	साल में चार बार	sāl men chār bār

date (f) (jour du mois)	तारीख़ (f)	tārīkh
date (f) (~ mémorable)	तारीख़ (f)	tārīkh
calendrier (m)	कैलेन्डर (m)	kailendar

six mois	आधे वर्ष (m)	ādhe varsh
semestre (m)	छमाही (f)	chhamāhī
saison (f)	मौसम (m)	mausam
siècle (m)	शताबदी (f)	shatābadī

22. La notion de temps. Divers

temps (m)	वक्त (m)	vakt
moment (m)	क्षण (m)	kshan
instant (m)	क्षण (m)	kshan
instantané (adj)	तुरंत	turant
laps (m) de temps	बीता (m)	bīta
vie (f)	जीवन (m)	jīvan
éternité (f)	शाश्वतता (f)	shāshvatata
époque (f)	युग (f)	yug
ère (f)	सम्वत् (f)	samvat
cycle (m)	काल (m)	kāl
période (f)	काल (m)	kāl
délai (m)	समय (m)	samay
avenir (m)	भविष्य (m)	bhavishy
prochain (adj)	आगामी	āgāmī
la fois prochaine	अगली बार	agalī bār
passé (m)	भूतकाल (m)	bhūtakāl
passé (adj)	पिछला	pichhala
la fois passée	पिछली बार	pichhalī bār
plus tard (adv)	बाद में	bād men
après (prep)	के बाद	ke bād
à présent (adv)	आजकल	ājakāl
maintenant (adv)	अभी	abhī
immédiatement	तुरंत	turant
bientôt (adv)	थोड़ी ही देर में	thorī hī der men
d'avance (adv)	पहले से	pahale se
il y a longtemps	बहुत समय पहले	bahut samay pahale
récemment (adv)	हाल ही में	hāl hī men
destin (m)	भाग्य (f)	bhāgy
souvenirs (m pl)	यादगार (f)	yādagār
archives (f pl)	पुरालेखागार (m)	purālekhāgār
pendant ... (prep)	... के दौरान	... ke daurān
longtemps (adv)	ज़्यादा समय	zyāda samay
pas longtemps (adv)	ज़्यादा समय नहीं	zyāda samay nahin
tôt (adv)	जल्दी	jaldī
tard (adv)	देर	der
pour toujours (adv)	सदा के लिए	sada ke lie
commencer (vt)	शुरू करना	shurū karana
reporter (retarder)	स्थगित करना	sthagit karana
en même temps (adv)	एक ही समय पर	ek hī samay par
en permanence (adv)	स्थायी रूप से	sthāyī rūp se
constant (bruit, etc.)	लगातार	lagātār
temporaire (adj)	अस्थायी रूप से	asthāyī rūp se
parfois (adv)	कभी-कभी	kabhī-kabhī
rarement (adv)	शायद ही	shāyad hī
souvent (adv)	अक्सर	aksar

23. Les contraires

riche (adj)	अमीर	amīr
pauvre (adj)	गरीब	garīb
malade (adj)	बीमार	bīmār
en bonne santé	तंदरुस्त	tandarūst
grand (adj)	बड़ा	bara
petit (adj)	छोटा	chhota
vite (adv)	जल्दी से	jaldī se
lentement (adv)	धीरे	dhīre
rapide (adj)	तेज़	tez
lent (adj)	धीमा	dhīma
joyeux (adj)	हँसमुख	hansamukh
triste (adj)	उदास	udās
ensemble (adv)	साथ-साथ	sāth-sāth
séparément (adv)	अलग-अलग	alag-alag
à haute voix	बोलकर	bolakar
en silence	मन ही मन	man hī man
haut (adj)	लंबा	lamba
bas (adj)	नीचा	nīcha
profond (adj)	गहरा	gahara
peu profond (adj)	छिछला	chhichhala
oui (adv)	हाँ	hān
non (adv)	नहीं	nahin
lointain (adj)	दूर	dūr
proche (adj)	निकट	nikat
loin (adv)	दूर	dūr
près (adv)	पास	pās
long (adj)	लंबा	lamba
court (adj)	छोटा	chhota
bon (au bon cœur)	नेक	nek
méchant (adj)	दुष्ट	dusht
marié (adj)	शादीशुदा	shādīshuda
célibataire (adj)	अविवाहित	avivāhit
interdire (vt)	प्रतिबंधित करना	pratibandhit karana
permettre (vt)	अनुमति देना	anumati dena
fin (f)	अंत (m)	ant
début (m)	शुरू (m)	shurū

| gauche (adj) | बायाँ | bāyān |
| droit (adj) | दायां | dāyān |

| premier (adj) | पहला | pahala |
| dernier (adj) | आख़िरी | ākhirī |

| crime (m) | जुर्म (m) | jurm |
| punition (f) | सज़ा (f) | saza |

| ordonner (vt) | हुक्म देना | hukm dena |
| obéir (vt) | मानना | mānana |

| droit (adj) | सीधा | sīdha |
| courbé (adj) | टेढ़ा | terha |

| paradis (m) | जन्नत (m) | jannat |
| enfer (m) | नरक (m) | narak |

| naître (vi) | जन्म होना | janm hona |
| mourir (vi) | मरना | marana |

| fort (adj) | शक्तिशाली | shaktishālī |
| faible (adj) | कमज़ोर | kamazor |

| vieux (adj) | बूढ़ा | būrha |
| jeune (adj) | जवान | javān |

| vieux (adj) | पुराना | purāna |
| neuf (adj) | नया | naya |

| dur (adj) | कठोर | kathor |
| mou (adj) | नरम | naram |

| chaud (tiède) | गरम | garam |
| froid (adj) | ठंडा | thanda |

| gros (adj) | मोटा | mota |
| maigre (adj) | दुबला | dubala |

| étroit (adj) | तंग | tang |
| large (adj) | चौड़ा | chaura |

| bon (adj) | अच्छा | achchha |
| mauvais (adj) | बुरा | bura |

| vaillant (adj) | बहादुर | bahādur |
| peureux (adj) | कायर | kāyar |

24. Les lignes et les formes

carré (m)	चतुष्कोण (m)	chatushkon
carré (adj)	चौकोना	chaukona
cercle (m)	घेरा (m)	ghera
rond (adj)	गोलाकार	golākār

| triangle (m) | त्रिकोण (m) | trikon |
| triangulaire (adj) | त्रिकोना | trikona |

ovale (m)	ओवल (m)	oval
ovale (adj)	ओवल	oval
rectangle (m)	आयत (m)	āyat
rectangulaire (adj)	आयताकार	āyatākār

pyramide (f)	शुंडाकार स्तंभ (m)	shundākār stambh
losange (m)	रोम्बस (m)	rombas
trapèze (m)	विषम चतुर्भुज (m)	visham chaturbhuj
cube (m)	घनक्षेत्र (m)	ghanakshetr
prisme (m)	क्रकच आयत (m)	krakach āyat

circonférence (f)	परिधि (f)	paridhi
sphère (f)	गोला (m)	gola
globe (m)	गोला (m)	gola

diamètre (m)	व्यास (m)	vyās
rayon (m)	व्यासार्ध (m)	vyāsārdh
périmètre (m)	परिणिति (f)	pariniti
centre (m)	केन्द्र (m)	kendr

horizontal (adj)	क्षैतिज	kshaitij
vertical (adj)	ऊर्ध्व	ūrdhv
parallèle (f)	समांतर-रेखा (f)	samāntar-rekha
parallèle (adj)	समानान्तर	samānāntar

ligne (f)	रेखा (f)	rekha
trait (m)	लकीर (f)	lakīr
ligne (f) droite	सीधी रेखा (f)	sīdhī rekha
courbe (f)	टेढ़ी रेखा (f)	terhī rekha
fin (une ~ ligne)	पतली	patalī
contour (m)	परिरेखा (f)	parirekha

intersection (f)	प्रतिच्छेदन (f)	pratichchhedan
angle (m) droit	समकोण (m)	samakon
segment (m)	खंड (m)	khand
secteur (m)	क्षेत्र (m)	kshetr
côté (m)	साइड (m)	said
angle (m)	कोण (m)	kon

25. Les unités de mesure

poids (m)	वज़न (m)	vazan
longueur (f)	लम्बाई (f)	lambaī
largeur (f)	चौड़ाई (f)	chauraī
hauteur (f)	ऊंचाई (f)	ūnchaī
profondeur (f)	गहराई (f)	gaharaī
volume (m)	घनत्व (f)	ghanatv
aire (f)	क्षेत्रफल (m)	kshetrafal

| gramme (m) | ग्राम (m) | grām |
| milligramme (m) | मिलीग्राम (m) | milīgrām |

33

kilogramme (m)	किलोग्राम (m)	kilogrām
tonne (f)	टन (m)	tan
livre (f)	पौण्ड (m)	paund
once (f)	औन्स (m)	auns
mètre (m)	मीटर (m)	mītar
millimètre (m)	मिलीमीटर (m)	milīmītar
centimètre (m)	सेंटीमीटर (m)	sentīmītar
kilomètre (m)	किलोमीटर (m)	kilomītar
mille (m)	मील (m)	mīl
pouce (m)	इंच (m)	inch
pied (m)	फुट (m)	fut
yard (m)	गज (m)	gaj
mètre (m) carré	वर्ग मीटर (m)	varg mītar
hectare (m)	हेक्टेयर (m)	hekteyar
litre (m)	लीटर (m)	līṭar
degré (m)	डिग्री (m)	digrī
volt (m)	वोल्ट (m)	volt
ampère (m)	ऐम्पेयर (m)	aimpeyar
cheval-vapeur (m)	अश्व शक्ति (f)	ashv shakti
quantité (f)	मात्रा (f)	mātra
un peu de …	कुछ …	kuchh …
moitié (f)	आधा (m)	ādha
douzaine (f)	दर्जन (m)	darjan
pièce (f)	टुकड़ा (m)	tukara
dimension (f)	माप (m)	māp
échelle (f) (de la carte)	पैमाना (m)	paimāna
minimal (adj)	न्यूनतम	nyūnatam
le plus petit (adj)	सब से छोटा	sab se chhota
moyen (adj)	मध्य	madhy
maximal (adj)	अधिकतम	adhikatam
le plus grand (adj)	सबसे बड़ा	sabase bara

26. Les récipients

bocal (m) en verre	शीशी (f)	shīshī
boîte, canette (f)	डिब्बा (m)	dibba
seau (m)	बाल्टी (f)	bālṭī
tonneau (m)	पीपा (m)	pīpa
bassine, cuvette (f)	चिलमची (f)	chilamachī
cuve (f)	कुण्ड (m)	kund
flasque (f)	फ्लास्क (m)	flāsk
jerrican (m)	जेरिकैन (m)	jerikain
citerne (f)	टंकी (f)	tankī
tasse (f), mug (m)	मग (m)	mag
tasse (f)	प्याली (f)	pyālī

soucoupe (f)	सॉसर (m)	sosar
verre (m) (~ d'eau)	गिलास (m)	gilās
verre (m) à vin	वाइन गिलास (m)	vain gilās
faitout (m)	सॉसपैन (m)	sosapain

| bouteille (f) | बोतल (f) | botal |
| goulot (m) | गला (m) | gala |

carafe (f)	जग (m)	jag
pichet (m)	सुराही (f)	surāhī
récipient (m)	बर्तन (m)	baratan
pot (m)	घड़ा (m)	ghara
vase (m)	फूलदान (m)	fūladān

flacon (m)	शीशी (f)	shīshī
fiole (f)	शीशी (f)	shīshī
tube (m)	ट्यूब (m)	tyūb

sac (m) (grand ~)	थैला (m)	thaila
sac (m) (~ en plastique)	थैली (f)	thailī
paquet (m) (~ de cigarettes)	पैकेट (f)	paiket

boîte (f)	डिब्बा (m)	dibba
caisse (f)	डिब्बा (m)	dibba
panier (m)	टोकरी (f)	tokarī

27. Les matériaux

matériau (m)	सामग्री (f)	sāmagrī
bois (m)	लकड़ी (f)	lakarī
en bois (adj)	लकड़ी का बना	lakarī ka bana

| verre (m) | कांच (f) | kānch |
| en verre (adj) | काँच का | kānch ka |

| pierre (f) | पत्थर (m) | patthar |
| en pierre (adj) | पत्थर का | patthar ka |

| plastique (m) | प्लास्टिक (m) | plāstik |
| en plastique (adj) | प्लास्टिक का | plāstik ka |

| caoutchouc (m) | रबड़ (f) | rabar |
| en caoutchouc (adj) | रबड़ का | rabar ka |

| tissu (m) | कपड़ा (m) | kapara |
| en tissu (adj) | कपड़े का | kapare ka |

| papier (m) | कागज़ (m) | kāgaz |
| de papier (adj) | कागज़ का | kāgaz ka |

carton (m)	दफ़्ती (f)	dafatī
en carton (adj)	दफ़्ती का	dafatī ka
polyéthylène (m)	पॉलीएथीलीन (m)	polīethīlīn
cellophane (f)	सेल्लोफ़ेन (m)	sellofen

contreplaqué (m)	प्लाईवुड (m)	plaïvud
porcelaine (f)	चीनी मिट्टी (f)	chīnī mittī
de porcelaine (adj)	चीनी मिट्टी का	chīnī mittī ka
argile (f)	मिट्टी (f)	mittī
de terre cuite (adj)	मिट्टी का	mittī ka
céramique (f)	चीनी मिट्टी (f)	chīnī mittī
en céramique (adj)	चीनी मिट्टी का	chīnī mittī ka

28. Les métaux

métal (m)	धातु (m)	dhātu
métallique (adj)	धात्वीय	dhātvīy
alliage (m)	मिश्रधातु (m)	mishradhātu

or (m)	सोना (m)	sona
en or (adj)	सोना	sona
argent (m)	चाँदी (f)	chāndī
en argent (adj)	चाँदी का	chāndī ka

fer (m)	लोहा (m)	loha
en fer (adj)	लोहे का बना	lohe ka bana
acier (m)	इस्पात (f)	ispāt
en acier (adj)	इस्पात का	ispāt ka
cuivre (m)	ताँबा (f)	tānba
en cuivre (adj)	ताँबे का	tānbe ka

aluminium (m)	अल्युमीनियम (m)	alyumīniyam
en aluminium (adj)	अलुमीनियम का बना	alumīniyam ka bana
bronze (m)	काँसा (f)	kānsa
en bronze (adj)	काँसे का	kānse ka

laiton (m)	पीतल (f)	pītal
nickel (m)	निकल (m)	nikal
platine (f)	प्लैटिनम (m)	plaitinam
mercure (m)	पारा (f)	pāra
étain (m)	टिन (m)	tin
plomb (m)	सीसा (f)	sīsa
zinc (m)	जस्ता (m)	jasta

L'HOMME

L'homme. Le corps humain

29. L'homme. Notions fondamentales

être (m) humain	मुनष्य (m)	munashy
homme (m)	आदमी (m)	ādamī
femme (f)	औरत (f)	aurat
enfant (m, f)	बच्चा (m)	bachcha
fille (f)	लड़की (f)	larakī
garçon (m)	लड़का (m)	laraka
adolescent (m)	किशोर (m)	kishor
vieillard (m)	बूढ़ा (m)	būrha
vieille femme (f)	बूढ़िया (f)	būrhiya

30. L'anatomie humaine

organisme (m)	शरीर (m)	sharīr
cœur (m)	दिल (m)	dil
sang (m)	खून (f)	khūn
artère (f)	धमनी (f)	dhamanī
veine (f)	नस (f)	nas
cerveau (m)	मास्तिष्क (m)	māstishk
nerf (m)	नस (f)	nas
nerfs (m pl)	नसें (f)	nasen
vertèbre (f)	कशेरुका (m)	kasheruka
colonne (f) vertébrale	रीढ़ की हड्डी	rīrh kī haddī
estomac (m)	पेट (m)	pet
intestins (m pl)	आँतें (f)	ānten
intestin (m)	आँत (f)	ānt
foie (m)	जिगर (f)	jigar
rein (m)	गुर्दा (f)	gurda
os (m)	हड्डी (f)	haddī
squelette (f)	कंकाल (m)	kankāl
côte (f)	पसली (f)	pasalī
crâne (m)	खोपड़ी (f)	khoparī
muscle (m)	मांसपेशी (f)	mānsapeshī
biceps (m)	बाइसेप्स (m)	baiseps
triceps (m)	ट्राईसेप्स (m)	traīseps
tendon (m)	कंडरा (m)	kandara
articulation (f)	जोड़ (m)	jor

poumons (m pl)	फेफड़े (m pl)	fefare
organes (m pl) génitaux	गुसांग (m)	guptāng
peau (f)	त्वचा (f)	tvacha

31. La téte

tête (f)	सिर (m)	sir
visage (m)	चेहरा (m)	chehara
nez (m)	नाक (f)	nāk
bouche (f)	मुँह (m)	munh

œil (m)	आँख (f)	ānkh
les yeux	आँखें (f)	ānkhen
pupille (f)	आँख की पुतली (f)	ānkh kī putalī
sourcil (m)	भौंह (f)	bhaunh
cil (m)	बरौनी (f)	baraunī
paupière (f)	पलक (m)	palak

langue (f)	जीभ (m)	jībh
dent (f)	दाँत (f)	dānt
lèvres (f pl)	होंठ (m)	honth
pommettes (f pl)	गाल की हड्डी (f)	gāl kī haddī
gencive (f)	मसूड़ा (m)	masūra
palais (m)	तालु (m)	tālu

narines (f pl)	नथने (m pl)	nathane
menton (m)	ठोड़ी (f)	thorī
mâchoire (f)	जबड़ा (m)	jabara
joue (f)	गाल (m)	gāl

front (m)	माथा (m)	mātha
tempe (f)	कनपट्टी (f)	kanapattī
oreille (f)	कान (m)	kān
nuque (f)	सिर का पिछला हिस्सा (m)	sir ka pichhala hissa
cou (m)	गरदन (m)	garadan
gorge (f)	गला (m)	gala

cheveux (m pl)	बाल (m pl)	bāl
coiffure (f)	हेयरस्टाइल (m)	heyarastail
coupe (f)	हेयरकट (m)	heyarakat
perruque (f)	नकली बाल (m)	nakalī bāl

moustache (f)	मूँछें (f pl)	mūnchhen
barbe (f)	दाढ़ी (f)	dārhī
porter (~ la barbe)	होना	hona
tresse (f)	चोटी (f)	chotī
favoris (m pl)	गलमुच्छा (m)	galamuchchha

roux (adj)	लाल बाल	lāl bāl
gris, grisonnant (adj)	सफ़ेद बाल	safed bāl
chauve (adj)	गंजा	ganja
calvitie (f)	गंजाई (f)	ganjaī
queue (f) de cheval	पोनी-टेल (f)	ponī-tel
frange (f)	बेंग (m)	beng

32. Le corps humain

main (f)	हाथ (m)	hāth
bras (m)	बाँह (m)	bānh
doigt (m)	ऊँगली (m)	ungalī
pouce (m)	अँगूठा (m)	angūtha
petit doigt (m)	छोटी उंगली (f)	chhotī ungalī
ongle (m)	नाखून (m)	nākhūn
poing (m)	मुट्ठी (m)	mutthī
paume (f)	हथेली (f)	hathelī
poignet (m)	कलाई (f)	kalaī
avant-bras (m)	प्रकोष्ठ (m)	prakoshth
coude (m)	कोहनी (f)	kohanī
épaule (f)	कंधा (m)	kandha
jambe (f)	टाँग (f)	tāng
pied (m)	पैर का तलवा (m)	pair ka talava
genou (m)	घुटना (m)	ghutana
mollet (m)	पिंडली (f)	pindalī
hanche (f)	जाँघ (f)	jāngh
talon (m)	एड़ी (f)	erī
corps (m)	शरीर (m)	sharīr
ventre (m)	पेट (m)	pet
poitrine (f)	सीना (m)	sīna
sein (m)	स्तन (f)	stan
côté (m)	कूल्हा (m)	kūlha
dos (m)	पीठ (f)	pīth
reins (région lombaire)	पीठ का निचला हिस्सा (m)	pīth ka nichala hissa
taille (f) (~ de guêpe)	कमर (f)	kamar
nombril (m)	नाभी (f)	nābhī
fesses (f pl)	नितंब (m pl)	nitamb
derrière (m)	नितम्ब (m)	nitamb
grain (m) de beauté	सौंदर्य चिन्ह (f)	saundary chinh
tache (f) de vin	जन्म चिह्न (m)	janm chihn
tatouage (m)	टैटू (m)	taitū
cicatrice (f)	घाव का निशान (m)	ghāv ka nishān

Les vêtements & les accessoires

33. Les vêtements d'extérieur

vêtement (m)	कपड़े (m)	kapare
survêtement (m)	बाहरी पोशाक (m)	bāharī poshāk
vêtement (m) d'hiver	सर्दियों की पोशक (f)	sardiyon kī poshak
manteau (m)	ओवरकोट (m)	ovarakot
manteau (m) de fourrure	फरकोट (m)	farakot
veste (f) de fourrure	फ़र की जैकेट (f)	far kī jaiket
manteau (m) de duvet	फ़ेदर कोट (m)	fedar kot
veste (f) (~ en cuir)	जैकेट (f)	jaiket
imperméable (m)	बरसाती (f)	barasātī
imperméable (adj)	जलरोधक	jalarodhak

34. Les vêtements

chemise (f)	कमीज़ (f)	kamīz
pantalon (m)	पैंट (m)	paint
jean (m)	जीन्स (m)	jīns
veston (m)	कोट (m)	kot
complet (m)	सूट (m)	sūt
robe (f)	फ़ॉक (f)	frok
jupe (f)	स्कर्ट (f)	skart
chemisette (f)	ब्लाउज़ (f)	blauz
veste (f) en laine	कार्डिगन (f)	kārdigan
jaquette (f), blazer (m)	जैकेट (f)	jaiket
tee-shirt (m)	टी-शर्ट (f)	tī-shart
short (m)	शोट्र्स (m pl)	shorts
costume (m) de sport	ट्रैक सूट (m)	traik sūt
peignoir (m) de bain	बाथ रोब (m)	bāth rob
pyjama (m)	पजामा (m)	pajāma
chandail (m)	सूटर (m)	sūtar
pull-over (m)	पुलोवर (m)	pulovar
gilet (m)	बण्डी (m)	bandī
queue-de-pie (f)	टेल-कोट (m)	tel-kot
smoking (m)	डिनर-जैकेट (f)	dinar-jaiket
uniforme (m)	वर्दी (f)	vardī
tenue (f) de travail	वर्दी (f)	vardī
salopette (f)	ओवरऑल्स (m)	ovarols
blouse (f) (d'un médecin)	कोट (m)	kot

35. Les sous-vêtements

sous-vêtements (m pl)	अंगवस्त्र (m)	angavastr
maillot (m) de corps	बनियान (f)	baniyān
chaussettes (f pl)	मोज़े (m pl)	moze
chemise (f) de nuit	नाइट गाउन (m)	nait gaun
soutien-gorge (m)	ब्रा (f)	bra
chaussettes (f pl) hautes	घुटनों तक के मोज़े (m)	ghutanon tak ke moze
collants (m pl)	टाइट्स (m pl)	taits
bas (m pl)	स्टॉकिंग (m pl)	stāking
maillot (m) de bain	स्विम सूट (m)	svim sūt

36. Les chapeaux

chapeau (m)	टोपी (f)	topī
chapeau (m) feutre	हैट (f)	hait
casquette (f) de base-ball	बैस्बॉल कैप (f)	baisbol kaip
casquette (f)	फ्लैट कैप (f)	flait kaip
béret (m)	बेरेट (m)	beret
capuche (f)	हुड (m)	hūd
panama (m)	पनामा हैट (m)	panāma hait
bonnet (m) de laine	बुनी हुई टोपी (f)	bunī huī topī
foulard (m)	सिर का स्कार्फ़ (m)	sir ka skārf
chapeau (m) de femme	महिलाओं की टोपी (f)	mahilaon kī topī
casque (m) (d'ouvriers)	हेलमेट (f)	helamet
calot (m)	पुलिसीया टोपी (f)	pulisīya topī
casque (m) (~ de moto)	हेलमेट (f)	helamet
melon (m)	बॉलर हैट (m)	bolar hait
haut-de-forme (m)	टॉप हैट (m)	top hait

37. Les chaussures

chaussures (f pl)	पनही (f)	panahī
bottines (f pl)	जूते (m pl)	jūte
souliers (m pl) (~ plats)	जूते (m pl)	jūte
bottes (f pl)	बूट (m pl)	būt
chaussons (m pl)	चप्पल (f pl)	chappal
tennis (m pl)	टेनिस के जूते (m)	tenis ke jūte
baskets (f pl)	स्नीकर्स (m)	snīkars
sandales (f pl)	सैन्डल (f)	saindal
cordonnier (m)	मोची (m)	mochī
talon (m)	एड़ी (f)	erī
paire (f)	जोड़ा (m)	jora
lacet (m)	जूते का फ़ीता (m)	jūte ka fīta

lacer (vt)	फ़ीता बाँधना	fīta bāndhana
chausse-pied (m)	शू-होर्न (m)	shū-horn
cirage (m)	बूट-पालिश (m)	būt-pālish

38. Le textile. Les tissus

coton (m)	कपास (m)	kapās
de coton (adj)	सूती	sūtī
lin (m)	फ्लैक्स (m)	flaiks
de lin (adj)	फ्लैक्स का	flaiks ka

soie (f)	रेशम (f)	resham
de soie (adj)	रेशमी	reshamī
laine (f)	ऊन (m)	ūn
en laine (adj)	ऊनी	ūnī

velours (m)	मख़मल (m)	makhamal
chamois (m)	स्वैड (m)	svaid
velours (m) côtelé	कॉरडरॉय (m)	koradaroy

nylon (m)	नायलॉन (m)	nāyalon
en nylon (adj)	नायलॉन का	nāyalon ka
polyester (m)	पॉलिएस्टर (m)	poliestar
en polyester (adj)	पॉलिएस्टर का	poliestar ka

cuir (m)	चमड़ा (m)	chamara
en cuir (adj)	चमड़े का	chamare ka
fourrure (f)	फ़र (m)	far
en fourrure (adj)	फ़र का	far ka

39. Les accessoires personnels

gants (m pl)	दस्ताने (m pl)	dastāne
moufles (f pl)	दस्ताने (m pl)	dastāne
écharpe (f)	मफ़लर (m)	mafalar

lunettes (f pl)	ऐनक (m pl)	ainak
monture (f)	चश्मे का फ्रेम (m)	chashme ka frem
parapluie (m)	छतरी (f)	chhatarī
canne (f)	छड़ी (f)	chharī
brosse (f) à cheveux	ब्रश (m)	brash
éventail (m)	पंखा (m)	pankha

cravate (f)	टाई (f)	taī
nœud papillon (m)	बो टाई (f)	bo taī
bretelles (f pl)	पतलून बाँधने का फ़ीता (m)	patalūn bāndhane ka fīta
mouchoir (m)	रूमाल (m)	rūmāl

peigne (m)	कंघा (m)	kangha
barrette (f)	बालपिन (f)	bālapin
épingle (f) à cheveux	हेयरक्लीप (f)	heyaraklīp
boucle (f)	बकसुआ (m)	bakasua

| ceinture (f) | बेल्ट (m) | belt |
| bandoulière (f) | कंधे का पट्टा (m) | kandhe ka patta |

sac (m)	बैग (m)	baig
sac (m) à main	पर्स (m)	pars
sac (m) à dos	बैकपैक (m)	baikapaik

40. Les vêtements. Divers

mode (f)	फ़ैशन (m)	faishan
à la mode (adj)	प्रचलन में	prachalan men
couturier, créateur de mode	फ़ैशन डिज़ाइनर (m)	faishan dizainar

col (m)	कॉलर (m)	kolar
poche (f)	जेब (m)	jeb
de poche (adj)	जेब	jeb
manche (f)	आस्तीन (f)	āstīn
bride (f)	हैंगिंग लूप (f)	hainging lūp
braguette (f)	ज़िप (f)	zip

fermeture (f) à glissière	ज़िप (f)	zip
agrafe (f)	हुक (m)	huk
bouton (m)	बटन (m)	batan
boutonnière (f)	बटन का काज (m)	batan ka kāj
s'arracher (bouton)	निकल जाना	nikal jāna

coudre (vi, vt)	सीना	sīna
broder (vt)	काढ़ना	kārhana
broderie (f)	कढ़ाई (f)	karhaī
aiguille (f)	सूई (f)	sūī
fil (m)	धागा (m)	dhāga
couture (f)	सीवन (m)	sīvan

se salir (vp)	मैला होना	maila hona
tache (f)	धब्बा (m)	dhabba
se froisser (vp)	शिकन पड़ जाना	shikan par jāna
déchirer (vt)	फट जाना	fat jāna
mite (f)	कपड़ों के कीड़े (m)	kaparon ke kīre

41. L'hygiène corporelle. Les cosmétiques

dentifrice (m)	टूथपेस्ट (m)	tūthapest
brosse (f) à dents	टूथब्रश (m)	tūthabrash
se brosser les dents	दाँत साफ़ करना	dānt sāf karana

rasoir (m)	रेज़र (f)	rezar
crème (f) à raser	हजामत का क्रीम (m)	hajāmat ka krīm
se raser (vp)	शेव करना	shev karana

savon (m)	साबुन (m)	sābun
shampooing (m)	शैम्पू (m)	shaimpū
ciseaux (m pl)	कैंची (f pl)	kainchī

lime (f) â ongles	नाखून घिसनी (f)	nākhūn ghisanī
pinces (f pl) â ongles	नाखून कतरनी (f)	nākhūn kataranī
pince (f) â épiler	ट्वीज़र्स (f)	tvīzars

produits (m pl) de beauté	श्रृंगार-सामग्री (f)	shrrngār-sāmagrī
masque (m) de beauté	चेहरे का लेप (m)	chehare ka lep
manucure (f)	मैनीक्योर (m)	mainīkyor
se faire les ongles	मैनीक्योर करवाना	mainīkyor karavāna
pédicurie (f)	पेडिक्यूर (m)	pedikyūr

trousse (f) de toilette	श्रृंगार थैली (f)	shrrngār thailī
poudre (f)	पाउडर (m)	paudar
poudrier (m)	कॉम्पैक्ट पाउडर (m)	kompaikt paudar
fard (m) â joues	ब्लशर (m)	blashar

parfum (m)	ख़ुशबू (f)	khushabū
eau (f) de toilette	टॉयलेट वॉटर (m)	tāyalet votar
lotion (f)	लोशन (m)	loshan
eau de Cologne (f)	कोलोन (m)	kolon

fard (m) â paupières	आई-शैडो (m)	āī-shaido
crayon (m) â paupières	आई-पेंसिल (f)	āī-pensil
mascara (m)	मस्कारा (m)	maskāra

rouge (m) â lèvres	लिपस्टिक (m)	lipastik
vernis (m) â ongles	नेल पॉलिश (f)	nel polish
laque (f) pour les cheveux	हेयर स्प्रे (m)	heyar spre
déodorant (m)	डिओडरेन्ट (m)	diodarent

crème (f)	क्रीम (m)	krīm
crème (f) pour le visage	चेहरे की क्रीम (f)	chehare kī krīm
crème (f) pour les mains	हाथ की क्रीम (f)	hāth kī krīm
crème (f) anti-rides	एंटी रिंकल क्रीम (f)	entī rinkal krīm
de jour (adj)	दिन का	din ka
de nuit (adj)	रात का	rāt ka

tampon (m)	टैम्पन (m)	taimpan
papier (m) de toilette	टॉयलेट पेपर (m)	toyalet pepar
sèche-cheveux (m)	हेयर ड्रायर (m)	heyar drāyar

42. Les bijoux. La bijouterie

bijoux (m pl)	ज़ेवर (m pl)	zevar
précieux (adj)	बहुमूल्य	bahumūly
poinçon (m)	छाप (m)	chhāp

bague (f)	अंगूठी (f)	angūthī
alliance (f)	शादी की अंगूठी (f)	shādī kī angūthī
bracelet (m)	चूड़ी (m)	chūrī

boucles (f pl) d'oreille	कान की रिंग (f)	kān kī ring
collier (m) (de perles)	माला (f)	māla
couronne (f)	ताज (m)	tāj
collier (m) (en verre, etc.)	मोती की माला (f)	motī kī māla

diamant (m)	हीरा (m)	hīra
émeraude (f)	पन्ना (m)	panna
rubis (m)	माणिक (m)	mānik
saphir (m)	नीलम (m)	nīlam
perle (f)	मुक्ताफल (m)	muktāfal
ambre (m)	एंम्बर (m)	embar

43. Les montres. Les horloges

montre (f)	घड़ी (f pl)	gharī
cadran (m)	डायल (m)	dāyal
aiguille (f)	सुई (f)	suī
bracelet (m)	धातु से बनी घड़ी का पट्टा (m)	dhātu se banī gharī ka patta
bracelet (m) (en cuir)	घड़ी का पट्टा (m)	gharī ka patta
pile (f)	बैटेरी (f)	baiterī
être déchargé	खत्म हो जाना	khatm ho jāna
changer de pile	बैटेरी बदलना	baiterī badalana
avancer (vi)	तेज़ चलना	tez chalana
retarder (vi)	धीमी चलना	dhīmī chalana
pendule (f)	दीवार-घड़ी (f pl)	dīvār-gharī
sablier (m)	रेत-घड़ी (f pl)	ret-gharī
cadran (m) solaire	सूरज-घड़ी (f pl)	sūraj-gharī
réveil (m)	अलार्म घड़ी (f)	alārm gharī
horloger (m)	घड़ीसाज़ (m)	gharīsâz
réparer (vt)	मरम्मत करना	marammat karana

Les aliments. L'alimentation

44. Les aliments

viande (f)	गोश्त (m)	gosht
poulet (m)	चीकन (m)	chīkan
poulet (m) (poussin)	रॉक कोर्निश मुर्गी (f)	rok kornish murgī
canard (m)	बत्तख़ (f)	battakh
oie (f)	हंस (m)	hans
gibier (m)	शिकार के पशुपक्षी (f)	shikār ke pashupakshī
dinde (f)	टर्की (m)	tarkī
du porc	सुअर का गोश्त (m)	suar ka gosht
du veau	बछड़े का गोश्त (m)	bachhare ka gosht
du mouton	भेड़ का गोश्त (m)	bher ka gosht
du bœuf	गाय का गोश्त (m)	gāy ka gosht
lapin (m)	खरगोश (m)	kharagosh
saucisson (m)	सॉसेज (f)	sosej
saucisse (f)	वियना सॉसेज (m)	viyana sosej
bacon (m)	बेकन (m)	bekan
jambon (m)	हैम (m)	haim
cuisse (f)	सुअर की जांघ (f)	suar kī jāngh
pâté (m)	पिसा हुआ गोश्त (m)	pisa hua gosht
foie (m)	जिगर (f)	jigar
farce (f)	कीमा (m)	kīma
langue (f)	जीभ (m)	jībh
œuf (m)	अंडा (m)	anda
les œufs	अंडे (m pl)	ande
blanc (m) d'œuf	अंडे की सफ़ेदी (m)	ande kī safedī
jaune (m) d'œuf	अंडे की ज़र्दी (m)	ande kī zardī
poisson (m)	मछली (f)	machhalī
fruits (m pl) de mer	समुद्री खाना (m)	samudrī khāna
caviar (m)	मछली के अंडे (m)	machhalī ke ande
crabe (m)	केकड़ा (m)	kekara
crevette (f)	चिंगड़ा (m)	chingara
huître (f)	सीप (m)	sīp
langoustine (f)	लोबस्टर (m)	lobastar
poulpe (m)	ऑक्टोपस (m)	oktopas
calamar (m)	स्कीड (m)	skīd
esturgeon (m)	स्टर्जन (f)	starjan
saumon (m)	सालमन (m)	sālaman
flétan (m)	हैलिबट (f)	hailibat
morue (f)	कॉड (f)	kod
maquereau (m)	माक्रैल (f)	mākrail

| thon (m) | टूना (f) | tūna |
| anguille (f) | बाम मछली (f) | bām machhalī |

truite (f)	ट्राउट मछली (f)	traut machhalī
sardine (f)	सार्डीन (f)	sārdīn
brochet (m)	पाइक (f)	paik
hareng (m)	हेरिंग मछली (f)	hering machhalī

pain (m)	ब्रेड (f)	bred
fromage (m)	पनीर (m)	panīr
sucre (m)	चीनी (f)	chīnī
sel (m)	नमक (m)	namak

riz (m)	चावल (m)	chāval
pâtes (m pl)	पास्ता (m)	pāsta
nouilles (f pl)	नूडल्स (m)	nūdals

beurre (m)	मक्खन (m)	makkhan
huile (f) végétale	तेल (m)	tel
huile (f) de tournesol	सूरजमुखी तेल (m)	sūrajamukhī tel
margarine (f)	नकली मक्खन (m)	nakalī makkhan

| olives (f pl) | जैतून (m) | jaitūn |
| huile (f) d'olive | जैतून का तेल (m) | jaitūn ka tel |

lait (m)	दूध (m)	dūdh
lait (m) condensé	रबड़ी (f)	rabarī
yogourt (m)	दही (m)	dahī
crème (f) aigre	खट्टी क्रीम (f)	khattī krīm
crème (f) (de lait)	मलाई (f pl)	malaī

| sauce (f) mayonnaise | मेयोनेज़ (m) | meyonez |
| crème (f) au beurre | क्रीम (m) | krīm |

gruau (m)	अनाज के दाने (m)	anāj ke dāne
farine (f)	आटा (m)	āta
conserves (f pl)	डिब्बाबन्द खाना (m)	dibbāband khāna

pétales (m pl) de maïs	कॉर्नफ्लेक्स (m)	kornafleks
miel (m)	शहद (m)	shahad
confiture (f)	जैम (m)	jaim
gomme (f) à mâcher	चूइन्गा गम (m)	chūing gam

45. Les boissons

eau (f)	पानी (m)	pānī
eau (f) potable	पीने का पानी (f)	pīne ka pānī
eau (f) minérale	मिनरल वॉटर (m)	minaral votar

plate (adj)	स्टिल वॉटर	stil votar
gazeuse (l'eau ~)	कार्बोनेटेड	kārboneted
pétillante (adj)	स्पार्कलिंग	spārkaling
glace (f)	बर्फ़ (m)	barf
avec de la glace	बर्फ़ के साथ	barf ke sāth

sans alcool	शराब रहित	sharāb rahit
boisson (f) non alcoolisée	कोल्ड ड्रिंक (f)	kold drink
rafraîchissement (m)	शीतलक ड्रिंक (f)	shītalak drink
limonade (f)	लेमोनेड (m)	lemoned
boissons (f pl) alcoolisées	शराब (m pl)	sharāb
vin (m)	वाइन (f)	vain
vin (m) blanc	सफ़ेद वाइन (f)	safed vain
vin (m) rouge	लाल वाइन (f)	lāl vain
liqueur (f)	लिकर (m)	likar
champagne (m)	शैम्पेन (f)	shaimpen
vermouth (m)	वर्माठथ (f)	varmauth
whisky (m)	विस्की (f)	viskī
vodka (f)	वोडका (m)	vodaka
gin (m)	जिन (f)	jin
cognac (m)	कोन्याक (m)	konyāk
rhum (m)	रम (m)	ram
café (m)	कॉफ़ी (f)	kofī
café (m) noir	काली कॉफ़ी (f)	kālī kofī
café (m) au lait	दूध के साथ कॉफ़ी (f)	dūdh ke sāth kofī
cappuccino (m)	कैपूचिनो (f)	kaipūchino
café (m) soluble	इन्संटेन्ट-काफ़ी (f)	insatent-kāfī
lait (m)	दूध (m)	dūdh
cocktail (m)	कॉकटेल (m)	kokatel
cocktail (m) au lait	मिल्कशेक (m)	milkashek
jus (m)	रस (m)	ras
jus (m) de tomate	टमाटर का रस (m)	tamātar ka ras
jus (m) d'orange	संतरे का रस (m)	santare ka ras
jus (m) pressé	ताज़ा रस (m)	tāza ras
bière (f)	बियर (m)	biyar
bière (f) blonde	हल्का बियर (m)	halka biyar
bière (f) brune	डार्क बियर (m)	dārk biyar
thé (m)	चाय (f)	chāy
thé (m) noir	काली चाय (f)	kālī chāy
thé (m) vert	हरी चाय (f)	harī chāy

46. Les légumes

légumes (m pl)	सब्ज़ियाँ (f pl)	sabziyān
verdure (f)	हरी सब्ज़ियाँ (f)	harī sabziyān
tomate (f)	टमाटर (m)	tamātar
concombre (m)	खीरा (m)	khīra
carotte (f)	गाजर (f)	gājar
pomme (f) de terre	आलू (m)	ālū
oignon (m)	प्याज़ (m)	pyāz
ail (m)	लहसुन (m)	lahasun

chou (m)	पत्ता गोभी (f)	patta gobhī
chou-fleur (m)	फूल गोभी (f)	fūl gobhī
chou (m) de Bruxelles	ब्रसेल्स स्प्राउट्स (m)	brasels sprauts
brocoli (m)	ब्रोकोली (f)	brokolī

betterave (f)	चुकन्दर (m)	chukandar
aubergine (f)	बैंगन (m)	baingan
courgette (f)	तुरई (f)	turī
potiron (m)	कद्दू	kaddū
navet (m)	शलजम (f)	shalajam

persil (m)	अजमोद (f)	ajamod
fenouil (m)	सोआ (m)	soa
laitue (f) (salade)	सलाद पत्ता (m)	salād patta
céleri (m)	सेलरी (m)	selarī
asperge (f)	एस्पैरेगस (m)	espairegas
épinard (m)	पालक (m)	pālak

pois (m)	मटर (m)	matar
fèves (f pl)	फली (f pl)	falī
maïs (m)	मकई (f)	makī
haricot (m)	राजमा (f)	rājama

poivron (m)	शिमला मिर्च (m)	shimala mirch
radis (m)	मूली (f)	mūlī
artichaut (m)	हाथीचक (m)	hāthīchak

47. Les fruits. Les noix

fruit (m)	फल (m)	fal
pomme (f)	सेब (m)	seb
poire (f)	नाशपाती (f)	nāshapātī
citron (m)	नीबू (m)	nīmbū
orange (f)	संतरा (m)	santara
fraise (f)	स्ट्रॉबेरी (f)	stroberī

mandarine (f)	नारंगी (m)	nārangī
prune (f)	आलूबुखारा (m)	ālūbukhāra
pêche (f)	आड़ू (m)	ārū
abricot (m)	खूबानी (f)	khūbānī
framboise (f)	रसभरी (f)	rasabharī
ananas (m)	अनानास (m)	anānās

banane (f)	केला (m)	kela
pastèque (f)	तरबूज़ (m)	tarabūz
raisin (m)	अंगूर (m)	angūr
merise (f), cerise (f)	चेरी (f)	cherī
melon (m)	खरबूज़ा (f)	kharabūza

pamplemousse (m)	ग्रेपफ्रूट (m)	grepafrūt
avocat (m)	एवोकांडो (m)	evokādo
papaye (f)	पपीता (f)	papīta
mangue (f)	आम (m)	ām
grenade (f)	अनार (m)	anār

groseille (f) rouge	लाल किशमिश (f)	lāl kishamish
cassis (m)	काली किशमिश (f)	kālī kishamish
groseille (f) verte	आमला (f)	āmala
myrtille (f)	बिलबेरी (f)	bilaberī
mûre (f)	ब्लैकबेरी (f)	blaikaberī

raisin (m) sec	किशमिश (m)	kishamish
figue (f)	अंजीर (m)	anjīr
datte (f)	खजूर (m)	khajūr

cacahuète (f)	मूँगफली (m)	mūngafalī
amande (f)	बादाम (f)	bādām
noix (f)	अखरोट (m)	akharot
noisette (f)	हेज़लनट (m)	hezalanat
noix (f) de coco	नारियल (m)	nāriyal
pistaches (f pl)	पिस्ता (m)	pista

48. Le pain. Les confiseries

confiserie (f)	मिठाई (f pl)	mithaī
pain (m)	ब्रेड (f)	bred
biscuit (m)	बिस्कुट (m)	biskut

chocolat (m)	चॉकलेट (m)	chokalet
en chocolat (adj)	चॉकलेटी	chokaletī
bonbon (m)	टॉफ़ी (f)	tofī
gâteau (m), pâtisserie (f)	पेस्ट्री (f)	pestrī
tarte (f)	केक (m)	kek

gâteau (m)	पाई (m)	paī
garniture (f)	फ़िलिंग (f)	filing

confiture (f)	जैम (m)	jaim
marmelade (f)	मुरब्बा (m)	murabba
gaufre (f)	वेफ़र (m pl)	vefar
glace (f)	आईस-क्रीम (f)	āīs-krīm

49. Les plats cuisinés

plat (m)	पकवान (m)	pakavān
cuisine (f)	व्यंजन (m)	vyanjan
recette (f)	रैसीपी (f)	raisīpī
portion (f)	भाग (m)	bhāg

salade (f)	सलाद (m)	salād
soupe (f)	सूप (m)	sūp

bouillon (m)	यख़नी (f)	yakhanī
sandwich (m)	सैन्डविच (m)	saindavich
les œufs brouillés	आमलेट (m)	āmalet
hamburger (m)	हैमबर्गर (m)	haimabargar
steak (m)	बीफ़स्टीक (m)	bīfastīk

garniture (f)	साइड डिश (f)	said dish
spaghettis (m pl)	स्पेघेटी (f)	speghetī
purée (f)	आलू भरता (f)	ālū bharata
pizza (f)	पीट्ज़ा (f)	pītza
bouillie (f)	दलिया (f)	daliya
omelette (f)	आमलेट (m)	āmalet

cuit à l'eau (adj)	उबला	ubala
fumé (adj)	धुएँ में पकाया हुआ	dhuen men pakāya hua
frit (adj)	भुना	bhuna
sec (adj)	सूखा	sūkha
congelé (adj)	फ़्रोज़न	frozan
mariné (adj)	अचार	achār

sucré (adj)	मीठा	mītha
salé (adj)	नमकीन	namakīn
froid (adj)	ठंडा	thanda
chaud (adj)	गरम	garam
amer (adj)	कड़वा	karava
bon (savoureux)	स्वादिष्ट	svādisht

cuire à l'eau	उबलते पानी में पकाना	ubalate pānī men pakāna
préparer (le dîner)	खाना बनाना	khāna banāna
faire frire	भूनना	bhūnana
réchauffer (vt)	गरम करना	garam karana

saler (vt)	नमक डालना	namak dālana
poivrer (vt)	मिर्च डालना	mirch dālana
râper (vt)	कद्दूकश करना	kaddūkash karana
peau (f)	छिलका (f)	chhilaka
éplucher (vt)	छिलका निकलना	chhilaka nikalana

50. Les épices

sel (m)	नमक (m)	namak
salé (adj)	नमकीन	namakīn
saler (vt)	नमक डालना	namak dālana

poivre (m) noir	काली मिर्च (f)	kālī mirch
poivre (m) rouge	लाल मिर्च (m)	lāl mirch
moutarde (f)	सरसों (m)	sarason
raifort (m)	अरब मूली (f)	arab mūlī

condiment (m)	मसाला (m)	masāla
épice (f)	मसाला (m)	masāla
sauce (f)	चटनी (f)	chatanī
vinaigre (m)	सिरका (m)	siraka

anis (m)	सौंफ़ (f)	saumf
basilic (m)	तुलसी (f)	tulasī
clou (m) de girofle	लौंग (f)	laung
gingembre (m)	अदरक (m)	adarak
coriandre (m)	धनिया (m)	dhaniya
cannelle (f)	दालचीनी (f)	dālachīnī

sésame (m)	तिल (m)	til
feuille (f) de laurier	तेजपता (m)	tejapatta
paprika (m)	लाल शिमला मिर्च पाउडर (m)	lāl shimala mirch paudar
cumin (m)	ज़ीरा (m)	zīra
safran (m)	ज़ाफ़रान (m)	zāfarān

51. Les repas

nourriture (f)	खाना (m)	khāna
manger (vi, vt)	खाना खाना	khāna khāna

petit déjeuner (m)	नाश्ता (m)	nāshta
prendre le petit déjeuner	नाश्ता करना	nāshta karana
déjeuner (m)	दोपहर का भोजन (m)	dopahar ka bhojan
déjeuner (vi)	दोपहर का भोजन करना	dopahar ka bhojan karana
dîner (m)	रात्रिभोज (m)	rātribhoj
dîner (vi)	रात्रिभोज करना	rātribhoj karana

appétit (m)	भूख (f)	bhūkh
Bon appétit!	अपने भोजन का आनंद उठाएं!	apane bhojan ka ānand uthaen!

ouvrir (vt)	खोलना	kholana
renverser (liquide)	गिराना	girāna
se renverser (liquide)	गिराना	girāna
bouillir (vi)	उबालना	ubālana
faire bouillir	उबालना	ubālana
bouilli (l'eau ~e)	उबला हुआ	ubala hua
refroidir (vt)	ठंडा करना	thanda karana
se refroidir (vp)	ठंडा करना	thanda karana

goût (m)	स्वाद (m)	svād
arrière-goût (m)	स्वाद (m)	svād

suivre un régime	वज़न घटाना	vazan ghatāna
régime (m)	डाइट (m)	dait
vitamine (f)	विटामिन (m)	vitāmin
calorie (f)	कैलोरी (f)	kailorī
végétarien (m)	शाकाहारी (m)	shākāhārī
végétarien (adj)	शाकाहारी	shākāhārī

lipides (m pl)	वसा (m pl)	vasa
protéines (f pl)	प्रोटीन (m pl)	protīn
glucides (m pl)	काबोहाइड्रेट (m)	kārbohaidret
tranche (f)	टुकड़ा (m)	tukara
morceau (m)	टुकड़ा (m)	tukara
miette (f)	टुकड़ा (m)	tukara

52. Le dressage de la table

cuillère (f)	चम्मच (m)	chammach
couteau (m)	छुरी (f)	chhurī

fourchette (f)	काँटा (m)	kānta
tasse (f)	प्याला (m)	pyāla
assiette (f)	तश्तरी (f)	tashtarī
soucoupe (f)	सॉसर (m)	sosar
serviette (f)	नैपकीन (m)	naipakīn
cure-dent (m)	टूथपिक (m)	tūthapik

53. Le restaurant

restaurant (m)	रेस्टराँ (m)	restarān
salon (m) de café	कॉफ़ी हाउस (m)	kofī haus
bar (m)	बार (m)	bār
salon (m) de thé	चायख़ाना (m)	chāyakhāna
serveur (m)	बैरा (m)	baira
serveuse (f)	बैरी (f)	bairī
barman (m)	बारमैन (m)	bāramain
carte (f)	मेनू (m)	menū
carte (f) des vins	वाइन सूची (f)	vain sūchī
réserver une table	मेज़ बुक करना	mez buk karana
plat (m)	पकवान (m)	pakavān
commander (vt)	आर्डर देना	ārdar dena
faire la commande	आर्डर देना	ārdar dena
apéritif (m)	एपेरेतीफ़ (m)	eperetīf
hors-d'œuvre (m)	एपेटाइज़र (m)	epetaizar
dessert (m)	मीठा (m)	mītha
addition (f)	बिल (m)	bil
régler l'addition	बील का भुगतान करना	bīl ka bhugatān karana
rendre la monnaie	खुले पैसे देना	khule paise dena
pourboire (m)	टिप (f)	tip

La famille. Les parents. Les amis

54. Les données personnelles. Les formulaires

prénom (m)	पहला नाम (m)	pahala nām
nom (m) de famille	उपनाम (m)	upanām
date (f) de naissance	जन्म-दिवस (m)	janm-divas
lieu (m) de naissance	मातृभूमि (f)	mātrbhūmi
nationalité (f)	नागरिकता (f)	nāgarikata
domicile (m)	निवास स्थान (m)	nivās sthān
pays (m)	देश (m)	desh
profession (f)	पेशा (m)	pesha
sexe (m)	लिंग (m)	ling
taille (f)	क़द (m)	qad
poids (m)	वज़न (m)	vazan

55. La famille. Les liens de parenté

mère (f)	माँ (f)	mān
père (m)	पिता (m)	pita
fils (m)	बेटा (m)	beta
fille (f)	बेटी (f)	betī
fille (f) cadette	छोटी बेटी (f)	chhotī betī
fils (m) cadet	छोटा बेटा (m)	chhota beta
fille (f) aînée	बड़ी बेटी (f)	barī betī
fils (m) aîné	बड़ा बेटा (m)	bara beta
frère (m)	भाई (m)	bhaī
sœur (f)	बहन (f)	bahan
cousin (m)	चचेरा भाई (m)	chachera bhaī
cousine (f)	चचेरी बहन (f)	chacherī bahan
maman (f)	अम्मा (f)	amma
papa (m)	पापा (m)	pāpa
parents (m pl)	माँ-बाप (m pl)	mān-bāp
enfant (m, f)	बच्चा (m)	bachcha
enfants (pl)	बच्चे (m pl)	bachche
grand-mère (f)	दादी (f)	dādī
grand-père (m)	दादा (m)	dāda
petit-fils (m)	पोता (m)	pota
petite-fille (f)	पोती (f)	potī
petits-enfants (pl)	पोते (m)	pote
oncle (m)	चाचा (m)	chācha
tante (f)	चाची (f)	chāchī

neveu (m)	भतीजा (m)	bhatīja
nièce (f)	भतीजी (f)	bhatījī
belle-mère (f)	सास (f)	sãs
beau-père (m)	ससुर (m)	sasur
gendre (m)	दामाद (m)	dāmād
belle-mère (f)	सौतेली माँ (f)	sautelī mān
beau-père (m)	सौतेले पिता (m)	sautele pita
nourrisson (m)	दूधमुँहा बच्चा (m)	dudhamunha bachcha
bébé (m)	शिशु (f)	shishu
petit (m)	छोटा बच्चा (m)	chhota bachcha
femme (f)	पत्नी (f)	patnī
mari (m)	पति (m)	pati
époux (m)	पति (m)	pati
épouse (f)	पत्नी (f)	patnī
marié (adj)	शादीशुदा	shādīshuda
mariée (adj)	शादीशुदा	shādīshuda
célibataire (adj)	अविवाहित	avivāhit
célibataire (m)	कुँआरा (m)	kunāra
divorcé (adj)	तलाक़शुदा	talāqashuda
veuve (f)	विधवा (f)	vidhava
veuf (m)	विधुर (m)	vidhur
parent (m)	रिश्तेदार (m)	rishtedār
parent (m) proche	सम्बंधी (m)	sambandhī
parent (m) éloigné	दूर का रिश्तेदार (m)	dūr ka rishtedār
parents (m pl)	रिश्तेदार (m pl)	rishtedār
orphelin (m), orpheline (f)	अनाथ (m)	anāth
tuteur (m)	अभिभावक (m)	abhibhāvak
adopter (un garçon)	लड़का गोद लेना	laraka god lena
adopter (une fille)	लड़की गोद लेना	larakī god lena

56. Les amis. Les collègues

ami (m)	दोस्त (m)	dost
amie (f)	सहेली (f)	sahelī
amitié (f)	दोस्ती (f)	dostī
être ami	दोस्त होना	dost hona
copain (m)	मित्र (m)	mitr
copine (f)	सहेली (f)	sahelī
partenaire (m)	पार्टनर (m)	pārtanar
chef (m)	चीफ़ (m)	chīf
supérieur (m)	अधीक्षक (m)	adhīkshak
subordonné (m)	अधीनस्थ (m)	adhīnasth
collègue (m, f)	सहकर्मी (m)	sahakarmī
connaissance (f)	परिचित आदमी (m)	parichit ādamī
compagnon (m) de route	सहगामी (m)	sahagāmī

copain (m) de classe	सहपाठी (m)	sahapāṭhī
voisin (m)	पड़ोसी (m)	parosī
voisine (f)	पड़ोसन (f)	parosan
voisins (m pl)	पड़ोसी (m pl)	parosī

57. L'homme. La femme

femme (f)	औरत (f)	aurat
jeune fille (f)	लड़की (f)	larakī
fiancée (f)	दुल्हन (f)	dulhan

belle (adj)	सुंदर	sundar
de grande taille	लम्बा	lamba
svelte (adj)	सुडौल	sudaul
de petite taille	छोटे क़द का	chhote qad ka

| blonde (f) | हल्के रंगे के बालोंवाली औरत (f) | halke range ke bālonvālī aurat |
| brune (f) | काले बालोंवाली औरत (f) | kāle bālonvālī aurat |

de femme (adj)	महिलाओं का	mahilaon ka
vierge (f)	कुमारिनी (f)	kumārinī
enceinte (adj)	गर्भवती	garbhavatī

homme (m)	आदमी (m)	ādamī
blond (m)	हल्के रंगे के बालोंवाला आदमी (m)	halke range ke bālonvāla ādamī
brun (m)	काले बालोंवाला (m)	kāle bālonvāla
de grande taille	लम्बा	lamba
de petite taille	छोटे क़द का	chhote qad ka

rude (adj)	अभद्र	abhadr
trapu (adj)	हृष्ट-पुष्ट	hrasht-pusht
robuste (adj)	तगड़ा	tagara
fort (adj)	ताक़तवर	tākatavar
force (f)	ताक़त (f)	tāqat

gros (adj)	मोटा	mota
basané (adj)	साँवला	sānvala
svelte (adj)	सुडौल	sudaul
élégant (adj)	सजीला	sajila

58. L'age

âge (m)	उम्र (f)	umr
jeunesse (f)	युवा (f)	yuva
jeune (adj)	जवान	javān

plus jeune (adj)	कनिष्ठ	kanishth
plus âgé (adj)	बड़ा	bara
jeune homme (m)	युवक (m)	yuvak
adolescent (m)	किशोर (m)	kishor

gars (m)	लड़का (m)	laraka
vieillard (m)	बूढ़ा आदमी (m)	būrha ādamī
vieille femme (f)	बूढ़ी औरत (f)	būrhī aurat

adulte (m)	व्यस्क	vyask
d'âge moyen (adj)	अधेड़	adhed
âgé (adj)	बुज़ुर्ग	buzurg
vieux (adj)	साल	sāl

retraite (f)	सेवा-निवृति (f)	seva-nivrtti
prendre sa retraite	सेवा-निवृत्त होना	seva-nivrtt hona
retraité (m)	सेवा-निवृत्त (m)	seva-nivrtt

59. Les enfants. Les adolescents

enfant (m, f)	बच्चा (m)	bachcha
enfants (pl)	बच्चे (m pl)	bachche
jumeaux (m pl)	जुड़वाँ (m pl)	juravān

berceau (m)	पालना (m)	pālana
hochet (m)	झुनझुना (m)	jhunajhuna
couche (f)	डायपर (m)	dāyapar

tétine (f)	चुसनी (f)	chusanī
poussette (m)	बच्चा गाड़ी (f)	bachcha gārī
école (f) maternelle	बालवाड़ी (f)	bālavārī
baby-sitter (m, f)	दाई (f)	daī

enfance (f)	बचपन (m)	bachapan
poupée (f)	गुड़िया (f)	guriya
jouet (m)	खिलौना (m)	khilauna
jeu (m) de construction	निर्माण सेट खिलौना (m)	nirmān set khilauna
bien élevé (adj)	तमीज़दार	tamīzadār
mal élevé (adj)	बदतमीज़	badatamīz
gâté (adj)	सिरचढ़ा	siracharha

faire le vilain	शरारत करना	sharārat karana
vilain (adj)	नटखट	natakhat
espièglerie (f)	नटखटपन (m)	natakhatapan
vilain (m)	नटखट बच्चा (m)	natakhat bachcha

obéissant (adj)	आज्ञाकारी	āgyākārī
désobéissant (adj)	अनुज्ञाकारी	anugyākārī

sage (adj)	विनम्र	vinamr
intelligent (adj)	बुद्धिमान	buddhimān
l'enfant prodige	अद्भुत बच्चा (m)	adbhut bachcha

60. Les couples mariés. La vie de famille

embrasser (sur les lèvres)	चुम्बन करना	chumban karana
s'embrasser (vp)	चुम्बन करना	chumban karana

famille (f)	परिवार (m)	parivār
familial (adj)	परिवारिक	parivārik
couple (m)	दंपति (m)	dampatti
mariage (m) (~ civil)	शादी (f)	shādī
foyer (m) familial	गृह-चूल्हा (m)	grh-chūlha
dynastie (f)	वंश (f)	vansh
rendez-vous (m)	मुलाक़ात (f)	mulāqāt
baiser (m)	चुम्बन (m)	chumban
amour (m)	प्रेम (m)	prem
aimer (qn)	प्यार करना	pyār karana
aimé (adj)	प्यारा	pyāra
tendresse (f)	स्नेह (f)	sneh
tendre (affectueux)	स्नेही	snehī
fidélité (f)	वफ़ादारी (f)	vafādārī
fidèle (adj)	वफ़ादार	vafādār
soin (m) (~ de qn)	देखभाल (f)	dekhabhāl
attentionné (adj)	परवाह करने वाला	paravāh karane vāla
jeunes mariés (pl)	नवविवाहित (m pl)	navavivāhit
lune (f) de miel	हनीमून (m)	hanīmūn
se marier	शादी करना	shādī karana
(prendre pour époux)		
se marier	शादी करना	shādī karana
(prendre pour épouse)		
mariage (m)	शादी (f)	shādī
les noces d'or	विवाह की पचासवीं	vivāh kī pachāsavīn
	वर्षगांठ (m)	varshagānth
anniversaire (m)	वर्षगांठ (m)	varshagānth
amant (m)	प्रेमी (m)	premī
maîtresse (f)	प्रेमिका (f)	premika
adultère (m)	व्यभिचार (m)	vyabhichār
commettre l'adultère	संबंधों में धोखा	sambandhon men dhokha
	देना	dena
jaloux (adj)	ईष्यालु	īshyālu
être jaloux	ईष्या करना	īshya karana
divorce (m)	तलाक़ (m)	talāq
divorcer (vi)	तलाक़ देना	talāq dena
se disputer (vp)	झगड़ना	jhagarana
se réconcilier (vp)	सुलह करना	sulah karana
ensemble (adv)	साथ	sāth
sexe (m)	यौन-क्रिया (f)	yaun-kriya
bonheur (m)	खुशी (f)	khushī
heureux (adj)	खुश	khush
malheur (m)	दुर्घटना (f)	durghatana
malheureux (adj)	नाखुश	nākhush

Le caractère. Les émotions

61. Les sentiments. Les émotions

sentiment (m)	भावना (f)	bhāvana
sentiments (m pl)	भावनाएं (f)	bhāvanaen
sentir (vt)	महसूस करना	mahasūs karana
faim (f)	भूख (f)	bhūkh
avoir faim	भूख लगना	bhūkh lagana
soif (f)	प्यास (f)	pyās
avoir soif	प्यास लगना	pyās lagana
somnolence (f)	उनींदापन (f)	unīndāpan
avoir sommeil	नींद आना	nīnd āna
fatigue (f)	थकान (f)	thakān
fatigué (adj)	थका हुआ	thaka hua
être fatigué	थक जाना	thak jāna
humeur (f) (de bonne ~)	मन (m)	man
ennui (m)	ऊब (m)	ūb
s'ennuyer (vp)	ऊब जाना	ūb jāna
solitude (f)	अकेलापन (m)	akelāpan
s'isoler (vp)	एकांत में रहना	ekānt men rahana
inquiéter (vt)	चिन्ता करना	chinta karana
s'inquiéter (vp)	फ़िक्रमंद होना	fikramand hona
inquiétude (f)	फ़िक्र (f)	fikr
préoccupation (f)	चिन्ता (f)	chinta
soucieux (adj)	चिंताकुल	chintākul
s'énerver (vp)	घबराना	ghabarāna
paniquer (vi)	घबरा जाना	ghabara jāna
espoir (m)	आशा (f)	āsha
espérer (vi)	आशा रखना	āsha rakhana
certitude (f)	विश्वास (m)	vishvās
certain (adj)	विश्वास होना	vishvās hona
incertitude (f)	अविश्वास (m)	avishvās
incertain (adj)	विश्वास न होना	vishvās na hona
ivre (adj)	मदहोश	madahosh
sobre (adj)	बिना नशे के	bina nashe ke
faible (adj)	कमज़ोर	kamazor
heureux (adj)	ख़ुश	khush
faire peur	डराना	darāna
fureur (f)	रोष (m)	rosh
rage (f), colère (f)	रोष (m)	rosh
dépression (f)	उदासी (f)	udāsī
inconfort (m)	असुविधा (f)	asuvidha

confort (m)	सुविधा (f)	suvidha
regretter (vt)	अफ़सोस करना	afasos karana
regret (m)	अफ़सोस (m)	afasos
malchance (f)	दुर्भाग्य (f)	durbhāgy
tristesse (f)	दुख (m)	dukh

honte (f)	शर्म (m)	sharm
joie, allégresse (f)	प्रसन्नता (f)	prasannata
enthousiasme (m)	उत्साह (m)	utsāh
enthousiaste (m)	उत्साही (m)	utsāhī
avoir de l'enthousiasme	उत्साह दिखाना	utsāh dikhāna

62. Le caractère. La personnalité

caractère (m)	चरित्र (m)	charitr
défaut (m)	चरित्र दोष (m)	charitr dosh
esprit (m)	अक्ल (m)	aql
raison (f)	तर्क करने की क्षमता (f)	tark karane kī kshamata

conscience (f)	अन्तरात्मा (f)	antarātma
habitude (f)	आदत (f)	ādat
capacité (f)	क्षमता (f)	kshamata
savoir (faire qch)	कर सकना	kar sakana

patient (adj)	धैर्यशील	dhairyashīl
impatient (adj)	बेसब्र	besabr
curieux (adj)	उत्सुक	utsuk
curiosité (f)	उत्सुकता (f)	utsukata

modestie (f)	लज्जा (f)	lajja
modeste (adj)	विनम्र	vinamr
vaniteux (adj)	अविनम्र	avinamr

paresse (f)	आलस्य (m)	ālasy
paresseux (adj)	आलसी	ālasī
paresseux (m)	सुस्त आदमी (m)	sust ādamī

astuce (f)	चालाक (m)	chālāk
rusé (adj)	चालाकी	chālākī
méfiance (f)	अविश्वास (m)	avishvās
méfiant (adj)	अविश्वासपूर्ण	avishvāsapūrn

générosité (f)	उदारता (f)	udārata
généreux (adj)	उदार	udār
doué (adj)	प्रतिभाशाली	pratibhāshālī
talent (m)	प्रतिभा (m)	pratibha

courageux (adj)	साहसी	sāhasī
courage (m)	साहस (m)	sāhas
honnête (adj)	ईमानदार	īmānadār
honnêteté (f)	ईमानदारी (f)	īmānadārī

| prudent (adj) | सावधान | sāvadhān |
| courageux (adj) | बहादुर | bahādur |

sérieux (adj)	गम्भीर	gambhīr
sévère (adj)	सख्त	sakht
décidé (adj)	निर्णयात्मक	nirnayātmak
indécis (adj)	अनिर्णयिक	anirnāyak
timide (adj)	शर्मीला	sharmīla
timidité (f)	संकोच (m)	sankoch
confiance (f)	यक़ीन (m)	yaqīn
croire (qn)	यक़ीन करना	yaqīn karana
confiant (adj)	भरोसा	bharosa
sincèrement (adv)	हार्दिक	hārdik
sincère (adj)	हार्दिक	hārdik
sincérité (f)	निष्ठा (f)	nishtha
ouvert (adj)	अनावृत	anāvṛt
calme (adj)	शांत	shānt
franc (sincère)	स्पष्ट	spasht
naïf (adj)	भोला	bhola
distrait (adj)	भुलक्कड़	bhulakkar
drôle, amusant (adj)	अजीब	ajīb
avidité (f)	लालच (m)	lālach
avare (adj)	लालची	lālachī
radin (adj)	कंजूस	kanjūs
méchant (adj)	दुष्ट	dusht
têtu (adj)	जिद्दी	ziddī
désagréable (adj)	अप्रिय	apriy
égoïste (m)	स्वार्थी (m)	svārthī
égoïste (adj)	स्वार्थ	svārth
peureux (m)	कायर (m)	kāyar
peureux (adj)	कायरता	kāyarata

63. Le sommeil. Les rêves

dormir (vi)	सोना	sona
sommeil (m)	सोना (m)	sona
rêve (m)	सपना (f)	sapana
rêver (en dormant)	सपना देखना	sapana dekhana
endormi (adj)	उनींदा	uninda
lit (m)	पलंग (m)	palang
matelas (m)	गद्दा (m)	gadda
couverture (f)	कम्बल (m)	kambal
oreiller (m)	तकिया (m)	takiya
drap (m)	चादर (f)	chādar
insomnie (f)	अनिद्रा (m)	anidra
sans sommeil (adj)	अनिद्र	anidr
somnifère (m)	नींद की गोली (f)	nīnd kī golī
prendre un somnifère	नींद की गोली लेना	nīnd kī golī lena
avoir sommeil	नींद आना	nīnd āna

bâiller (vi)	ज़ँभाई लेना	janbhaī lena
aller se coucher	सोने जाना	sone jāna
faire le lit	बिस्तर बिछाना	bistar bichhāna
s'endormir (vp)	सो जाना	so jāna

cauchemar (m)	डरावना सपना (m)	darāvana sapana
ronflement (m)	खर्राटे (m)	kharrāte
ronfler (vi)	खर्राटे लेना	kharrāte lena

réveil (m)	अलार्म घड़ी (f)	alārm gharī
réveiller (vt)	जगाना	jagāna
se réveiller (vp)	जगना	jagana
se lever (tôt, tard)	उठना	uthana
se laver (le visage)	हाथ-मुँह धोना	hāth-munh dhona

64. L'humour. Le rire. La joie

humour (m)	हास्य (m)	hāsy
sens (m) de l'humour	मज़ाक करने की आदत (m)	mazāk karane kī ādat
s'amuser (vp)	आनंद उठाना	ānand uthāna
joyeux (adj)	हँसमुख	hansamukh
joie, allégresse (f)	उत्सव (m)	utsav

sourire (m)	मुस्कान (f)	muskān
sourire (vi)	मुस्कुराना	muskurāna
se mettre à rire	हसना शुरू करना	hansana shurū karana
rire (vi)	हसना	hansana
rire (m)	हंसी (f)	hansī

anecdote (f)	चुटकुला (f)	chutakula
drôle, amusant (adj)	मज़ाकीय	mazākīy
comique, ridicule (adj)	हास्यास्प्रद	hāsyāsprad

plaisanter (vi)	मज़ाक करना	mazāk karana
plaisanterie (f)	लतीफ़ा (f)	latīfa
joie (f) (émotion)	ख़ुशी (f)	khushī
se réjouir (vp)	ख़ुश होना	khush hona
joyeux (adj)	ख़ुश	khush

65. Dialoguer et communiquer. Partie 1

| communication (f) | संवाद (m) | sanvād |
| communiquer (vi) | संवाद करना | sanvād karana |

conversation (f)	बातचीत (f)	bātachīt
dialogue (m)	बातचीत (f)	bātachīt
discussion (f) (débat)	चर्चा (f)	charcha
débat (m)	बहस (f)	bahas
discuter (vi)	बहस करना	bahas karana

| interlocuteur (m) | वार्तिकार (m) | vārtākār |
| sujet (m) | विषय (m) | vishay |

point (m) de vue	दृष्टिकोण (m)	drshtikon
opinion (f)	राय (f)	rāy
discours (m)	भाषण (m)	bhāshan
discussion (f) (d'un rapport)	चर्चा (f)	charcha
discuter (vt)	चर्चा करना	charcha karana
conversation (f)	बातचीत (f)	bātachīt
converser (vi)	बात करना	bāt karana
rencontre (f)	भेंट (f)	bhent
se rencontrer (vp)	मिलना	milana
proverbe (m)	लोकोक्ति (f)	lokokti
dicton (m)	कहावत (f)	kahāvat
devinette (f)	पहेली (f)	pahelī
poser une devinette	पहेली पूछना	pahelī pūchhana
mot (m) de passe	पासवर्ड (m)	pāsavard
secret (m)	भेद (m)	bhed
serment (m)	शपथ (f)	shapath
jurer (de faire qch)	शपथ लेना	shapath lena
promesse (f)	वचन (m)	vachan
promettre (vt)	वचन देना	vachan dena
conseil (m)	सलाह (f)	salāh
conseiller (vt)	सलाह देना	salāh dena
écouter (~ ses parents)	कहना मानना	kahana mānana
nouvelle (f)	समाचार (m)	samāchār
sensation (f)	सनसनी (f)	sanasanī
renseignements (m pl)	सूचना (f)	sūchana
conclusion (f)	निष्कर्ष (m)	nishkarsh
voix (f)	आवाज़ (f)	āvāz
compliment (m)	प्रशंसा (m)	prashansa
aimable (adj)	दयालु	dayālu
mot (m)	शब्द (m)	shabd
phrase (f)	जुमला (m)	jumala
réponse (f)	जवाब (m)	javāb
vérité (f)	सच (f)	sach
mensonge (m)	झूठ (f)	jhūth
pensée (f)	ख्याल (f)	khyāl
idée (f)	विचार (f)	vichār
fantaisie (f)	कल्पना (f)	kalpana

66. Dialoguer et communiquer. Partie 2

respecté (adj)	आदरणीय	ādaranīy
respecter (vt)	आदर करना	ādar karana
respect (m)	इज्ज़त (m)	izzat
Cher ...	माननीय	mānanīy
présenter (faire connaître)	परिचय देना	parichay dena
intention (f)	इरादा (m)	irāda

avoir l'intention	इरादा करना	irāda karana
souhait (m)	इच्छा (f)	ichchha
souhaiter (vt)	इच्छा करना	ichchha karana
étonnement (m)	हैरानी (f)	hairānī
étonner (vt)	हैरान करना	hairān karana
s'étonner (vp)	हैरान होना	hairān hona
donner (vt)	देना	dena
prendre (vt)	लेना	lena
rendre (vt)	वापस देना	vāpas dena
retourner (vt)	वापस करना	vāpas karana
s'excuser (vp)	माफ़ी मांगना	māfī māngana
excuse (f)	माफ़ी (f)	māfī
pardonner (vt)	क्षमा करना	kshama karana
parler (~ avec qn)	बात करना	bāt karana
écouter (vt)	सुनना	sunana
écouter jusqu'au bout	सुन लेना	sun lena
comprendre (vt)	समझना	samajhana
montrer (vt)	दिखाना	dikhāna
regarder (vt)	देखना	dekhana
appeler (vt)	बुलाना	bulāna
ennuyer (déranger)	परेशान करना	pareshān karana
passer (~ le message)	भिजवाना	bhijavāna
prière (f) (demande)	प्रार्थना (f)	prārthana
demander (vt)	अनुरोध करना	anurodh karana
exigence (f)	मांग (f)	māng
exiger (vt)	माँगना	māngana
taquiner (vt)	चिढ़ाना	chirhāna
se moquer (vp)	मज़ाक उड़ाना	mazāk urāna
moquerie (f)	मज़ाक (m)	mazāk
surnom (m)	मुंह बोला नाम (m)	munh bola nām
allusion (f)	इशारा (m)	ishāra
faire allusion	इशारा करना	ishāra karana
sous-entendre (vt)	मतलब होना	matalab hona
description (f)	वर्णन (m)	varnan
décrire (vt)	वर्णन करना	varnan karana
éloge (m)	प्रशंसा (m)	prashansa
louer (vt)	प्रशंसा करना	prashansa karana
déception (f)	निराशा (m)	nirāsha
décevoir (vt)	निराश करना	nirāsh karana
être déçu	निराश होना	nirāsh hona
supposition (f)	अंदाज़ा (m)	andāza
supposer (vt)	अंदाज़ा करना	andāza karana
avertissement (m)	चेतावनी (f)	chetāvanī
prévenir (vt)	चेतावनी देना	chetāvanī dena

67. Dialoguer et communiquer. Partie 3

convaincre (vt)	मना लेना	mana lena
calmer (vt)	शांत करना	shānt karana
silence (m) (~ est d'or)	ख़ामोशी (f)	khāmoshī
rester silencieux	चुप रहना	chup rahana
chuchoter (vi, vt)	फुसफुसाना	fusafusāna
chuchotement (m)	फुसफुस (m)	fusafus
sincèrement (adv)	साफ़ साफ़	sāf sāf
à mon avis ...	मेरे ख़्याल में ...	mere khyāl men ...
détail (m) (d'une histoire)	विस्तार (m)	vistār
détaillé (adj)	विस्तृत	vistrt
en détail (adv)	विस्तार से	vistār se
indice (m)	सुराग़ (m)	surāg
donner un indice	सुराग़ देना	surāg dena
regard (m)	नज़र (m)	nazar
jeter un coup d'oeil	देखना	dekhana
fixe (un regard ~)	स्थिर	sthir
clignoter (vi)	झपकना	jhapakana
cligner de l'oeil	आँख मारना	ānkh mārana
hocher la tête	सिर हिलाना	sir hilāna
soupir (m)	आह (f)	āh
soupirer (vi)	आह भरना	āh bharana
tressaillir (vi)	काँपना	kānpana
geste (m)	इशारा (m)	ishāra
toucher (de la main)	छू	chhūa
saisir (par le bras)	पकड़ना	pakarana
taper (sur l'épaule)	थपथपाना	thapathapāna
Attention!	ख़बरदार!	khabaradār!
Vraiment?	सचमुच?	sachamuch?
Tu es sûr?	क्या तुम्हें यक़ीन है?	kya tumhen yaqīn hai?
Bonne chance!	सफल हो!	safal ho!
Compris!	समझ आया!	samajh āya!
Dommage!	अफ़सोस की बात है!	afasos kī bāt hai!

68. L'accord. Le refus

accord (m)	सहमति (f)	sahamati
être d'accord	राज़ी होना	rāzī hona
approbation (f)	स्वीकृति (f)	svīkrti
approuver (vt)	स्वीकार करना	svīkār karana
refus (m)	इन्कार (m)	inkār
se refuser (vp)	इन्कार करना	inkār karana
Super!	बहुत बढ़िया!	bahut barhiya!
Bon!	अच्छा है!	achchha hai!

D'accord!	ठीक!	thīk!
interdit (adj)	वर्जित	varjit
c'est interdit	मना है	mana hai
c'est impossible	सम्भव नहीं	sambhav nahin
incorrect (adj)	ग़लत	galat

décliner (vt)	अस्वीकार करना	asvīkār karana
soutenir (vt)	समर्थन करना	samarthan karana
accepter (condition, etc.)	स्वीकार करना	svīkār karana

confirmer (vt)	पुष्टि करना	pushti karana
confirmation (f)	पुष्टि (f)	pushti
permission (f)	अनुमति (f)	anumati
permettre (vt)	अनुमति देना	anumati dena
décision (f)	फ़ैसला (m)	faisala
ne pas dire un mot	चुप रहना	chup rahana

condition (f)	हालत (m)	hālat
excuse (f) (prétexte)	बहाना (m)	bahāna
éloge (m)	प्रशंसा (m)	prashansa
louer (vt)	तारीफ़ करना	tārīf karana

69. La réussite. La chance. L'échec

succès (m)	सफलता (f)	safalata
avec succès (adv)	सफलतापूर्वक	safalatāpūrvak
réussi (adj)	सफल	safal
chance (f)	सौभाग्य (m)	saubhāgy
Bonne chance!	सफल हो!	safal ho!
de chance (jour ~)	भाग्यशाली	bhāgyashālī
chanceux (adj)	भाग्यशाली	bhāgyashālī

échec (m)	विफलता (f)	vifalata
infortune (f)	नाकामयाबी (f)	nākāmayābī
malchance (f)	दुर्भाग्य (m)	durbhāgy
raté (adj)	असफल	asafal
catastrophe (f)	दुर्घटना (f)	durghatana

fierté (f)	गर्व (m)	garv
fier (adj)	गर्व	garv
être fier	गर्व करना	garv karana
gagnant (m)	विजेता (m)	vijeta
gagner (vi)	जीतना	jītana
perdre (vi)	हार जाना	hār jāna
tentative (f)	कोशिश (f)	koshish
essayer (vt)	कोशिश करना	koshish karana
chance (f)	मौक़ा (m)	mauqa

70. Les disputes. Les émotions négatives

| cri (m) | चिल्लाहट (f) | chillāhat |
| crier (vi) | चिल्लाना | chillāna |

se mettre à crier	चीखना	chīkhana
dispute (f)	झगड़ा (m)	jhagara
se disputer (vp)	झगड़ना	jhagarana
scandale (m) (dispute)	झगड़ा (m)	jhagara
faire un scandale	झगड़ना	jhagarana
conflit (m)	टकराव (m)	takarāv
malentendu (m)	ग़लतफ़हमी (m)	galatafahamī
insulte (f)	अपमान (m)	apamān
insulter (vt)	अपमान करना	apamān karana
insulté (adj)	अपमानित	apamānit
offense (f)	द्वेष (f)	dvesh
offenser (vt)	नाराज़ करना	nārāz karana
s'offenser (vp)	बुरा मानना	bura mānana
indignation (f)	क्रोध (m)	krodh
s'indigner (vp)	ग़ुस्से में आना	gusse men āna
plainte (f)	शिकायत (f)	shikāyat
se plaindre (vp)	शिकायत करना	shikāyat karana
excuse (f)	माफ़ी (f)	māfī
s'excuser (vp)	माफ़ी मांगना	māfī māngana
demander pardon	क्षमा मांगना	kshama māngana
critique (f)	आलोचना (f)	ālochana
critiquer (vt)	आलोचना करना	ālochana karana
accusation (f)	आरोप (m)	ārop
accuser (vt)	आरोप लगाना	ārop lagāna
vengeance (f)	बदला (m)	badala
se venger (vp)	बदला लेना	badala lena
faire payer (qn)	बदला लेना	badala lena
mépris (m)	नफ़रत (m)	nafarat
mépriser (vt)	नफ़रत करना	nafarat karana
haine (f)	नफ़रत (m)	nafarat
haïr (vt)	नफ़रत करना	nafarat karana
nerveux (adj)	घबराना	ghabarāna
s'énerver (vp)	घबराना	ghabarāna
fâché (adj)	नाराज़	nārāz
fâcher (vt)	नाराज़ करना	nārāz karana
humiliation (f)	बेइज़्ज़ती (f)	bezzatī
humilier (vt)	निरादर करना	nirādar karana
s'humilier (vp)	अपमान होना	apamān hona
choc (m)	हैरानी (f)	hairānī
choquer (vt)	हैरान होना	hairān hona
ennui (m) (problème)	परेशानियाँ (f)	pareshāniyān
désagréable (adj)	अप्रिय	apriy
peur (f)	डर (f)	dar
terrible (tempête, etc.)	भयानक	bhayānak
effrayant (histoire ~e)	भयंकर	bhayankar

horreur (f)	दहशत (f)	dahashat
horrible (adj)	भयानक	bhayānak
pleurer (vi)	रोना	rona
se mettre à pleurer	रोने लगना	rone lagana
larme (f)	आँसु (f)	ānsu
faute (f)	ग़लती (f)	galatī
culpabilité (f)	दोष का एहसास (m)	dosh ka ehasās
déshonneur (m)	बदनामी (f)	badanāmī
protestation (f)	विरोध (m)	virodh
stress (m)	तनाव (m)	tanāv
déranger (vt)	परेशान करना	pareshān karana
être furieux	गुस्सा करना	gussa karana
en colère, fâché (adj)	क्रोधित	krodhit
rompre (relations)	ख़त्म करना	khatm karana
réprimander (vt)	कसम खाना	kasam khāna
prendre peur	डराना	darāna
frapper (vt)	मारना	mārana
se battre (vp)	झगड़ना	jhagarana
régler (~ un conflit)	सुलझाना	sulajhāna
mécontent (adj)	असंतुष्ट	asantusht
enragé (adj)	गुस्सा	gussa
Ce n'est pas bien!	यह ठीक नहीं!	yah thīk nahin!
C'est mal!	यह बुरा है!	yah bura hai!

La médecine

71. Les maladies

maladie (f)	बीमारी (f)	bīmārī
être malade	बीमार होना	bīmār hona
santé (f)	सेहत (f)	sehat
rhume (m) (coryza)	नज़ला (m)	nazala
angine (f)	टॉन्सिल (m)	tonsil
refroidissement (m)	जुकाम (f)	zukām
prendre froid	जुकाम हो जाना	zukām ho jāna
bronchite (f)	ब्रॉन्काइटिस (m)	bronkaitis
pneumonie (f)	निमोनिया (f)	nimoniya
grippe (f)	फ्लू (m)	flū
myope (adj)	कमबीन	kamabīn
presbyte (adj)	कमज़ोर दूरदृष्टि	kamazor dūradrshti
strabisme (m)	तिरछी नज़र (m)	tirachhī nazar
strabique (adj)	तिरछी नज़रवाला	tirachhī nazaravāla
cataracte (f)	मोतिया बिंद (m)	motiya bind
glaucome (m)	काला मोतिया (m)	kāla motiya
insulte (f)	स्ट्रोक (m)	strok
crise (f) cardiaque	दिल का दौरा (m)	dil ka daura
infarctus (m) de myocarde	मायोकार्डियल इन्फ़ार्क्शन (m)	māyokārdiyal infārkshan
paralysie (f)	लकवा (m)	lakava
paralyser (vt)	लकवा मारना	laqava mārana
allergie (f)	एलर्जी (f)	elarjī
asthme (m)	दमा (f)	dama
diabète (m)	शूगर (f)	shūgar
mal (m) de dents	दाँत दर्द (m)	dānt dard
carie (f)	दाँत में कीड़ा (m)	dānt men kīra
diarrhée (f)	दस्त (m)	dast
constipation (f)	कब्ज़ (m)	kabz
estomac (m) barbouillé	पेट ख़राब (m)	pet kharāb
intoxication (f) alimentaire	ख़राब खाने से हुई बीमारी (f)	kharāb khāne se huī bīmārī
être intoxiqué	ख़राब खाने से बीमार पड़ना	kharāb khāne se bīmār parana
arthrite (f)	गठिया (m)	gathiya
rachitisme (m)	बालवक्र (m)	bālavakr
rhumatisme (m)	आमवात (m)	āmavāt
athérosclérose (f)	धमनीकलाकाठिन्य (m)	dhamanīkalākāthiny
gastrite (f)	जठर-शोथ (m)	jathar-shoth
appendicite (f)	उण्डुक-शोथ (m)	unduk-shoth

cholécystite (f)	पित्ताशय (m)	pittāshay
ulcère (m)	अल्सर (m)	alsar
rougeole (f)	मीज़ल्स (m)	mīzals
rubéole (f)	जर्मन मीज़ल्स (m)	jarman mīzals
jaunisse (f)	पीलिया (m)	pīliya
hépatite (f)	हेपेटाइटिस (m)	hepetaitis
schizophrénie (f)	शीज़ोफ्रेनीय (f)	shīzofrenīy
rage (f) (hydrophobie)	रेबीज़ (m)	rebīz
névrose (f)	न्यूरोसिस (m)	nyūrosis
commotion (f) cérébrale	आघात (m)	āghāt
cancer (m)	कर्क रोग (m)	kark rog
sclérose (f)	काठिन्य (m)	kāthiny
sclérose (f) en plaques	मल्टीपल स्क्लेरोसिस (m)	maltīpal sklerosis
alcoolisme (m)	शराबीपन (m)	sharābīpan
alcoolique (m)	शराबी (m)	sharābī
syphilis (f)	सीफ़िलिस (m)	sīfīlis
SIDA (m)	ऐड्स (m)	aids
tumeur (f)	ट्यूमर (m)	tyūmar
maligne (adj)	घातक	ghātak
bénigne (adj)	अर्बुद	arbud
fièvre (f)	बुखार (m)	bukhār
malaria (f)	मलेरिया (f)	maleriya
gangrène (f)	गैन्ग्रीन (m)	gaingrīn
mal (m) de mer	जहाज़ी मतली (f)	jahāzī matalī
épilepsie (f)	मिरगी (f)	miragī
épidémie (f)	महामारी (f)	mahāmārī
typhus (m)	टाइफ़स (m)	taifas
tuberculose (f)	टीबी (m)	tībī
choléra (m)	हैज़ा (f)	haiza
peste (f)	प्लेग (f)	pleg

72. Les symptômes. Le traitement. Partie 1

symptôme (m)	लक्षण (m)	lakshan
température (f)	तापमान (m)	tāpamān
fièvre (f)	बुखार (f)	bukhār
pouls (m)	नब्ज़ (f)	nabz
vertige (m)	सिर का चक्कर (m)	sir ka chakkar
chaud (adj)	गरम	garam
frisson (m)	कंपकंपी (f)	kampakampī
pâle (adj)	पीला	pīla
toux (f)	खाँसी (f)	khānsī
tousser (vi)	खाँसना	khānsana
éternuer (vi)	छींकना	chhīnkana
évanouissement (m)	बेहोशी (f)	behoshī

s'évanouir (vp)	बेहोश होना	behosh hona
bleu (m)	नील (m)	nīl
bosse (f)	गुमड़ा (m)	gumara
se heurter (vp)	चोट लगना	chot lagana
meurtrissure (f)	चोट (f)	chot
se faire mal	घाव लगना	ghāv lagana

boiter (vi)	लँगड़ाना	langarāna
foulure (f)	हड्डी खिसकना (f)	haddī khisakana
se démettre (l'épaule, etc.)	हड्डी खिसकना	haddī khisakana
fracture (f)	हड्डी टूट जाना (f)	haddī tūt jāna
avoir une fracture	हड्डी टूट जाना	haddī tūt jāna

coupure (f)	कट जाना (m)	kat jāna
se couper (~ le doigt)	खुद को काट लेना	khud ko kāt lena
hémorragie (f)	रक्त-स्राव (m)	rakt-srāv

| brûlure (f) | जला होना | jala hona |
| se brûler (vp) | जल जाना | jal jāna |

se piquer (le doigt)	चुभाना	chubhāna
se piquer (vp)	खुद को चुभाना	khud ko chubhāna
blesser (vt)	घायल करना	ghāyal karana
blessure (f)	चोट (f)	chot
plaie (f) (blessure)	घाव (m)	ghāv
trauma (m)	चोट (f)	chot

délirer (vi)	बेहोशी में बड़बड़ाना	behoshī men barabadāna
bégayer (vi)	हकलाना	hakalāna
insolation (f)	धूप आघात (m)	dhūp āghāt

73. Les symptômes. Le traitement. Partie 2

| douleur (f) | दर्द (f) | dard |
| écharde (f) | चुभ जाना (m) | chubh jāna |

sueur (f)	पसीना (f)	pasīna
suer (vi)	पसीना निकलना	pasīna nikalana
vomissement (m)	वमन (m)	vaman
spasmes (m pl)	दौरा (m)	daura

enceinte (adj)	गर्भवती	garbhavatī
naître (vi)	जन्म लेना	janm lena
accouchement (m)	पैदा करना (m)	paida karana
accoucher (vi)	पैदा करना	paida karana
avortement (m)	गर्भपात (m)	garbhapāt

respiration (f)	साँस (f)	sāns
inhalation (f)	साँस अंदर खींचना (f)	sāns andar khīnchana
expiration (f)	साँस बाहर छोड़ना (f)	sāns bāhar chhorana
expirer (vi)	साँस बाहर छोड़ना	sāns bāhar chhorana
inspirer (vi)	साँस अंदर खींचना	sāns andar khīnchana
invalide (m)	अपाहिज (m)	apāhij
handicapé (m)	लूला (m)	lūla

drogué (m)	नशेबाज़ (m)	nashebāz
sourd (adj)	बहरा	bahara
muet (adj)	गूँगा	gūnga
sourd-muet (adj)	बहरा और गूँगा	bahara aur gūnga

fou (adj)	पागल	pāgal
fou (m)	पगला (m)	pagala
folle (f)	पगली (f)	pagalī
devenir fou	पागल हो जाना	pāgal ho jāna

gène (m)	वंशाणु (m)	vanshānu
immunité (f)	रोग प्रतिरोधक शक्ति (f)	rog pratirodhak shakti
héréditaire (adj)	जन्मजात	janmajāt
congénital (adj)	पैदाइशी	paidaishī

virus (m)	विषाणु (m)	vishānu
microbe (m)	कीटाणु (m)	kītānu
bactérie (f)	जीवाणु (m)	jīvānu
infection (f)	संक्रमण (m)	sankraman

74. Les symptômes. Le traitement. Partie 3

| hôpital (m) | अस्पताल (m) | aspatāl |
| patient (m) | मरीज़ (m) | marīz |

diagnostic (m)	रोग-निर्णय (m)	rog-nirnay
cure (f) (faire une ~)	इलाज (m)	ilāj
traitement (m)	चिकित्सीय उपचार (m)	chikitsīy upachār
se faire soigner	इलाज कराना	ilāj karāna
traiter (un patient)	इलाज करना	ilāj karana
soigner (un malade)	देखभाल करना	dekhabhāl karana
soins (m pl)	देखभाल (f)	dekhabhāl

opération (f)	ऑपरेशन (m)	opareshan
panser (vt)	पट्टी बाँधना	pattī bāndhana
pansement (m)	पट्टी (f)	pattī

vaccination (f)	टीका (m)	tīka
vacciner (vt)	टीका लगाना	tīka lagāna
piqûre (f)	इंजेक्शन (m)	injekshan
faire une piqûre	इंजेक्शन लगाना	injekshan lagāna

amputation (f)	अंगविच्छेद (f)	angavichchhed
amputer (vt)	अंगविच्छेद करना	angavichchhed karana
coma (m)	कोमा (m)	koma
être dans le coma	कोमा में चले जाना	koma men chale jāna
réanimation (f)	गहन चिकित्सा (f)	gahan chikitsa

se rétablir (vp)	ठीक हो जाना	thīk ho jāna
état (m) (de santé)	हालत (m)	hālat
conscience (f)	होश (m)	hosh
mémoire (f)	याददाश्त (f)	yādadāsht
arracher (une dent)	दाँत निकालना	dānt nikālana
plombage (m)	भराव (m)	bharāv

plomber (vt)	दाँत को भरना	dānt ko bharana
hypnose (f)	हिपनोसिस (m)	hipanosis
hypnotiser (vt)	हिपनोटाइज़ करना	hipanotaiz karana

75. Les médecins

médecin (m)	डॉक्टर (m)	doktar
infirmière (f)	नर्स (m)	nars
médecin (m) personnel	निजी डॉक्टर (m)	nijī doktar
dentiste (m)	दंत-चिकित्सक (m)	dant-chikitsak
ophtalmologiste (m)	आँखों का डॉक्टर (m)	ānkhon ka doktar
généraliste (m)	चिकित्सक (m)	chikitsak
chirurgien (m)	शल्य-चिकित्सक (m)	shaly-chikitsak
psychiatre (m)	मनोरोग चिकित्सक (m)	manorog chikitsak
pédiatre (m)	बाल-चिकित्सक (m)	bāl-chikitsak
psychologue (m)	मनोवैज्ञानिक (m)	manovaigyānik
gynécologue (m)	प्रसूतिशास्त्री (f)	prasūtishāsrī
cardiologue (m)	हृदय रोग विशेषज्ञ (m)	hrday rog visheshagy

76. Les médicaments. Les accessoires

médicament (m)	दवा (f)	dava
remède (m)	दवाई (f)	davaī
prescrire (vt)	नुस्खा लिखना	nusakha likhana
ordonnance (f)	नुस्खा (m)	nusakha
comprimé (m)	गोली (f)	golī
onguent (m)	मरहम (m)	maraham
ampoule (f)	एम्प्यूल (m)	empyūl
mixture (f)	सिरप (m)	sirap
sirop (m)	शरबत (m)	sharabat
pilule (f)	गोली (f)	golī
poudre (f)	चूरन (m)	chūran
bande (f)	पट्टी (f)	pattī
coton (m) (ouate)	रूई का गोला (m)	rūī ka gola
iode (m)	आयोडीन (m)	āyodīn
sparadrap (m)	बैंड-एड (m)	baind-ed
compte-gouttes (m)	आई-ड्रॉपर (m)	āī-dropar
thermomètre (m)	थरमामीटर (m)	tharamāmītar
seringue (f)	इंजेक्शन (m)	injekshan
fauteuil (m) roulant	व्हीलचेयर (f)	vhīlacheyar
béquilles (f pl)	बैसाखी (m pl)	baisākhī
anesthésique (m)	दर्द-निवारक (f)	dard-nivārak
purgatif (m)	जुलाब की गोली (f)	julāb kī golī
alcool (m)	स्पिरिट (m)	spirit
herbe (f) médicinale	जड़ी-बूटी (f)	jarī-būtī
d'herbes (adj)	जड़ी-बूटियों से बना	jarī-būtiyon se bana

77. Le tabac et ses produits dérivés

tabac (m)	तम्बाकू (m)	tambākū
cigarette (f)	सिगरेट (m)	sigaret
cigare (f)	सिगार (m)	sigār
pipe (f)	पाइप (f)	paip
paquet (m)	पैक (m)	paik
allumettes (f pl)	माचिस (f pl)	māchis
boîte (f) d'allumettes	माचिस का डिब्बा (m)	māchis ka dibba
briquet (m)	लाइटर (f)	laitar
cendrier (m)	राखदानी (f)	rākhadānī
étui (m) à cigarettes	सिगरेट केस (m)	sigaret kes
fume-cigarette (m)	सिगरेट होलडर (m)	sigaret holadar
filtre (m)	फ़िल्टर (m)	filtar
fumer (vi, vt)	धुम्रपान करना	dhumrapān karana
allumer une cigarette	सिगरेट जलाना	sigaret jalāna
tabagisme (m)	धुम्रपान (m)	dhumrapān
fumeur (m)	धूम्रपान करने वाला (m)	dhūmrapān karane vāla
mégot (m)	सिगरेट का बचा हुआ टुकड़ा (m)	sigaret ka bacha hua tukara
fumée (f)	सिगरेट का धुँआ (m)	sigaret ka dhuna
cendre (f)	राख (m)	rākh

L'HABITAT HUMAIN

La ville

ville (f)	नगर (m)	nagar
capitale (f)	राजधानी (f)	rājadhānī
village (m)	गांव (m)	gānv
plan (m) de la ville	नगर का नक्शा (m)	nagar ka naksha
centre-ville (m)	नगर का केन्द्र (m)	nagar ka kendr
banlieue (f)	उपनगर (m)	upanagar
de banlieue (adj)	उपनगरिक	upanagarik
périphérie (f)	बाहरी इलाका (m)	bāharī ilāka
alentours (m pl)	इर्दगिर्द के इलाके (m pl)	irdagird ke ilāke
quartier (m)	सेक्टर (m)	sektar
quartier (m) résidentiel	मुहल्ला (m)	muhalla
trafic (m)	यातायात (f)	yātāyāt
feux (m pl) de circulation	यातायात सिग्नल (m)	yātāyāt signal
transport (m) urbain	जन परिवहन (m)	jan parivahan
carrefour (m)	चौराहा (m)	chaurāha
passage (m) piéton	ज़ेबरा क्रॉसिंग (f)	zebara krosing
passage (m) souterrain	पैदल यात्रियों के लिए अंडरपास (f)	paidal yātriyon ke lie andarapās
traverser (vt)	सड़क पार करना	sarak pār karana
piéton (m)	पैदल-यात्री (m)	paidal-yātrī
trottoir (m)	फुटपाथ (m)	futapāth
pont (m)	पुल (m)	pul
quai (m)	तट (m)	tat
fontaine (f)	फौवारा (m)	fauvāra
allée (f)	छायापथ (f)	chhāyāpath
parc (m)	पार्क (m)	pārk
boulevard (m)	चौड़ी सड़क (m)	chaurī sarak
place (f)	मैदान (m)	maidān
avenue (f)	मार्ग (m)	mārg
rue (f)	सड़क (f)	sarak
ruelle (f)	गली (f)	galī
impasse (f)	बंद गली (f)	band galī
maison (f)	मकान (m)	makān
édifice (m)	इमारत (f)	imārat
gratte-ciel (m)	गगनचुंबी भवन (f)	gaganachumbī bhavan
façade (f)	अगवाड़ा (m)	agavāra

toit (m)	छत (f)	chhat
fenêtre (f)	खिड़की (f)	khirakī
arc (m)	मेहराब (m)	meharāb
colonne (f)	स्तंभ (m)	stambh
coin (m)	कोना (m)	kona

vitrine (f)	दुकान का शो-केस (m)	dukān ka sho-kes
enseigne (f)	साईनबोर्ड (m)	saīnabord
affiche (f)	पोस्टर (m)	postar
affiche (f) publicitaire	विज्ञापन पोस्टर (m)	vigyāpan postar
panneau-réclame (m)	बिलबोर्ड (m)	bilabord

ordures (f pl)	कूड़ा (m)	kūra
poubelle (f)	कूड़े का डिब्बा (m)	kūre ka dibba
jeter à terre	कूड़ा-कर्कट डालना	kūra-karkat dālana
décharge (f)	डम्पिंग ग्राउंड (m)	damping graund

cabine (f) téléphonique	फ़ोन बूथ (m)	fon būth
réverbère (m)	बिजली का खंभा (m)	bijalī ka khambha
banc (m)	पार्क-बेंच (f)	pārk-bench

policier (m)	पुलिसवाला (m)	pulisavāla
police (f)	पुलिस (m)	pulis
clochard (m)	भिखारी (m)	bhikhārī
sans-abri (m)	बेघर (m)	beghar

79. Les institutions urbaines

magasin (m)	दुकान (f)	dukān
pharmacie (f)	दवाख़ाना (m)	davākhāna
opticien (m)	चश्मे की दुकान (f)	chashme kī dukān
centre (m) commercial	शॉपिंग मॉल (m)	shoping mol
supermarché (m)	सुपर बाज़ार (m)	supar bāzār

boulangerie (f)	बेकरी (f)	bekarī
boulanger (m)	बेकर (m)	bekar
pâtisserie (f)	टॉफ़ी की दुकान (f)	tofī kī dukān
épicerie (f)	परचून की दुकान (f)	parachūn kī dukān
boucherie (f)	गोश्त की दुकान (f)	gosht kī dukān

| magasin (m) de légumes | सब्ज़ियों की दुकान (f) | sabziyon kī dukān |
| marché (m) | बाज़ार (m) | bāzār |

salon (m) de café	कॉफ़ी हाउस (m)	kāfī haus
restaurant (m)	रेस्टरॉं (m)	restarān
brasserie (f)	शराबख़ाना (m)	sharābakhāna
pizzeria (f)	पिट्ज़ा की दुकान (f)	pitza kī dukān

salon (m) de coiffure	नाई की दुकान (f)	naī kī dukān
poste (f)	डाकघर (m)	dākaghar
pressing (m)	ड्राइक्लीनर (m)	draiklīnar
atelier (m) de photo	फ़ोटो की दुकान (f)	foto kī dukān
magasin (m) de chaussures	जूते की दुकान (f)	jūte kī dukān
librairie (f)	किताबों की दुकान (f)	kitābon kī dukān

magasin (m) d'articles de sport	खेलकूद की दुकान (f)	khelakūd kī dukān
atelier (m) de retouche	कपड़ों की मरम्मत की दुकान (f)	kaparon kī marammat kī dukān
location (f) de vêtements	कपड़ों को किराए पर देने की दुकान (f)	kaparon ko kirae par dene kī dukān
location (f) de films	वीडियो रेन्टल दुकान (f)	vīdiyo rental dukān
cirque (m)	सर्कस (m)	sarkas
zoo (m)	चिड़ियाघर (m)	chiriyāghar
cinéma (m)	सिनेमाघर (m)	sinemāghar
musée (m)	संग्रहालय (m)	sangrahālay
bibliothèque (f)	पुस्तकालय (m)	pustakālay
théâtre (m)	रंगमंच (m)	rangamanch
opéra (m)	ओपेरा (m)	opera
boîte (f) de nuit	नाईट क्लब (m)	naīt klab
casino (m)	केसिनो (m)	kesino
mosquée (f)	मस्जिद (m)	masjid
synagogue (f)	सीनागोग (m)	sīnāgog
cathédrale (f)	गिरजाघर (m)	girajāghar
temple (m)	मंदिर (m)	mandir
église (f)	गिरजाघर (m)	girajāghar
institut (m)	कॉलेज (m)	kolej
université (f)	विश्वविद्यालय (m)	vishvavidyālay
école (f)	विद्यालय (m)	vidyālay
préfecture (f)	प्रशासक प्रान्त (m)	prashāsak prānt
mairie (f)	सिटी हॉल (m)	sitī hol
hôtel (m)	होटल (f)	hotal
banque (f)	बैंक (m)	baink
ambassade (f)	दूतावस (m)	dūtāvas
agence (f) de voyages	पर्यटन आफ़िस (m)	paryatan āfis
bureau (m) d'information	पूछताछ कार्यालय (m)	pūchhatāchh kāryālay
bureau (m) de change	मुद्रालय (m)	mudrālay
métro (m)	मेट्रो (m)	metro
hôpital (m)	अस्पताल (m)	aspatāl
station-service (f)	पेट्रोल पम्प (f)	petrol pamp
parking (m)	पार्किंग (f)	pārking

80. Les enseignes. Les panneaux

enseigne (f)	साईनबोर्ड (m)	saīnabord
pancarte (f)	दुकान का साईन (m)	dukān ka saīn
poster (m)	पोस्टर (m)	postar
indicateur (m) de direction	दिशा संकेतक (m)	disha sanketak
flèche (f)	तीर दिशा संकेतक (m)	tīr disha sanketak
avertissement (m)	चेतावनी (f)	chetāvanī
panneau d'avertissement	चेतावनी संकेतक (m)	chetāvanī sanketak

avertir (vt)	चेतावनी देना	chetāvanī dena
jour (m) de repos	छुट्टी का दिन (m)	chhuttī ka din
horaire (m)	समय सारणी (f)	samay sāranī
heures (f pl) d'ouverture	खुलने का समय (m)	khulane ka samay
BIENVENUE!	आपका स्वागत है!	āpaka svāgat hai!
ENTRÉE	प्रवेश	pravesh
SORTIE	निकास	nikās
POUSSER	धक्का दें	dhakka den
TIRER	खींचे	khīnche
OUVERT	खुला	khula
FERMÉ	बद	band
FEMMES	औरतों के लिये	auraton ke liye
HOMMES	आदमियों के लिये	ādamiyon ke liye
RABAIS	डिस्काउन्ट	diskaunt
SOLDES	सेल	sel
NOUVEAU!	नया!	naya!
GRATUIT	मुफ्त	muft
ATTENTION!	ध्यान दें!	dhyān den!
COMPLET	कोई जगह खाली नहीं है	koī jagah khālī nahin hai
RÉSERVÉ	रिज़र्वड	rizarvad
ADMINISTRATION	प्रशासन	prashāsan
RÉSERVÉ AU PERSONNEL	केवल कर्मचारियों के लिए	keval karmachāriyon ke lie
ATTENTION CHIEN MÉCHANT	कुत्ते से सावधान!	kutte se sāvadhān!
DÉFENSE DE FUMER	धुम्रपान निषेध!	dhumrapān nishedh!
PRIÈRE DE NE PAS TOUCHER	छूना मना!	chhūna mana!
DANGEREUX	खतरा	khatara
DANGER	खतरा	khatara
HAUTE TENSION	उच्च वोल्टेज	uchch voltej
BAIGNADE INTERDITE	तैरना मना!	tairana mana!
HORS SERVICE	ख़राब	kharāb
INFLAMMABLE	ज्वलनशील	jvalanashīl
INTERDIT	निषिद्ध	nishiddh
PASSAGE INTERDIT	प्रवेश निषेध!	pravesh nishedh!
PEINTURE FRAÎCHE	गीला पेंट	gīla pent

81. Les transports en commun

autobus (m)	बस (f)	bas
tramway (m)	ट्रैम (m)	traim
trolleybus (m)	ट्रॉलीबस (f)	trolības
itinéraire (m)	मार्ग (m)	mārg
numéro (m)	नम्बर (m)	nambar
prendre ...	के माध्यम से जाना	ke mādhyam se jāna

| monter (dans l'autobus) | सवार होना | savār hona |
| descendre de ... | उतरना | utarana |

arrêt (m)	बस स्टॉप (m)	bas stop
arrêt (m) prochain	अगला स्टॉप (m)	agala stop
terminus (m)	अंतिम स्टेशन (m)	antim steshan
horaire (m)	समय सारणी (f)	samay sāraṇī
attendre (vt)	इंतज़ार करना	intazār karana

| ticket (m) | टिकट (m) | tikat |
| prix (m) du ticket | टिकट का किराया (m) | tikat ka kirāya |

caissier (m)	कैशियर (m)	kaishiyar
contrôle (m) des tickets	टिकट जाँच (f)	tikat jānch
contrôleur (m)	कंडक्टर (m)	kandaktar

être en retard	देर हो जाना	der ho jāna
rater (~ le train)	छूट जाना	chhūt jāna
se dépêcher	जल्दी में रहना	jaldī men rahana

taxi (m)	टैक्सी (m)	taiksī
chauffeur (m) de taxi	टैक्सीवाला (m)	taiksīvāla
en taxi	टैक्सी से (m)	taiksī se
arrêt (m) de taxi	टैक्सी स्टैंड (m)	taiksī staind
appeler un taxi	टैक्सी बुलाना	taiksī bulāna
prendre un taxi	टैक्सी लेना	taiksī lena

trafic (m)	यातायात (f)	yātāyāt
embouteillage (m)	ट्रैफ़िक जाम (m)	traifik jām
heures (f pl) de pointe	भीड़ का समय (m)	bhīr ka samay
se garer (vp)	पार्क करना	pārk karana
garer (vt)	पार्क करना	pārk karana
parking (m)	पार्किंग (f)	pārking

métro (m)	मेट्रो (m)	metro
station (f)	स्टेशन (m)	steshan
prendre le métro	मेट्रो लेना	metro lena
train (m)	रेलगाड़ी, ट्रेन (f)	relagārī, tren
gare (f)	स्टेशन (m)	steshan

82. Le tourisme

monument (m)	स्मारक (m)	smārak
forteresse (f)	किला (m)	kila
palais (m)	भवन (m)	bhavan
château (m)	महल (m)	mahal
tour (f)	मीनार (m)	mīnār
mausolée (m)	समाधि (f)	samādhi

architecture (f)	वस्तुशाला (m)	vastushāla
médiéval (adj)	मध्ययुगीय	madhayayugīy
ancien (adj)	प्राचीन	prāchīn
national (adj)	राष्ट्रीय	rāshtrīy
connu (adj)	मशहूर	mashhūr

touriste (m)	पर्यटक (m)	paryatak
guide (m) (personne)	गाइड (m)	gaid
excursion (f)	पर्यटन यात्रा (m)	paryatan yātra
montrer (vt)	दिखाना	dikhāna
raconter (une histoire)	बताना	batāna

trouver (vt)	ढूँढना	dhūnrhana
se perdre (vp)	खो जाना	kho jāna
plan (m) (du metro, etc.)	नक्शा (m)	naksha
carte (f) (de la ville, etc.)	नक्शा (m)	naksha

souvenir (m)	यादगार (m)	yādagār
boutique (f) de souvenirs	गिफ्ट शॉप (f)	gift shop
prendre en photo	फोटो खींचना	foto khīnchana
se faire prendre en photo	अपना फ़ोटो खिंचवाना	apana foto khinchavāna

83. Le shopping

acheter (vt)	खरीदना	kharīdana
achat (m)	खरीदारी (f)	kharīdārī
faire des achats	खरीदारी करने जाना	kharīdārī karane jāna
shopping (m)	खरीदारी (f)	kharīdārī

| être ouvert | खुला होना | khula hona |
| être fermé | बन्द होना | band hona |

chaussures (f pl)	जूता (m)	jūta
vêtement (m)	पोशाक (m)	poshāk
produits (m pl) de beauté	श्रृंगार-सामग्री (f)	shrrngār-sāmagrī
produits (m pl) alimentaires	खाने-पीने की चीज़ें (f pl)	khāne-pīne kī chīzen
cadeau (m)	उपहार (m)	upahār

| vendeur (m) | बेचनेवाला (m) | bechanevāla |
| vendeuse (f) | बेचनेवाली (f) | bechanevālī |

caisse (f)	कैश-काउन्टर (m)	kaish-kauntar
miroir (m)	आईना (m)	āīna
comptoir (m)	काउन्टर (m)	kauntar
cabine (f) d'essayage	ट्राई करने का कमरा (m)	traī karane ka kamara

essayer (robe, etc.)	ट्राई करना	traī karana
aller bien (robe, etc.)	फिटिंग करना	fiting karana
plaire (être apprécié)	पसंद करना	pasand karana

prix (m)	दाम (m)	dām
étiquette (f) de prix	प्राइस टैग (m)	prais taig
coûter (vt)	दाम होना	dām hona
Combien?	कितना?	kitana?
rabais (m)	डिस्काउन्ट (m)	diskaunt

pas cher (adj)	सस्ता	sasta
bon marché (adj)	सस्ता	sasta
cher (adj)	महंगा	mahanga
C'est cher	यह महंगा है	yah mahanga hai

location (f)	रेन्टल (m)	rental
louer (une voiture, etc.)	किराए पर लेना	kirae par lena
crédit (m)	क्रेडिट (m)	kredit
à crédit (adv)	क्रेडिट पर	kredit par

84. L'argent

argent (m)	पैसा (m pl)	paisa
échange (m)	मुद्रा विनिमय (m)	mudra vinimay
cours (m) de change	विनिमय दर (m)	vinimay dar
distributeur (m)	एटीएम (m)	etīem
monnaie (f)	सिक्का (m)	sikka

dollar (m)	डॉलर (m)	dolar
euro (m)	यूरो (m)	yūro

lire (f)	लीरा (f)	līra
mark (m) allemand	डचमार्क (m)	dachamārk
franc (m)	फ़्रांक (m)	fränk
livre sterling (f)	पाउन्ड स्टरलिंग (m)	paund staraling
yen (m)	येन (m)	yen

dette (f)	कर्ज़ (m)	karz
débiteur (m)	क़र्ज़दार (m)	qarzadār
prêter (vt)	कर्ज़ देना	karz dena
emprunter (vt)	कर्ज़ लेना	karz lena

banque (f)	बैंक (m)	baink
compte (m)	बैंक खाता (m)	baink khāta
verser dans le compte	बैंक खाते में जमा करना	baink khāte men jama karana
retirer du compte	खाते से पैसे निकालना	khāte se paise nikālana

carte (f) de crédit	क्रेडिट कार्ड (m)	kredit kārd
espèces (f pl)	कैश (m pl)	kaish
chèque (m)	चेक (m)	chek
faire un chèque	चेक लिखना	chek likhana
chéquier (m)	चेकबुक (f)	chekabuk

portefeuille (m)	बटुआ (m)	batua
bourse (f)	बटुआ (m)	batua
coffre fort (m)	लॉकर (m)	lokar

héritier (m)	उत्तराधिकारी (m)	uttarādhikārī
héritage (m)	उत्तराधिकार (m)	uttarādhikār
fortune (f)	संपत्ति (f)	sampatti

location (f)	किराये पर देना (m)	kirāye par dena
loyer (m) (argent)	किराया (m)	kirāya
louer (prendre en location)	किराए पर लेना	kirae par lena

prix (m)	दाम (m)	dām
coût (m)	कीमत (f)	kīmat
somme (f)	रक़म (m)	raqam
dépenser (vt)	खर्च करना	kharch karana

dépenses (f pl)	खर्च (m pl)	kharch
économiser (vt)	बचत करना	bachat karana
économe (adj)	किफ़ायती	kifāyatī

payer (régler)	दाम चुकाना	dām chukāna
paiement (m)	भुगतान (m)	bhugatān
monnaie (f) (rendre la ~)	चिल्लर (m)	chillar

impôt (m)	टैक्स (m)	taiks
amende (f)	जुर्माना (m)	jurmāna
mettre une amende	जुर्माना लगाना	jurmāna lagāna

85. La poste. Les services postaux

poste (f)	डाकघर (m)	dākaghar
courrier (m) (lettres, etc.)	डाक (m)	dāk
facteur (m)	डाकिया (m)	dākiya
heures (f pl) d'ouverture	खुलने का समय (m)	khulane ka samay

lettre (f)	पत्र (m)	patr
recommandé (m)	रजिस्टरी पत्र (m)	rajistarī patr
carte (f) postale	पोस्ट कार्ड (m)	post kārd
télégramme (m)	तार (m)	tār
colis (m)	पार्सल (f)	pārsal
mandat (m) postal	मनी ट्रांसफर (m)	manī trānsafar

recevoir (vt)	पाना	pāna
envoyer (vt)	भेजना	bhejana
envoi (m)	भेज (m)	bhej

adresse (f)	पता (m)	pata
code (m) postal	पिन कोड (m)	pin kod
expéditeur (m)	भेजनेवाला (m)	bhejanevāla
destinataire (m)	पानेवाला (m)	pānevāla

| prénom (m) | पहला नाम (m) | pahala nām |
| nom (m) de famille | उपनाम (m) | upanām |

tarif (m)	डाक दर (m)	dāk dar
normal (adj)	मानक	mānak
économique (adj)	किफ़ायती	kifāyatī

poids (m)	वज़न (m)	vazan
peser (~ les lettres)	तोलना	tolana
enveloppe (f)	लिफ़ाफ़ा (m)	lifāfa
timbre (m)	डाक टिकट (m)	dāk tikat
timbrer (vt)	डाक टिकट लगाना	dāk tikat lagāna

Le logement. La maison. Le foyer

86. La maison. Le logis

Français	Hindi	Translittération
maison (f)	मकान (m)	makān
chez soi	घर पर	ghar par
cour (f)	आंगन (m)	āngan
clôture (f)	बाड़ (f)	bār
brique (f)	ईंट (f)	īnt
en brique (adj)	ईंट का	īnt ka
pierre (f)	पत्थर (m)	patthar
en pierre (adj)	पत्थरीला	pattharīla
béton (m)	कंक्रीट (m)	kankrīt
en béton (adj)	कंक्रीट का	kankrīt ka
neuf (adj)	नया	naya
vieux (adj)	पुराना	purāna
délabré (adj)	टूटा-फूटा	tūta-fūta
moderne (adj)	आधुनिक	ādhunik
à plusieurs étages	बहुमंज़िला	bahumanzila
haut (adj)	ऊंचा	ūncha
étage (m)	मंज़िल (f)	manzil
sans étage (adj)	एकमंज़िला	ekamanzila
rez-de-chaussée (m)	पहली मंज़िल (f)	pahalī manzil
dernier étage (m)	ऊपरी मंज़िल (f)	ūparī manzil
toit (m)	छत (f)	chhat
cheminée (f)	चिमनी (f)	chimanī
tuile (f)	खपड़ा (m)	khapara
en tuiles (adj)	टाइल का बना	tail ka bana
grenier (m)	अटारी (f)	atārī
fenêtre (f)	खिड़की (f)	khirakī
vitre (f)	कांच (f)	kānch
rebord (m)	विन्डो सिल (m)	vindo sil
volets (m pl)	शट्टर (m)	shattar
mur (m)	दीवार (f)	dīvār
balcon (m)	बाल्कनी (f)	bālkanī
gouttière (f)	जल निकास पाइप (f)	jal nikās paip
en haut (à l'étage)	ऊपर	ūpar
monter (vi)	ऊपर जाना	ūpar jāna
descendre (vi)	नीचे उतरना	nīche utarana
déménager (vi)	घर बदलना	ghar badalana

87. La maison. L'entrée. L'ascenseur

entrée (f)	प्रवेश-द्वार (m)	pravesh-dvār
escalier (m)	सीढ़ी (f)	sīrhī
marches (f pl)	सीढ़ी (f)	sīrhī
rampe (f)	रेलिंग (f pl)	reling
hall (m)	हॉल (m)	hol
boîte (f) à lettres	लेटर बॉक्स (m)	letar boks
poubelle (f) d'extérieur	कचरे का डब्बा (m)	kachare ka dabba
vide-ordures (m)	कचरे का श्यूट (m)	kachare ka shyūt
ascenseur (m)	लिफ्ट (m)	lift
monte-charge (m)	लिफ्ट (m)	lift
cabine (f)	लिफ्ट (f)	lift
prendre l'ascenseur	लिफ्ट से जाना	lift se jāna
appartement (m)	फ्लैट (f)	flait
locataires (m pl)	निवासी (m)	nivāsī
voisin (m)	पड़ोसी (m)	parosī
voisine (f)	पड़ोसन (f)	parosan
voisins (m pl)	पड़ोसी (m pl)	parosī

88. La maison. L'électricité

électricité (f)	बिजली (f)	bijalī
ampoule (f)	बल्ब (m)	balb
interrupteur (m)	स्विच (m)	svich
plomb, fusible (m)	फ्यूज़ बटन (m)	fyūz batan
fil (m) (~ électrique)	तार (m)	tār
installation (f) électrique	तार (m)	tār
compteur (m) électrique	बिजली का मीटर (m)	bijalī ka mītar
relevé (m)	मीटर रीडिंग (f)	mītar rīding

89. La maison. La porte. La serrure

porte (f)	दरवाज़ा (m)	daravāza
portail (m)	फाटक (m)	fātak
poignée (f)	हत्था (m)	hattha
déverrouiller (vt)	खोलना	kholana
ouvrir (vt)	खोलना	kholana
fermer (vt)	बंद करना	band karana
clé (f)	चाबी (f)	chābī
trousseau (m), jeu (m)	चाबियों का गुच्छा (m)	chābiyon ka guchchha
grincer (la porte)	चरमराना	charamarāna
grincement (m)	चरमराने की आवाज़ (m)	charamarāne kī āvāz
gond (m)	क़ब्ज़ा (m)	qabza
paillasson (m)	पायदान (m)	pāyadān
serrure (f)	ताला (m)	tāla

trou (m) de la serrure	ताला (m)	tāla
verrou (m)	अर्गला (f)	argala
loquet (m)	अर्गला (f)	argala
cadenas (m)	ताला (m)	tāla
sonner (à la porte)	बजाना	bajāna
sonnerie (f)	घंटी (f)	ghantī
sonnette (f)	घंटी (f)	ghantī
bouton (m)	घंटी (f)	ghantī
coups (m pl) à la porte	खटखट (f)	khatakhat
frapper (~ à la porte)	खटखटाना	khatakhatāna
code (m)	कोड (m)	kod
serrure (f) à combinaison	कॉम्बिनेशन लॉक (m)	kombineshan lok
interphone (m)	इंटरकॉम (m)	intarakom
numéro (m)	मकान नम्बर (m)	makān nambar
plaque (f) de porte	नेम प्लेट (f)	nem plet
judas (m)	पीप होल (m)	pīp hol

90. La maison de campagne

village (m)	गांव (m)	gānv
potager (m)	सब्जियों का बगीचा (m)	sabziyon ka bagīcha
palissade (f)	बाड़ा (m)	bāra
clôture (f)	बाड़ (f)	bār
portillon (m)	छोटा फाटक (m)	chhota fātak
grange (f)	अनाज का गोदाम (m)	anāj ka godām
cave (f)	सब्जियों का गोदाम (m)	sabziyon ka godām
abri (m) de jardin	शेड (m)	shed
puits (m)	कुआँ (m)	kuān
poêle (m) (~ à bois)	चूल्हा (m)	chūlha
chauffer le poêle	चूल्हा जलाना	chūlaha jalāna
bois (m) de chauffage	लकड़ियाँ (f pl)	lakariyān
bûche (f)	लकड़ी (f)	lakarī
véranda (f)	बरामदा (f)	barāmda
terrasse (f)	छत (f)	chhat
perron (m) d'entrée	पोर्च (m)	porch
balançoire (f)	झूले वाली कुर्सी (f)	jhūle vālī kursī

91. La villa et le manoir

maison (f) de campagne	गाँव का मकान (m)	gānv ka makān
villa (f)	बंगला (m)	bangala
aile (f) (~ ouest)	खंड (m)	khand
jardin (m)	बाग़ (m)	bāg
parc (m)	पार्क (m)	pārk
serre (f) tropicale	ग्रीनहाउस (m)	grīnahaus
s'occuper (~ du jardin)	देखभाल करना	dekhabhāl karana

piscine (f)	तरण-ताल (m)	taran-tāl
salle (f) de gym	व्यायाम कक्ष (m)	vyāyām kaksh
court (m) de tennis	टेनिस-कोर्ट (m)	tenis-kort
salle (f) de cinéma	सिनेमाघर (m)	sinemāghar
garage (m)	गराज (m)	garāj

| propriété (f) privée | नीजी सम्पत्ति (f) | nījī sampatti |
| terrain (m) privé | नीजी ज़मीन (f) | nījī zamīn |

| avertissement (m) | चेतावनी (f) | chetāvanī |
| panneau d'avertissement | चेतावनी संकेत (m) | chetāvanī sanket |

sécurité (f)	सुरक्षा (f)	suraksha
agent (m) de sécurité	पहरेदार (m)	paharedār
alarme (f) antivol	चोर घंटी (f)	chor ghantī

92. Le château. Le palais

château (m)	महल (m)	mahal
palais (m)	भवन (m)	bhavan
forteresse (f)	किला (m)	kila
muraille (f)	दीवार (f)	dīvār
tour (f)	मीनार (m)	mīnār
donjon (m)	केन्द्रीय मीनार (m)	kendrīy mīnār

herse (f)	आरोहण द्वार (m)	ārohan dvār
souterrain (m)	भूमिगत सुरंग (m)	bhūmigat surang
douve (f)	खाई (f)	khaī
chaîne (f)	जंजीर (f)	janjīr
meurtrière (f)	ऐरो लूप (m)	airo lūp

magnifique (adj)	शानदार	shānadār
majestueux (adj)	महिमामय	mahimāmay
inaccessible (adj)	अभेद्य	abhedy
médiéval (adj)	मध्ययुगीय	madhayayugīy

93. L'appartement

appartement (m)	फ्लैट (f)	flait
chambre (f)	कमरा (m)	kamara
chambre (f) à coucher	सोने का कमरा (m)	sone ka kamara
salle (f) à manger	खाने का कमरा (m)	khāne ka kamara
salon (m)	बैठक (f)	baithak
bureau (m)	घरेलू कार्यालय (m)	gharelū kāryālay

antichambre (f)	प्रवेश कक्ष (m)	pravesh kaksh
salle (f) de bains	स्नानघर (m)	snānaghar
toilettes (f pl)	शौचालय (m)	shauchālay

plafond (m)	छत (f)	chhat
plancher (m)	फ़र्श (m)	farsh
coin (m)	कोना (m)	kona

94. L'appartement. Le ménage

faire le ménage	साफ़ करना	sāf karana
ranger (jouets, etc.)	रख देना	rakh dena
poussière (f)	धूल (m)	dhūl
poussiéreux (adj)	धूसर	dhūsar
essuyer la poussière	धूल पोंछना	dhūl ponchhana
aspirateur (m)	वैक्यूम क्लीनर (m)	vaikyum klīnar
passer l'aspirateur	वैक्यूम करना	vaikyūm karana
balayer (vt)	झाड़ू लगाना	jhārū lagāna
balayures (f pl)	कूड़ा (m)	kūra
ordre (m)	तरतीब (m)	taratīb
désordre (m)	बेतरतीब (f)	betaratīb
balai (m) à franges	पोंछा (m)	ponchha
torchon (m)	डस्टर (m)	dastar
balayette (f) de sorgho	झाड़ू (m)	jhārū
pelle (f) à ordures	कूड़ा उठाने का तसला (m)	kūra uthāne ka tasala

95. Les meubles. L'intérieur

meubles (m pl)	फ़र्निचर (m)	farnichar
table (f)	मेज़ (f)	mez
chaise (f)	कुर्सी (f)	kursī
lit (m)	पलंग (m)	palang
canapé (m)	सोफ़ा (m)	sofa
fauteuil (m)	हत्थे वाली कुर्सी (f)	hatthe vālī kursī
bibliothèque (f) (meuble)	किताबों की अलमारी (f)	kitābon kī alamārī
rayon (m)	शेल्फ़ (f)	shelf
armoire (f)	कपड़ों की अलमारी (f)	kaparon kī alamārī
patère (f)	खूँटी (f)	khūntī
portemanteau (m)	खूँटी (f)	khūntī
commode (f)	कपड़ों की अलमारी (f)	kaparon kī alamārī
table (f) basse	कॉफ़ी की मेज़ (f)	kofī kī mez
miroir (m)	आईना (m)	āīna
tapis (m)	कालीन (m)	kālīn
petit tapis (m)	दरी (f)	darī
cheminée (f)	चिमनी (f)	chimanī
bougie (f)	मोमबत्ती (f)	momabattī
chandelier (m)	मोमबत्तीदान (m)	momabattīdān
rideaux (m pl)	परदे (m pl)	parade
papier (m) peint	वॉल पेपर (m)	vol pepar
jalousie (f)	जेलुज़ी (f pl)	jeluzī
lampe (f) de table	मेज़ का लैम्प (m)	mez ka laimp
applique (f)	दिवार का लैम्प (m)	divār ka laimp

| lampadaire (m) | फ़र्श का लैम्प (m) | farsh ka laimp |
| lustre (m) | झूमर (m) | jhūmar |

pied (m) (~ de la table)	पाँव (m)	pānv
accoudoir (m)	कुर्सी का हत्था (m)	kursī ka hattha
dossier (m)	कुर्सी की पीठ (f)	kursī kī pīth
tiroir (m)	दराज़ (m)	darāz

96. La literie

linge (m) de lit	बिस्तर के कपड़े (m)	bistar ke kapare
oreiller (m)	तकिया (m)	takiya
taie (f) d'oreiller	ग़िलाफ़ (m)	gilāf
couverture (f)	रज़ाई (f)	razaī
drap (m)	चादर (f)	chādar
couvre-lit (m)	चादर (f)	chādar

97. La cuisine

cuisine (f)	रसोईघर (m)	rasoīghar
gaz (m)	गैस (m)	gais
cuisinière (f) à gaz	गैस का चूल्हा (m)	gais ka chūlha
cuisinière (f) électrique	बिजली का चूल्हा (m)	bijalī ka chūlha
four (m)	ओवन (m)	ovan
four (m) micro-ondes	माइक्रोवेब ओवन (m)	maikrovev ovan

réfrigérateur (m)	फ़्रिज (m)	frij
congélateur (m)	फ़्रीजर (m)	frījar
lave-vaisselle (m)	डिशवॉशर (m)	dishavoshar

hachoir (m) à viande	कीमा बनाने की मशीन (f)	kīma banāne kī mashīn
centrifugeuse (f)	जूसर (m)	jūsar
grille-pain (m)	टोस्टर (m)	tostar
batteur (m)	मिक्सर (m)	miksar

machine (f) à café	कॉफ़ी मशीन (f)	kofī mashīn
cafetière (f)	कॉफ़ी पॉट (m)	kofī pot
moulin (m) à café	कॉफ़ी पीसने की मशीन (f)	kofī pīsane kī mashīn

bouilloire (f)	केतली (f)	ketalī
théière (f)	चायदानी (f)	chāyadānī
couvercle (m)	ढक्कन (m)	dhakkan
passoire (f) à thé	छलनी (f)	chhalanī

cuillère (f)	चम्मच (m)	chammach
petite cuillère (f)	चम्मच (m)	chammach
cuillère (f) à soupe	चम्मच (m)	chammach
fourchette (f)	काँटा (m)	kānta
couteau (m)	छुरी (f)	chhurī

| vaisselle (f) | बरतन (m) | baratan |
| assiette (f) | तश्तरी (f) | tashtarī |

soucoupe (f)	तश्तरी (f)	tashtarī
verre (m) à shot	जाम (m)	jām
verre (m) (~ d'eau)	गिलास (m)	gilās
tasse (f)	प्याला (m)	pyāla

sucrier (m)	चीनीदानी (f)	chīnīdānī
salière (f)	नमकदानी (m)	namakadani
poivrière (f)	मिर्चदानी (f)	mirchadānī
beurrier (m)	मक्खनदानी (f)	makkhanadānī

casserole (f)	सॉसपैन (m)	sosapain
poêle (f)	फ्राइ पैन (f)	frai pain
louche (f)	डोई (f)	doī
passoire (f)	कालेन्डर (m)	kālendar
plateau (m)	थाली (m)	thālī

bouteille (f)	बोतल (f)	botal
bocal (m) (à conserves)	शीशी (f)	shīshī
boîte (f) en fer-blanc	डिब्बा (m)	dibba

ouvre-bouteille (m)	बोतल ओपनर (m)	botal opanar
ouvre-boîte (m)	ओपनर (m)	opanar
tire-bouchon (m)	पेचकस (m)	penchakas
filtre (m)	फ़िल्टर (m)	filtar
filtrer (vt)	फ़िल्टर करना	filtar karana

| ordures (f pl) | कूड़ा (m) | kūra |
| poubelle (f) | कूड़े की बाल्टी (f) | kūre kī bāltī |

98. La salle de bains

salle (f) de bains	स्नानघर (m)	snānaghar
eau (f)	पानी (m)	pānī
robinet (m)	नल (m)	nal
eau (f) chaude	गरम पानी (m)	garam pānī
eau (f) froide	ठंडा पानी (m)	thanda pānī

| dentifrice (m) | टूथपेस्ट (m) | tūthapest |
| se brosser les dents | दाँत ब्रश करना | dānt brash karana |

se raser (vp)	शेव करना	shev karana
mousse (f) à raser	शेविंग फ़ोम (m)	sheving fom
rasoir (m)	रेज़र (f)	rezar

laver (vt)	धोना	dhona
se laver (vp)	नहाना	nahāna
douche (f)	शावर (m)	shāvar
prendre une douche	शावर लेना	shāvar lena

baignoire (f)	बाथटब (m)	bāthatab
cuvette (f)	संडास (m)	sandās
lavabo (m)	सिंक (m)	sink
savon (m)	साबुन (m)	sābun
porte-savon (m)	साबुनदानी (f)	sābunadānī

éponge (f)	स्पंज (f)	spanj
shampooing (m)	शैम्पू (m)	shaimpū
serviette (f)	तौलिया (f)	tauliya
peignoir (m) de bain	चोगा (m)	choga
lessive (f) (faire la ~)	धुलाई (f)	dhulaī
machine (f) à laver	वॉशिंग मशीन (f)	voshing mashīn
faire la lessive	कपड़े धोना	kapare dhona
lessive (f) (poudre)	कपड़े धोने का पाउडर (m)	kapare dhone ka paudar

99. Les appareils électroménagers

téléviseur (m)	टीबी सेट (m)	tīvī set
magnétophone (m)	टेप रिकार्डर (m)	tep rikārdar
magnétoscope (m)	वीडियो टेप रिकार्डर (m)	vīdiyo tep rikārdar
radio (f)	रेडियो (m)	rediyo
lecteur (m)	प्लेयर (m)	pleyar
vidéoprojecteur (m)	वीडियो प्रोजेक्टर (m)	vīdiyo projektar
home cinéma (m)	होम थीएटर (m)	hom thīetar
lecteur DVD (m)	डीवीडी प्लेयर (m)	dīvīdī pleyar
amplificateur (m)	ध्वनि-विस्तारक (m)	dhvani-vistārak
console (f) de jeux	वीडियो गेम कन्सोल (m)	vīdiyo gem kansol
caméscope (m)	वीडियो कैमरा (m)	vīdiyo kaimara
appareil (m) photo	कैमरा (m)	kaimara
appareil (m) photo numérique	डीजिटल कैमरा (m)	dījital kaimara
aspirateur (m)	वैक्यूम क्लीनर (m)	vaikyūm klīnar
fer (m) à repasser	इस्तरी (f)	istarī
planche (f) à repasser	इस्तरी तख्ता (m)	istarī takhta
téléphone (m)	टेलीफ़ोन (m)	telīfon
portable (m)	मोबाइल फ़ोन (m)	mobail fon
machine (f) à écrire	टाइपराइटर (m)	taiparaitar
machine (f) à coudre	सिलाई मशीन (f)	silaī mashīn
micro (m)	माइक्रोफ़ोन (m)	maikrofon
écouteurs (m pl)	हैड्फ़ोन (m pl)	hairafon
télécommande (f)	रिमोट (m)	rimot
CD (m)	सीडी (m)	sīdī
cassette (f)	कैसेट (f)	kaiset
disque (m) (vinyle)	रिकार्ड (m)	rikārd

100. Les travaux de réparation et de rénovation

rénovation (f)	नवीकरण (m)	navīkaran
faire la rénovation	नवीकरण करना	navīkaran karana
réparer (vt)	मरम्मत करना	marammat karana
remettre en ordre	ठीक करना	thīk karana
refaire (vt)	फिर से करना	fir se karana

peinture (f)	रंग (m)	rang
peindre (des murs)	रंगना	rangana
peintre (m) en bâtiment	रोग़न करनेवाला (m)	rogan karanevāla
pinceau (m)	सफ़ेदी का ब्रश (m)	safedī ka brash
chaux (f)	सफ़ेदी (f)	safedī
blanchir à la chaux	सफ़ेदी करना	safedī karana
papier (m) peint	वॉल-पैपर (m pl)	vol-paipar
tapisser (vt)	वाल-पैपर लगाना	vāl-paipar lagāna
vernis (m)	पॉलिश (f)	polish
vernir (vt)	पॉलिश करना	polish karana

101. La plomberie

eau (f)	पानी (m)	pānī
eau (f) chaude	गरम पानी (m)	garam pānī
eau (f) froide	ठंडा पानी (m)	thanda pānī
robinet (m)	टोंटी (f)	tontī
goutte (f)	बूंद (m)	būnd
goutter (vi)	टपकना	tapakana
fuir (tuyau)	बहना	bahana
fuite (f)	लीक (m)	līk
flaque (f)	डबरा (m)	dabara
tuyau (m)	पाइप (f)	paip
valve (f)	वॉल्व (m)	volv
se boucher (vp)	भर जाना	bhar jāna
outils (m pl)	औज़ार (m pl)	auzār
clé (f) réglable	रिंच (m)	rinch
dévisser (vt)	खोलना	kholana
visser (vt)	बंद करना	band karana
déboucher (vt)	सफ़ाई करना	safaī karana
plombier (m)	प्लम्बर (m)	plambar
sous-sol (m)	तहख़ाना (m)	tahakhāna
égouts (m pl)	मलप्रवाह-पद्धति (f)	malapravāh-paddhati

102. L'incendie

feu (m)	आग (f)	āg
flamme (f)	आग की लपटें (f)	āg kī lapaten
étincelle (f)	चिंगारी (f)	chingārī
fumée (f)	धुँआ (m)	dhuna
flambeau (m)	मशाल (m)	mashāl
feu (m) de bois	कैम्प फ़्रायर (m)	kaimp fāyar
essence (f)	पेट्रोल (m)	petrol
kérosène (m)	केरोसीन (m)	kerosīn
inflammable (adj)	ज्वलनशील	jvalanashīl

| explosif (adj) | विस्फोटक | visfotak |
| DÉFENSE DE FUMER | धुम्रपान निषेध! | dhumrapān nishedh! |

sécurité (f)	सुरक्षा (f)	suraksha
danger (m)	खतरा (f)	khatara
dangereux (adj)	खतरनाक	khataranāk

prendre feu	आग लग जाना	āg lag jāna
explosion (f)	विस्फोट (m)	visfot
mettre feu	आग लगाना	āg lagāna
incendiaire (m)	आग लगानेवाला (m)	āg lagānevāla
incendie (m) prémédité	आगज़नी (f)	āgazanī

flamboyer (vi)	दहकना	dahakana
brûler (vi)	जलना	jalana
brûler complètement	जल जाना	jal jāna

pompier (m)	दमकल कर्मचारी (m)	damakal karmachārī
voiture (f) de pompiers	दमकल (m)	damakal
sapeurs-pompiers (pl)	फ़ायरब्रिगेड (m)	fāyarabriged
échelle (f) des pompiers	फ़ायर ट्रक सीढ़ी (f)	fāyar trak sīrhī

tuyau (m) d'incendie	आग बुझाने का पाइप (m)	āg bujhāne ka paip
extincteur (m)	अग्निशामक (m)	agnishāmak
casque (m)	हेलमेट (f)	helamet
sirène (f)	साइरन (m)	sairan

crier (vi)	चिल्लाना	chillāna
appeler au secours	मदद के लिए बुलाना	madad ke lie bulāna
secouriste (m)	बचानेवाला (m)	bachānevāla
sauver (vt)	बचाना	bachāna

venir (vi)	पहुँचना	pahunchana
éteindre (feu)	आग बुझाना	āg bujhāna
eau (f)	पानी (m)	pānī
sable (m)	रेत (f)	ret

ruines (f pl)	खंडहर (m pl)	khandahar
tomber en ruine	गिर जाना	gir jāna
s'écrouler (vp)	टूटकर गिरना	tūtakar girana
s'effondrer (vp)	ढहना	dhahana

| morceau (m) (de mur, etc.) | मलबे का टुकड़ा (m) | malabe ka tukara |
| cendre (f) | राख (m) | rākh |

| mourir étouffé | दम घुटना | dam ghutana |
| périr (vi) | मर जाना | mar jāna |

LES ACTIVITÉS HUMAINS

Le travail. Les affaires. Partie 1

103. Le bureau. La vie de bureau

bureau (m) (établissement)	कार्यालय (m)	kāryālay
bureau (m) (au travail)	कार्यालय (m)	kāryālay
accueil (m)	रिसेप्शन (m)	risepshan
secrétaire (f)	सेक्रटरी (f)	sekratarī
directeur (m)	निदेशक (m)	nideshak
manager (m)	मैनेजर (m)	mainejar
comptable (m)	लेखापाल (m)	lekhāpāl
collaborateur (m)	कर्मचारी (m)	karmachārī
meubles (m pl)	फ़र्निचर (m)	farnichar
bureau (m)	मेज़ (f)	mez
fauteuil (m)	कुर्सी (f)	kursī
classeur (m) à tiroirs	साइड टेबल (f)	said tebal
portemanteau (m)	खूँटी (f)	khūntī
ordinateur (m)	कंप्यूटर (m)	kampyūtar
imprimante (f)	प्रिन्टर (m)	printar
fax (m)	फ़ैक्स मशीन (f)	faiks mashīn
copieuse (f)	ज़ीरोक्स (m)	zīroks
papier (m)	काग़ज़ (m)	kāgaz
papeterie (f)	स्टेशनरी (m pl)	steshanarī
tapis (m) de souris	माउस पैड (m)	maus paid
feuille (f)	पन्ना (m)	panna
classeur (m)	बाइन्डर (m)	baindar
catalogue (m)	कैटेलॉग (m)	kaitelog
annuaire (m)	डाइरेक्टरी (f)	dairektarī
documents (m pl)	दस्तावेज़ (m)	dastāvez
brochure (f)	पुस्तिका (f)	pustika
prospectus (m)	पर्चा (m)	parcha
échantillon (m)	नमूना (m)	namūna
formation (f)	प्रशिक्षण बैठक (f)	prashikshan baithak
réunion (f)	बैठक (f)	baithak
pause (f) déjeuner	मध्यान्तर (m)	madhyāntar
faire une copie	कॉपी करना	kopī karana
faire des copies	ज़ीरोक्स करना	zīroks karana
recevoir un fax	फ़ैक्स मिलना	faiks milana
envoyer un fax	फ़ैक्स भेजना	faiks bhejana
téléphoner, appeler	फ़ोन करना	fon karana

| répondre (vi, vt) | जवाब देना | javāb dena |
| passer (au téléphone) | फ़ोन ट्रांस्फ़र करना | fon trānsfar karana |

fixer (rendez-vous)	व्यवस्थित करना	vyavasthit karana
montrer (un échantillon)	प्रदर्शित करना	pradarshit karana
être absent	अनुपस्थित होना	anupasthit hona
absence (f)	अनुपस्थिती (f)	anupasthitī

104. Les processus d'affaires. Partie 1

métier (m)	पेशा (m)	pesha
firme (f), société (f)	कम्पनी (f)	kampanī
compagnie (f)	कम्पनी (f)	kampanī
corporation (f)	निगम (m)	nigam
entreprise (f)	उद्योग (m)	udyog
agence (f)	एजेंसी (f)	ejensī

accord (m)	समझौता (f)	samajhauta
contrat (m)	ठेका (m)	theka
marché (m) (accord)	सौदा (f)	sauda
commande (f)	आर्डर (m)	ārdar
terme (m) (~ du contrat)	शर्तें (f)	sharten

en gros (adv)	थोक	thok
en gros (adj)	थोक	thok
vente (f) en gros	थोक (m)	thok
au détail (adj)	खुदरा	khudara
vente (f) au détail	खुदरा (m)	khudara

concurrent (m)	प्रतियोगी (m)	pratiyogī
concurrence (f)	प्रतियोगिता (f)	pratiyogita
concurrencer (vt)	प्रतियोगिता करना	pratiyogita karana

| associé (m) | सहयोगी (f) | sahayogī |
| partenariat (m) | साझेदारी (f) | sājhedārī |

crise (f)	संकट (m)	sankat
faillite (f)	दिवाला (m)	divāla
faire faillite	दिवालिया हो जाना	divāliya ho jāna
difficulté (f)	कठिनाई (f)	kathinaī
problème (m)	समस्या (f)	samasya
catastrophe (f)	दुर्घटना (f)	durghatana

économie (f)	अर्थशास्त्र (f)	arthashāstr
économique (adj)	आर्थिक	ārthik
baisse (f) économique	आर्थिक गिरावट (f)	arthik girāvat

| but (m) | लक्ष्य (m) | lakshy |
| objectif (m) | कार्य (m) | kāry |

faire du commerce	व्यापार करना	vyāpār karana
réseau (m) (de distribution)	जाल (m)	jāl
inventaire (m) (stocks)	गोदाम (m)	godām
assortiment (m)	किस्म (m)	kism

leader (m)	लीडर (m)	līdar
grande (~ entreprise)	विशाल	vishāl
monopole (m)	एकाधिकार (m)	ekādhikār

théorie (f)	सिद्धांत (f)	siddhānt
pratique (f)	व्यवहार (f)	vyavahār
expérience (f)	अनुभव (m)	anubhav
tendance (f)	प्रवृति (f)	pravrtti
développement (m)	विकास (m)	vikās

105. Les processus d'affaires. Partie 2

| rentabilité (m) | लाभ (f) | lābh |
| rentable (adj) | फ़ायदेमन्द | fāyademand |

délégation (f)	प्रतिनिधिमंडल (f)	pratinidhimandal
salaire (m)	आय (f)	āy
corriger (une erreur)	ठीक करना	thīk karana
voyage (m) d'affaires	व्यापारिक यात्रा (f)	vyāpārik yātra
commission (f)	आयोग (f)	āyog

contrôler (vt)	जांचना	jānchana
conférence (f)	सम्मेलन (m)	sammelan
licence (f)	अनुज्ञसि (f)	anugyapti
fiable (partenaire ~)	विश्वसनीय	vishvasanīy

initiative (f)	पहल (f)	pahal
norme (f)	मानक (m)	mānak
circonstance (f)	परिस्थिति (f)	paristhiti
fonction (f)	कर्तव्य (m)	kartavy

entreprise (f)	संगठन (f)	sangathan
organisation (f)	आयोजन (m)	āyojan
organisé (adj)	आयोजित	āyojit
annulation (f)	निरस्तीकरण (m)	nirastīkaran
annuler (vt)	रद्द करना	radd karana
rapport (m)	रिपोर्ट (m)	riport

brevet (m)	पेटेंट (m)	petent
breveter (vt)	पेटेंट करना	petent karana
planifier (vt)	योजना बनाना	yojana banāna

prime (f)	बोनस (m)	bonas
professionnel (adj)	पेशेवर	peshevar
procédure (f)	प्रक्रिया (f)	prakriya

examiner (vt)	विचार करना	vichār karana
calcul (m)	हिसाब (m)	hisāb
réputation (f)	प्रतिष्ठा (f)	pratishtha
risque (m)	जोखिम (m)	jokhim

diriger (~ une usine)	प्रबंध करना	prabandh karana
renseignements (m pl)	सूचना (f)	sūchana
propriété (f)	जायदाद (f)	jāyadād

union (f)	संघ (m)	sangh
assurance vie (f)	जीवन-बीमा (m)	jīvan-bīma
assurer (vt)	बीमा करना	bīma karana
assurance (f)	बीमा (m)	bīma
enchères (f pl)	नीलामी (m pl)	nīlāmī
notifier (informer)	जानकारी देना	jānakārī dena
gestion (f)	प्रबंधन (m)	prabandhan
service (m)	सेवा (f)	seva
forum (m)	मंच (m)	manch
fonctionner (vi)	कार्य करना	kāry karana
étape (f)	चरण (m)	charan
juridique (services ~s)	कानूनी	kānūnī
juriste (m)	वकील (m)	vakīl

106. L'usine. La production

usine (f)	कारख़ाना (m)	kārakhāna
fabrique (f)	कारख़ाना (m)	kārakhāna
atelier (m)	वर्कशाप (m)	varkashāp
site (m) de production	उत्पादन स्थल (m)	utpādan sthal
industrie (f)	उद्योग (m)	udyog
industriel (adj)	औद्योगिक	audyogik
industrie (f) lourde	भारी उद्योग (m)	bhārī udyog
industrie (f) légère	हल्का उद्योग (m)	halka udyog
produit (m)	उत्पाद (m)	utpād
produire (vt)	उत्पादन करना	utpādan karana
matières (f pl) premières	कच्चा माल (m)	kachcha māl
chef (m) d'équipe	फ़ोरमैन (m)	foramain
équipe (f) d'ouvriers	मज़दूर दल (m)	mazadūr dal
ouvrier (m)	मज़दूर (m)	mazadūr
jour (m) ouvrable	कार्यदिवस (m)	kāryadivas
pause (f) (repos)	अंतराल (m)	antarāl
réunion (f)	बैठक (f)	baithak
discuter (vt)	चर्चा करना	charcha karana
plan (m)	योजना (f)	yojana
accomplir le plan	योजना बनाना	yojana banāna
norme (f) de production	उत्पादन दर (f)	utpādan dar
qualité (f)	गुणवत्ता (m)	gunavatta
contrôle (m)	जाँच (f)	jānch
contrôle (m) qualité	गुणवत्ता जाँच (f)	gunavatta jānch
sécurité (f) de travail	कार्यस्थल सुरक्षा (f)	kāryasthal suraksha
discipline (f)	अनुशासन (m)	anushāsan
infraction (f)	उल्लंघन (m)	ullanghan
violer (les règles)	उल्लंघन करना	ullanghan karana
grève (f)	हड़ताल (f)	haratāl
gréviste (m)	हड़तालकारी (m)	haratālakārī

| faire grève | हड़ताल करना | haratāl karana |
| syndicat (m) | ट्रेड-यूनियन (m) | tred-yūniyan |

inventer (machine, etc.)	आविष्कार करना	āvishkār karana
invention (f)	आविष्कार (m)	āvishkār
recherche (f)	अनुसंधान (f)	anusandhān
améliorer (vt)	सुधारना	sudhārana
technologie (f)	प्रौद्योगिकी (f)	praudyogikī
dessin (m) technique	तकनीकी चित्रकारी (f)	takanīkī chitrakārī

charge (f) (~ de 3 tonnes)	भार (m)	bhār
chargeur (m)	कुली (m)	kulī
charger (véhicule, etc.)	लादना	lādana
chargement (m)	लादना (m)	lādana
décharger (vt)	सामान उतारना	sāmān utārana
déchargement (m)	उतारना	utārana

transport (m)	परिवहन (m)	parivahan
compagnie (f) de transport	परिवहन कम्पनी (f)	parivahan kampanī
transporter (vt)	अपवाहन करना	apavāhan karana

wagon (m) de marchandise	माल गाड़ी (f)	māl gārī
citerne (f)	टैंकर (m)	tainkar
camion (m)	ट्रक (m)	trak

| machine-outil (f) | मशीनी उपकरण (m) | mashīnī upakaran |
| mécanisme (m) | यंत्र (m) | yantr |

déchets (m pl)	औद्योगिक अवशेष (m)	audyogik avashesh
emballage (m)	पैकिंग (f)	paiking
emballer (vt)	पैक करना	paik karana

107. Le contrat. L'accord

contrat (m)	ठेका (m)	theka
accord (m)	समझौता (f)	samajhauta
annexe (f)	परिशिष्ट (f)	parishisht

signer un contrat	अनुबंध पर हस्ताक्षर करना	anubandh par hastākshar karana
signature (f)	हस्ताक्षर (m)	hastākshar
signer (vt)	हस्ताक्षर करना	hastākshar karana
cachet (m)	सील (m)	sīl

objet (m) du contrat	अनुबंध की विषय-वस्तु (f)	anubandh kī vishay-vastu
clause (f)	धारा (f)	dhāra
côtés (m pl)	पार्टी (f)	pārtī
adresse (f) légale	कानूनी पता (m)	kānūnī pata

violer l'accord	अनुबंध का उल्लंघन करना	anubandh ka ullanghan karana
obligation (f)	प्रतिबद्धता (f)	pratibaddhta
responsabilité (f)	ज़िम्मेदारी (f)	zimmedārī
force (f) majeure	अप्रत्याशित घटना (f)	apratyāshit ghatana

| litige (m) | विवाद (m) | vivād |
| pénalités (f pl) | जुर्माना (m) | jurmāna |

108. L'importation. L'exportation

importation (f)	आयात (m)	āyāt
importateur (m)	आयातकर्ता (m)	āyātakarta
importer (vt)	आयात करना	āyāt karana
d'importation	आयातित	āyātit

| exportateur (m) | निर्यातकर्ता (m) | niryātakarta |
| exporter (vt) | निर्यात करना | niryāt karana |

| marchandise (f) | माल (m) | māl |
| lot (m) de marchandises | प्रेषित माल (m) | preshit māl |

poids (m)	वज़न (m)	vazan
volume (m)	आयतन (m)	āyatan
mètre (m) cube	घन मीटर (m)	ghan mītar

producteur (m)	उत्पादक (m)	utpādak
compagnie (f) de transport	वाहन कम्पनी (f)	vāhan kampanī
container (m)	डिब्बा (m)	dibba

frontière (f)	सीमा (f)	sīma
douane (f)	सीमाशुल्क कार्यालय (f)	sīmāshulk kāryālay
droit (m) de douane	सीमाशुल्क (m)	sīmāshulk
douanier (m)	सीमाशुल्क अधिकारी (m)	sīmāshulk adhikārī
contrebande (f) (trafic)	तस्करी (f)	taskarī
contrebande (f)	तस्करी का माल (m)	taskarī ka māl

109. La finance

action (f)	शेयर (f)	sheyar
obligation (f)	बाँड (m)	bānd
lettre (f) de change	विनिमय पत्र (m)	vinimay patr

| bourse (f) | स्टॉक मार्केट (m) | stok mārket |
| cours (m) d'actions | शेयर का मूल्य (m) | sheyar ka mūly |

| baisser (vi) | मूल्य कम होना | mūly kam hona |
| augmenter (vi) (prix) | मूल्य बढ़ जाना | mūly barh jāna |

participation (f) de contrôle	नियंत्रण हित (f)	niyantran hit
investissements (m pl)	निवेश (f)	nivesh
investir (vt)	निवेश करना	nivesh karana
pour-cent (m)	प्रतिशत (f)	pratishat
intérêts (m pl)	ब्याज (m pl)	byāj

profit (m)	नफ़ा (m)	nafa
profitable (adj)	लाभदायक	lābhadāyak
impôt (m)	कर (f)	kar

devise (f)	मुद्रा (m)	mudra
national (adj)	राष्ट्रीय	rāshtrīy
échange (m)	विनिमय (m)	vinimay

| comptable (m) | लेखापाल (m) | lekhāpāl |
| comptabilité (f) | लेखा विभाग (m) | lekha vibhāg |

faillite (f)	दिवाला (m)	divāla
krach (m)	वित्तीय पतन (m)	vittīy pattan
ruine (f)	बरबादी (m)	barabādī
se ruiner (vp)	आर्थिक रूप से बरबादी	ārthik rūp se barabādī
inflation (f)	मुद्रास्फीति (f)	mudrāsfīti
dévaluation (f)	अवमूल्यन (m)	avamūlyan

capital (m)	पूँजी (f)	pūnjī
revenu (m)	आय (f)	āy
chiffre (m) d'affaires	कुल बिक्री (f)	kul bikrī
ressources (f pl)	वित्तीय संसाधन (m)	vittīy sansādhan
moyens (m pl) financiers	मुद्रागत संसाधन (m)	mudrāgat sansādhan
réduire (vt)	कम करना	kam karana

110. La commercialisation. Le marketing

marketing (m)	विपणन (m)	vipanan
marché (m)	मंडी (f)	mandī
segment (m) du marché	बाज़ार क्षेत्र (m)	bāzār kshetr
produit (m)	उत्पाद (m)	utpād
marchandise (f)	माल (m)	māl

marque (f) déposée	ट्रेड मार्क (m)	tred mārk
logotype (m)	लोगोटाइप (m)	logotaip
logo (m)	लोगो (m)	logo

demande (f)	मांग (f)	māng
offre (f)	आपूर्ति (f)	āpūrti
besoin (m)	ज़रूरत (f)	zarūrat
consommateur (m)	उपभोक्ता (m)	upabhokta

analyse (f)	विश्लेषण (m)	vishleshan
analyser (vt)	विश्लेषण करना	vishleshan karana
positionnement (m)	स्थिति-निर्धारण (f)	sthiti-nirdhāran
positionner (vt)	स्थिति-निर्धारण करना	sthiti-nirdhāran karana

prix (m)	दाम (m)	dām
politique (f) des prix	मूल्य निर्धारण नीति (f)	mūly nirdhāran nīti
formation (f) des prix	मूल्य स्थापना (f)	mūly sthāpana

111. La publicité

publicité (f), pub (f)	विज्ञापन (m)	vigyāpan
faire de la publicité	विज्ञापन देना	vigyāpan dena
budget (m)	बजट (m)	bajat

annonce (f), pub (f)	विज्ञापन (m)	vigyāpan
publicité (f) à la télévision	टीवी विज्ञापन (m)	tīvī vigyāpan
publicité (f) à la radio	रेडियो विज्ञापन (m)	rediyo vigyāpan
publicité (f) extérieure	बिलबोर्ड विज्ञापन (m)	bilabord vigyāpan
mass média (m pl)	जनसंपर्क माध्यम (m)	janasampark mādhyam
périodique (m)	पत्रिका (f)	patrika
image (f)	सार्वजनिक छवि (f)	sārvajanik chhavi
slogan (m)	नारा (m)	nāra
devise (f)	नारा (m)	nāra
campagne (f)	अभियान (m)	abhiyān
campagne (f) publicitaire	विज्ञापन प्रचार (m)	vigyāpan prachār
public (m) cible	श्रोतागण (f)	shrotāgan
carte (f) de visite	बिज़नेस कार्ड (m)	bizanes kārd
prospectus (m)	पर्चा (f)	parcha
brochure (f)	ब्रोशर (m)	broshar
dépliant (m)	पर्चा (f)	parcha
bulletin (m)	सूचनापत्र (m)	sūchanāpatr
enseigne (f)	नेमप्लेट (m)	nemaplet
poster (m)	पोस्टर (m)	postar
panneau-réclame (m)	इश्तहार (m)	ishtahār

112. Les opérations bancaires

banque (f)	बैंक (m)	baink
agence (f) bancaire	शाखा (f)	shākha
conseiller (m)	क्लर्क (m)	klark
gérant (m)	मैनेजर (m)	mainejar
compte (m)	बैंक खाता (m)	baink khāta
numéro (m) du compte	खाते का नम्बर (m)	khāte ka nambar
compte (m) courant	चालू खाता (m)	chālū khāta
compte (m) sur livret	बचत खाता (m)	bachat khāta
ouvrir un compte	खाता खोलना	khāta kholana
clôturer le compte	खाता बंद करना	khāta band karana
verser dans le compte	खाते में जमा करना	khāte men jama karana
retirer du compte	खाते से पैसा निकालना	khāte se paisa nikālana
dépôt (m)	जमा (m)	jama
faire un dépôt	जमा करना	jama karana
virement (m) bancaire	तार स्थानांतरण (m)	tār sthānāntaran
faire un transfert	पैसे स्थानांतरित करना	paise sthānāntarit karana
somme (f)	रक्रम (m)	raqam
Combien?	कितना?	kitana?
signature (f)	हस्ताक्षर (f)	hastākshar
signer (vt)	हस्ताक्षर करना	hastākshar karana

carte (f) de crédit	क्रेडिट कार्ड (m)	kredit kārd
code (m)	पिन कोड (m)	pin kod
numéro (m) de carte de crédit	क्रेडिट कार्ड संख्या (f)	kredit kārd sankhya
distributeur (m)	एटीएम (m)	etīem

chèque (m)	चेक (m)	chek
faire un chèque	चेक लिखना	chek likhana
chéquier (m)	चेकबुक (f)	chekabuk

crédit (m)	उधार (m)	uthār
demander un crédit	उधार के लिए आवेदन करना	udhār ke lie āvedan karana
prendre un crédit	उधार लेना	uthār lena
accorder un crédit	उधार देना	uthār dena
gage (m)	गारन्टी (f)	gārantī

113. Le téléphone. La conversation téléphonique

téléphone (m)	फ़ोन (m)	fon
portable (m)	मोबाइल फ़ोन (m)	mobail fon
répondeur (m)	जवाबी मशीन (f)	javābī mashīn

| téléphoner, appeler | फ़ोन करना | fon karana |
| appel (m) | कॉल (m) | kol |

composer le numéro	नम्बर लगाना	nambar lagāna
Allô!	हेलो!	helo!
demander (~ l'heure)	पूछना	pūchhana
répondre (vi, vt)	जवाब देना	javāb dena

entendre (bruit, etc.)	सुनना	sunana
bien (adv)	ठीक	thīk
mal (adv)	ठीक नहीं	thīk nahin
bruits (m pl)	आवाज़ें (f)	āvāzen

récepteur (m)	रिसीवर (m)	risīvar
décrocher (vt)	फ़ोन उठाना	fon uthāna
raccrocher (vi)	फ़ोन रखना	fon rakhana

occupé (adj)	बिज़ी	bizī
sonner (vi)	फ़ोन बजना	fon bajana
carnet (m) de téléphone	टेलीफ़ोन बुक (m)	telīfon buk
local (adj)	लोकल	lokal
interurbain (adj)	लंबी दूरी की कॉल	lambī dūrī kī kol
international (adj)	अंतर्राष्ट्रीय	antarrāshtrīy

114. Le téléphone portable

portable (m)	मोबाइल फ़ोन (m)	mobail fon
écran (m)	डिस्प्ले (m)	disple
bouton (m)	बटन (m)	batan
carte SIM (f)	सिम कार्ड (m)	sim kārd
pile (f)	बैटरी (f)	baitarī

| être déchargé | बैटरी डेड हो जाना | baitarī ded ho jāna |
| chargeur (m) | चार्जर (m) | chārjar |

menu (m)	मीनू (m)	mīnū
réglages (m pl)	सेटिंग्स (f)	setings
mélodie (f)	कॉलर ट्यून (m)	kolar tyūn
sélectionner (vt)	चुनना	chunana

calculatrice (f)	कैल्कुलैटर (m)	kailkulaitar
répondeur (m)	वॉयस मेल (f)	voyas mel
réveil (m)	अलार्म घड़ी (f)	alārm gharī
contacts (m pl)	संपर्क (m)	sampark

| SMS (m) | एसएमएस (m) | esemes |
| abonné (m) | सदस्य (m) | sadasy |

115. La papeterie

| stylo (m) à bille | बॉल पेन (m) | bol pen |
| stylo (m) à plume | फाउन्टेन पेन (m) | faunten pen |

crayon (m)	पेंसिल (f)	pensil
marqueur (m)	हाइलाइटर (m)	hailaitar
feutre (m)	फ़ेल्ट टिप पेन (m)	felt tip pen

| bloc-notes (m) | नोटबुक (m) | notabuk |
| agenda (m) | डायरी (f) | dāyarī |

règle (f)	स्केल (m)	skel
calculatrice (f)	कैल्कुलेटर (m)	kailkuletar
gomme (f)	रबड़ (f)	rabar
punaise (f)	थंबटैक (m)	thanrbataik
trombone (m)	पेपर क्लिप (m)	pepar klip

colle (f)	गोंद (f)	gond
agrafeuse (f)	स्टेप्लर (m)	steplar
perforateur (m)	होल पंचर (m)	hol panchar
taille-crayon (m)	शार्पनर (m)	shārpanar

116. Les différents types de documents

rapport (m)	रिपोर्ट (m)	riport
accord (m)	समझौता (f)	samajhauta
formulaire (m) d'inscription	आवेदन प्रपत्र (m)	āvedan prapatr
authentique (adj)	असल	asal
badge (m)	बैज (f)	baij
carte (f) de visite	बिज़नेस कार्ड (m)	bizanes kārd

certificat (m)	प्रमाणपत्र (m)	pramānapatr
chèque (m) de banque	चेक (m)	chek
addition (f) (restaurant)	बिल (m)	bil
constitution (f)	संविधान (m)	sanvidhān

contrat (m)	अनुबंध (m)	anubandh
copie (f)	कॉपी (f)	kopī
exemplaire (m)	प्रति (f)	prati
déclaration (f) de douane	सीमाशुल्क घोषणा (f)	sīmāshulk ghoshana
document (m)	दस्तावेज़ (m)	dastāvez
permis (m) de conduire	ड्राइवर-लाइसेंस (m)	draivar-laisens
annexe (f)	परिशिष्ट (f)	parishisht
questionnaire (m)	प्रपत्र (m)	prapatr
carte (f) d'identité	पहचान पत्र (m)	pahachān patr
demande (f) de renseignements	पूछताछ (f)	pūchhatāchh
lettre (f) d'invitation	निमंत्रण-पत्र (m)	nimantran-patr
facture (f)	इन्वॉएस (m)	invoes
loi (f)	कानून (m)	kānūn
lettre (f)	पत्र (m)	patr
papier (m) à en-tête	लेटरहेड (m)	letarahed
liste (f) (~ des noms)	सूची (f)	sūchī
manuscrit (m)	हस्तलेख (m)	hastalekh
bulletin (m)	संवादपत्र (m)	sanvādapatr
mot (m) (message)	नोट (m)	not
laissez-passer (m)	पास (m)	pās
passeport (m)	पासपोर्ट (m)	pāsaport
permis (m)	अनुमति (f)	anumati
C.V. (m)	रेज्यूम (m)	rijyūm
reconnaissance (f) de dette	ऋण नोट (m)	ririn not
reçu (m)	रसीद (f)	rasīd
ticket (m) de caisse	बिक्री रसीद (f)	bikrī rasīd
rapport (m)	रिपोर्ट (m)	riport
présenter (pièce d'identité)	दिखाना	dikhāna
signer (vt)	हस्ताक्षर करना	hastākshar karana
signature (f)	हस्ताक्षर (f)	hastākshar
cachet (m)	सील (m)	sīl
texte (m)	पाठ (m)	pāth
ticket (m)	प्रवेश टिकट (m)	pravesh tikat
rayer (vt)	रेखा खींचकर काटना	rekha khīnchakar kātana
remplir (vt)	भरना	bharana
bordereau (m) de transport	रसीद (f)	rasīd
testament (m)	वसीयत (m)	vasīyat

117. Les types d'activités économiques

agence (f) de recrutement	रोज़गार एजेंसी (f)	rozagār ejensī
agence (f) de sécurité	सुरक्षा एजेंसी (f)	suraksha ejensī
agence (f) d'information	सूचना केन्द्र (m)	sūchana kendr
agence (f) publicitaire	विज्ञापन एजेंसी (f)	vigyāpan ejansī
antiquités (f pl)	पुरानी चीज़ें (f)	purānī chīzen
assurance (f)	बीमा (m)	bīma

atelier (m) de couture	दर्ज़ी (m)	darzī
banques (f pl)	बैंक (m)	baink
bar (m)	बार (m)	bār
bâtiment (m)	निर्माण (m)	nirmān
bijouterie (f)	आभूषण (m)	ābhūshan
bijoutier (m)	सुनार (m)	sunār
blanchisserie (f)	धोबीघर (m)	dhobīghar
boissons (f pl) alcoolisées	मध पदार्थ (m)	mady padārth
boîte (f) de nuit	नाइट क्लब (m)	nait klab
bourse (f)	स्टॉक मार्केट (m)	stok mārket
brasserie (f) (fabrique)	शराब की भठ्ठी (f)	sharāb kī bhaththī
maison (f) funéraire	शमशान घाट (m)	shamashān ghāt
casino (m)	केसिनो (m)	kesino
centre (m) d'affaires	व्यापार केन्द्र (m)	vyāpār kendr
cinéma (m)	सिनेमाघर (m)	sinemāghar
climatisation (m)	वातानुकूलक सेवा (f)	vātānukūlak seva
commerce (m)	व्यापार (m)	vyāpār
compagnie (f) aérienne	हवाई कम्पनी (f)	havaī kampanī
conseil (m)	परामर्श सेवा (f)	parāmarsh seva
coursiers (m pl)	कुरियर सेवा (f)	kuriyar seva
dentistes (pl)	दंतचिकित्सा क्लिनिक (f)	dantachikitsa klinik
design (m)	डिज़ाइन (m)	dizain
école (f) de commerce	व्यापार विद्यालय (m)	vyāpār vidyālay
entrepôt (m)	भंडार (m)	bhandār
galerie (f) d'art	चित्रशाला (f)	chitrashāla
glace (f)	आईसक्रीम (f)	āīsakrīm
hôtel (m)	होटल (m)	hotal
immobilier (m)	अचल संपत्ति (f)	achal sampatti
imprimerie (f)	छपाई (m)	chhapaī
industrie (f)	उद्योग (m)	udyog
Internet (m)	इन्टरनेट (m)	intaranet
investissements (m pl)	निवेश (f)	nivesh
journal (m)	अख़बार (m)	akhabār
librairie (f)	किताबों की दुकान (f)	kitābon kī dukān
industrie (f) légère	हल्का उद्योग (m)	halka udyog
magasin (m)	दुकान (f)	dukān
maison (f) d'édition	प्रकाशन गृह (m)	prakāshan grh
médecine (f)	औषधि (f)	aushadhi
meubles (m pl)	फ़र्निचर (m)	farnichar
musée (m)	संग्रहालय (m)	sangrahālay
pétrole (m)	पेट्रोलियम (m)	petroliyam
pharmacie (f)	दवाख़ाना (m)	davākhāna
industrie (f) pharmaceutique	औषधि (f)	aushadhi
piscine (f)	तरण-ताल (m)	taran-tāl
pressing (m)	ड्राइक्लीनिंग (f)	draiklīning
produits (m pl) alimentaires	ख़ाद्य पदार्थ (m)	khādy padārth
publicité (f), pub (f)	विज्ञापन (m)	vigyāpan
radio (f)	रेडियो (m)	rediyo

récupération (f) des déchets	कूड़ा उठाने की सेवा (f)	kūra uthāne kī seva
restaurant (m)	रेस्टराँ (m)	restarān
revue (f)	पत्रिका (f)	patrika

salon (m) de beauté	ब्यूटी पार्लर (m)	byūtī pārlar
service (m) financier	वित्त सेवा (f)	vitt seva
service (m) juridique	कानूनी सलाह (f)	kānūnī salāh
services (m pl) comptables	लेखा सेवा (f)	lekha seva
services (m pl) d'audition	लेखापरीक्षा सेवा (f)	lekhāparīksha seva
sport (m)	क्रीड़ा (f)	krīra
supermarché (m)	सुपर बाज़ार (m)	supar bāzār

télévision (f)	टीवी (m)	tīvī
théâtre (m)	रंगमंच (m)	rangamanch
tourisme (m)	पर्यटन (m)	paryatan
sociétés de transport	परिवहन (m)	parivahan

vente (f) par catalogue	मेल-ऑर्डर विक्रय (m)	mel-ordar vikray
vêtement (m)	पोशाक (m)	poshāk
vétérinaire (m)	पशुचिकित्सक (m)	pashuchikitsak

Le travail. Les affaires. Partie 2

118. Les foires et les salons

salon (m)	प्रदर्शनी (f)	pradarshanī
salon (m) commercial	व्यापारिक प्रदर्शनी (f)	vyāpārik pradarshanī
participation (f)	शिरकत (f)	shirakat
participer à ...	भाग लेना	bhāg lena
participant (m)	प्रतिभागी (m)	pratibhāgī
directeur (m)	निदेशक (m)	nideshak
direction (f)	आयोजकों का कार्यालय (m)	āyojakon ka kāryālay
organisateur (m)	आयोजक (m)	āyojak
organiser (vt)	आयोजित करना	āyojit karana
demande (f) de participation	प्रतिभागी प्रपत्र (m)	pratibhāgī prapatr
remplir (vt)	भरना	bharana
détails (m pl)	विवरण (m)	vivaran
information (f)	जानकारी (f)	jānakārī
prix (m)	दाम (m)	dām
y compris	सहित	sahit
inclure (~ les taxes)	शामिल करना	shāmil karana
payer (régler)	दाम चुकाना	dām chukāna
droits (m pl) d'inscription	पंजीकरण शुल्क (f)	panjīkaran shulk
entrée (f)	प्रवेश (m)	pravesh
pavillon (m)	हॉल (m)	hol
enregistrer (vt)	पंजीकरण करवाना	panjīkaran karavāna
badge (m)	बैज (f)	baij
stand (m)	स्टेंड (m)	stend
réserver (vt)	बुक करना	buk karana
vitrine (f)	प्रदर्शन खिड़की (f)	pradarshan khirakī
lampe (f)	स्पॉटलाइट (f)	spotalait
design (m)	डिज़ाइन (m)	dizain
mettre (placer)	रखना	rakhana
distributeur (m)	वितरक (m)	vitarak
fournisseur (m)	आपूर्तिकर्ता (m)	āpūrtikarta
pays (m)	देश (m)	desh
étranger (adj)	विदेश	videsh
produit (m)	उत्पाद (m)	utpād
association (f)	संस्था (f)	sanstha
salle (f) de conférences	सम्मेलन भवन (m)	sammelan bhavan
congrès (m)	सम्मेलन (m)	sammelan

concours (m)	प्रतियोगिता (f)	pratiyogita
visiteur (m)	सहभागी (m)	sahabhāgī
visiter (vt)	भाग लेना	bhāg lena
client (m)	ग्राहक (m)	grāhak

119. Les médias de masse

journal (m)	अख़बार (m)	akhabār
revue (f)	पत्रिका (f)	patrika
presse (f)	प्रेस (m)	pres
radio (f)	रेडियो (m)	rediyo
station (f) de radio	रेडियो स्टेशन (m)	rediyo steshan
télévision (f)	टीवी (m)	tīvī

animateur (m)	प्रस्तुतकर्ता (m)	prastutakarta
présentateur (m) de journaux télévisés	उद्घोषक (m)	udghoshak
commentateur (m)	टिप्पणीकार (m)	tippanīkār

journaliste (m)	पत्रकार (m)	patrakār
correspondant (m)	पत्रकार (m)	patrakār
reporter photographe (m)	फ़ोटो पत्रकार (m)	foto patrakār
reporter (m)	पत्रकार (m)	patrakār

| rédacteur (m) | संपादक (m) | sampādak |
| rédacteur (m) en chef | मुख्य संपादक (m) | mūkhy sampādak |

s'abonner (vp)	सदस्य बनना	sadasy banana
abonnement (m)	सदस्यता शुल्क (f)	sadasyata shulk
abonné (m)	सदस्य (m)	sadasy
lire (vi, vt)	पढ़ना	parhana
lecteur (m)	पाठक (m)	pāthak

tirage (m)	प्रतियों की संख्या (f)	pratiyon kī sankhya
mensuel (adj)	मासिक	māsik
hebdomadaire (adj)	साप्ताहिक	saptāhik
numéro (m)	संस्करण संख्या (f)	sanskaran sankhya
nouveau (~ numéro)	ताज़ा	tāza

titre (m)	हेडलाइन (f)	hedalain
entrefilet (m)	लघु लेख (m)	laghu lekh
rubrique (f)	कॉलम (m)	kolam
article (m)	लेख (m)	lekh
page (f)	पृष्ठ (m)	prshth

reportage (m)	रिपोर्ट (f)	riport
événement (m)	घटना (f)	ghatana
sensation (f)	सनसनी (f)	sanasanī
scandale (m)	कांड (m)	kānd
scandaleux	चौंका देने वाला	chaunka dene vāla
grand (~ scandale)	बड़ा	bara

| émission (f) | प्रसारण (m) | prasāran |
| interview (f) | साक्षात्कार (m) | sākshātkār |

émission (f) en direct	सीधा प्रसारण (m)	sīdha prasāran
chaîne (f) (~ payante)	चैनल (m)	chainal

120. L'agriculture

agriculture (f)	खेती (f)	khetī
paysan (m)	किसान (m)	kisān
paysanne (f)	किसान (f)	kisān
fermier (m)	किसान (m)	kisān
tracteur (m)	ट्रैक्टर (m)	traiktar
moissonneuse-batteuse (f)	फ़सल काटने की मशीन (f)	fasal kātane kī mashīn
charrue (f)	हल (m)	hal
labourer (vt)	जोतना	jotana
champ (m) labouré	जोत भूमि (f)	jot bhūmi
sillon (m)	जोती गई भूमि (f)	jotī gaī bhūmi
semer (vt)	बोना	bona
semeuse (f)	बोने की मशीन (f)	bone kī mashīn
semailles (f pl)	बोवाई (f)	bovaī
faux (f)	हँसिया (m)	hansiya
faucher (vt)	काटना	kātana
pelle (f)	कुदाल (m)	kudāl
bêcher (vt)	खोदना	khodana
couperet (m)	फावड़ा (m)	fāvara
sarcler (vt)	निराना	nirāna
mauvaise herbe (f)	जंगली घास	jangalī ghās
arrosoir (m)	सींचाई कनस्तर (m)	sīnchaī kanastar
arroser (plantes)	सींचना	sīnchana
arrosage (m)	सींचाई (f)	sīnchaī
fourche (f)	पंजा (m)	panja
râteau (m)	जेली (f)	jelī
engrais (m)	खाद (f)	khād
engraisser (vt)	खाद डालना	khād dālana
fumier (m)	गोबर (m)	gobar
champ (m)	खेत (f)	khet
pré (m)	केदार (m)	kedār
potager (m)	सब्ज़ियों का बगीचा (m)	sabziyon ka bagīcha
jardin (m)	बाग़ (m)	bāg
faire paître	चराना	charāna
berger (m)	चरवाहा (m)	charavāha
pâturage (m)	चरागाह (f)	charāgāh
élevage (m)	पशुपालन (m)	pashupālan
élevage (m) de moutons	भेड़पालन (m)	bherapālan

plantation (f)	बागान (m)	bāgān
plate-bande (f)	क्यारी (f)	kyārī
serre (f)	पौधाघर (m)	paudhāghar

| sécheresse (f) | सूखा (f) | sūkha |
| sec (l'été ~) | सूखा | sūkha |

| céréales (f pl) | अनाज (m pl) | anāj |
| récolter (vt) | फ़सल काटना | fasal kātana |

meunier (m)	चक्कीवाला (m)	chakkīvāla
moulin (m)	चक्की (f)	chakkī
moudre (vt)	पीसना	pīsana
farine (f)	आटा (m)	āta
paille (f)	फूस (m)	fūs

121. Le BTP et la construction

chantier (m)	निर्माण स्थल (m)	nirmān sthal
construire (vt)	निर्माण करना	nirmān karana
ouvrier (m) du bâtiment	मज़दूर (m)	mazadūr

projet (m)	परियोजना (m)	pariyojana
architecte (m)	वास्तुकार (m)	vāstukār
ouvrier (m)	मज़दूर (m)	mazadūr

fondations (f pl)	आधार (m)	ādhār
toit (m)	छत (f)	chhat
pieu (m) de fondation	नींव (m)	nīnv
mur (m)	दीवार (f)	dīvār

| ferraillage (m) | मज़बूत सलाखें (m) | mazabūt salākhen |
| échafaudage (m) | मचान (m) | machān |

béton (m)	कंक्रीट (m)	kankrīt
granit (m)	ग्रेनाइट (m)	grenait
pierre (f)	पत्थर (m)	patthar
brique (f)	ईंट (f)	īnt

sable (m)	रेत (f)	ret
ciment (m)	सीमेन्ट (m)	sīment
plâtre (m)	प्लस्तर (m)	plastar
plâtrer (vt)	प्लस्तर लगाना	plastar lagāna
peinture (f)	रंग (m)	rang
peindre (des murs)	रंगना	rangana
tonneau (m)	पीपा (m)	pīpa

grue (f)	क्रेन (m)	kren
monter (vt)	उठाना	uthāna
abaisser (vt)	नीचे उतारना	nīche utārana

bulldozer (m)	बुल्डोज़र (m)	buldozar
excavateur (m)	उत्खनक (m)	utkhanak
godet (m)	उत्खनक बाल्टी (m)	utkhanak bāltī

creuser (vt) खोदना khodana
casque (m) हेलमेट (f) helamet

122. La recherche scientifique et les chercheurs

science (f) विज्ञान (m) vigyān
scientifique (adj) वैज्ञानिक vaigyānik
savant (m) वैज्ञानिक (m) vaigyānik
théorie (f) सिद्धांत (f) siddhānt

axiome (m) सिद्ध प्रमाण (m) siddh pramān
analyse (f) विश्लेषण (m) vishleshan
analyser (vt) विश्लेषण करना vishleshan karana
argument (m) तथ्य (m) tathy
substance (f) (matière) पदार्थ (m) padārth

hypothèse (f) परिकल्पना (f) parikalpana
dilemme (m) दुविधा (m) duvidha
thèse (f) शोधनिबंध (m) shodhanibandh
dogme (m) हठधर्मिता (f) hathadharmita

doctrine (f) सिद्धांत (m) siddhānt
recherche (f) शोध (m) shodh
rechercher (vt) शोध करना shodh karana
test (m) जांच (f) jānch
laboratoire (m) प्रयोगशाला (f) prayogashāla

méthode (f) विधि (f) vīdhi
molécule (f) अणु (m) anu
monitoring (m) निगरानी (f) nigarānī
découverte (f) आविष्कार (m) āvishkār

postulat (m) स्वसिद्ध (m) svasiddh
principe (m) सिद्धांत (m) siddhānt
prévision (f) पूर्वानुमान (m) pūrvānumān
prévoir (vt) पूर्वानुमान करना pūrvānumān karana

synthèse (f) संश्लेषण (m) sanshleshan
tendance (f) प्रवृत्ति (f) pravrtti
théorème (m) प्रमेय (m) pramey

enseignements (m pl) शिक्षा (f) shiksha
fait (m) तथ्य (m) tathy
expédition (f) अभियान (m) abhiyān
expérience (f) प्रयोग (m) prayog

académicien (m) अकदमीशियन (m) akadamīshiyan
bachelier (m) स्नातक (m) snātak
docteur (m) डॉक्टर (m) doktar
chargé (m) de cours सह - प्राध्यापक (m) sah - prādhyāpak
magistère (m) स्नातकोत्तर (m) snātakottar
professeur (m) प्रोफ़ेसर (m) profesar

Les professions. Les mètiers

123. La recherche d'emploi. Le licenciement

travail (m)	नौकरी (f)	naukarī
personnel (m)	कर्मचारी (m)	karmachārī
carrière (f)	व्यवसाय (m)	vyavasāy
perspective (f)	संभावना (f)	sambhāvana
maîtrise (f)	हुनर (m)	hunar
sélection (f)	चुनाव (m)	chunāv
agence (f) de recrutement	रोज़गार केन्द्र (m)	rozagār kendr
C.V. (m)	रेज्यूम (m)	rijyūm
entretien (m)	नौकरी के लिए साक्षात्कार (m)	naukarī ke lie sākshātkār
emploi (m) vacant	रिक्ति (f)	rikti
salaire (m)	वेतन (m)	vetan
salaire (m) fixe	वेतन (m)	vetan
rémunération (f)	भुगतान (m)	bhugatān
poste (m) (~ évolutif)	पद (m)	pad
fonction (f)	कर्तव्य (m)	kartavy
liste (f) des fonctions	कार्य-क्षेत्र (m)	kāry-kshetr
occupé (adj)	व्यस्त	vyast
licencier (vt)	बरख़ास्त करना	barakhāst karana
licenciement (m)	बरख़ास्तगी (f)	barakhāstagī
chômage (m)	बेरोज़गारी (f)	berozagārī
chômeur (m)	बेरोज़गार (m)	berozagār
retraite (f)	सेवा-निवृत्ति (f)	seva-nivrtti
prendre sa retraite	सेवा-निवृत्त होना	seva-nivrtt hona

124. Les hommes d'affaires

directeur (m)	निदेशक (m)	nideshak
gérant (m)	प्रबंधक (m)	prabandhak
patron (m)	मालिक (m)	mālik
supérieur (m)	वरिष्ठ अधिकारी (m)	varishth adhikārī
supérieurs (m pl)	वरिष्ठ अधिकारी (m)	varishth adhikārī
président (m)	अध्यक्ष (m)	adhyaksh
président (m) (d'entreprise)	सभाध्यक्ष (m)	sabhādhyaksh
adjoint (m)	उपाध्यक्ष (m)	upādhyaksh
assistant (m)	सहायक (m)	sahāyak
secrétaire (m, f)	सेक्रटरी (f)	sekratarī

secrétaire (m, f) personnel	निजी सहायक (m)	nijī sahāyak
homme (m) d'affaires	व्यापारी (m)	vyāpārī
entrepreneur (m)	उघमी (m)	udyamī
fondateur (m)	संस्थापक (m)	sansthāpak
fonder (vt)	स्थापित करना	sthāpit karana

fondateur (m)	स्थापक (m)	sthāpak
partenaire (m)	पार्टनर (m)	pārtanar
actionnaire (m)	शेयर होलडर (m)	sheyar holadar

millionnaire (m)	लखपति (m)	lakhapati
milliardaire (m)	करोड़पति (m)	karorapati
propriétaire (m)	मालिक (m)	mālik
propriétaire (m) foncier	ज़मीनदार (m)	zamīnadār

client (m)	ग्राहक (m)	grāhak
client (m) régulier	खरीदार (m)	kharīdār
acheteur (m)	ग्राहक (m)	grāhak
visiteur (m)	आगंतुक (m)	āgantuk

professionnel (m)	पेशेवर (m)	peshevar
expert (m)	विशेषज्ञ (m)	visheshagy
spécialiste (m)	विशेषज्ञ (m)	visheshagy

| banquier (m) | बैंकर (m) | bainkar |
| courtier (m) | ब्रोकर (m) | brokar |

caissier (m)	कैशियर (m)	kaishiyar
comptable (m)	लेखापाल (m)	lekhāpāl
agent (m) de sécurité	पहरेदार (m)	paharedār

investisseur (m)	निवेशक (m)	niveshak
débiteur (m)	क़र्ज़दार (m)	qarzadār
créancier (m)	लेनदार (m)	lenadār
emprunteur (m)	कर्ज़दार (m)	karzadār

| importateur (m) | आयातकर्ता (m) | āyātakartta |
| exportateur (m) | निर्यातकर्ता (m) | niryātakartta |

producteur (m)	उत्पादक (m)	utpādak
distributeur (m)	वितरक (m)	vitarak
intermédiaire (m)	बिचौलिया (m)	bichauliya

conseiller (m)	सलाहकार (m)	salāhakār
représentant (m)	बिक्री प्रतिनिधि (m)	bikrī pratinidhi
agent (m)	एजेंट (m)	ejent
agent (m) d'assurances	बीमा एजन्ट (m)	bīma ejant

125. Les mètiers des services

cuisinier (m)	बावरची (m)	bāvarachī
cuisinier (m) en chef	मुख्य बावरची (m)	mukhy bāvarachī
boulanger (m)	बेकर (m)	bekar
barman (m)	बारेटेन्डर (m)	bāretendar

| serveur (m) | बैरा (m) | baira |
| serveuse (f) | बैरा (f) | baira |

avocat (m)	वकील (m)	vakīl
juriste (m)	वकील (m)	vakīl
notaire (m)	नोटरी (m)	notarī

électricien (m)	बिजलीवाला (m)	bijalīvāla
plombier (m)	प्लम्बर (m)	plambar
charpentier (m)	बढ़ई (m)	barhī

masseur (m)	मालिशिया (m)	mālishiya
masseuse (f)	मालिशिया (m)	mālishiya
médecin (m)	चिकित्सक (m)	chikitsak

chauffeur (m) de taxi	टैक्सीवाला (m)	taiksīvāla
chauffeur (m)	ड्राइवर (m)	draivar
livreur (m)	कूरियर (m)	kūriyar

femme (f) de chambre	चैम्बरमेड (f)	chaimbaramed
agent (m) de sécurité	पहरेदार (m)	paharedār
hôtesse (f) de l'air	एयर होस्टेस (f)	eyar hostes

professeur (m)	शिक्षक (m)	shikshak
bibliothécaire (m)	पुस्तकाध्यक्ष (m)	pustakādhyaksh
traducteur (m)	अनुवादक (m)	anuvādak
interprète (m)	दुभाषिया (m)	dubhāshiya
guide (m)	गाइड (m)	gaid

coiffeur (m)	नाई (m)	naī
facteur (m)	डाकिया (m)	dākiya
vendeur (m)	विक्रेता (m)	vikreta

jardinier (m)	माली (m)	mālī
serviteur (m)	नौकर (m)	naukar
servante (f)	नौकरानी (f)	naukarānī
femme (f) de ménage	सफ़ाईवाली (f)	safaīvālī

126. Les professions militaires et leurs grades

soldat (m) (grade)	सैनिक (m)	sainik
sergent (m)	सार्जेंट (m)	sārjent
lieutenant (m)	लेफ्टिनेंट (m)	leftinent
capitaine (m)	कैप्टन (m)	kaiptan

commandant (m)	मेजर (m)	mejar
colonel (m)	कर्नल (m)	karnal
général (m)	जनरल (m)	janaral
maréchal (m)	मार्शल (m)	mārshal
amiral (m)	एडमिरल (m)	edamiral

militaire (m)	सैनिक (m)	sainik
soldat (m)	सिपाही (m)	sipāhī
officier (m)	अफ़सर (m)	afsar

113

commandant (m)	कमांडर (m)	kamāndar
garde-frontière (m)	सीमा रक्षक (m)	sīma rakshak
opérateur (m) radio	रेडियो ऑपरेटर (m)	rediyo oparetar
éclaireur (m)	गुप्तचर (m)	guptachar
démineur (m)	युद्ध इंजीनियर (m)	yuddh injīniyar
tireur (m)	तीरंदाज (m)	tīrandāz
navigateur (m)	नैवीगेटर (m)	naivīgetar

127. Les fonctionnaires. Les prétres

| roi (m) | बादशाह (m) | bādashāh |
| reine (f) | महारानी (f) | mahārānī |

| prince (m) | राजकुमार (m) | rājakumār |
| princesse (f) | राजकुमारी (f) | rājakumārī |

| tsar (m) | राजा (m) | rāja |
| tsarine (f) | रानी (f) | rānī |

président (m)	राष्ट्रपति (m)	rāshtrapati
ministre (m)	मंत्री (m)	mantrī
premier ministre (m)	प्रधान मंत्री (m)	pradhān mantrī
sénateur (m)	सांसद (m)	sānsad

diplomate (m)	राजनयिक (m)	rājanayik
consul (m)	राजनयिक (m)	rājanayik
ambassadeur (m)	राजदूत (m)	rājadūt
conseiller (m)	राजनयिक परामर्शदाता (m)	rājanayik parāmarshadāta

fonctionnaire (m)	अधिकारी (m)	adhikārī
préfet (m)	अधिकारी (m)	adhikārī
maire (m)	मेयर (m)	meyar

| juge (m) | न्यायाधीश (m) | nyāyādhīsh |
| procureur (m) | अभियोक्ता (m) | abhiyokta |

missionnaire (m)	पादरी (m)	pādarī
moine (m)	मठवासी (m)	mathavāsī
abbé (m)	मठाधीश (m)	mathādhīsh
rabbin (m)	रब्बी (m)	rabbī

vizir (m)	वज़ीर (m)	vazīr
shah (m)	शाह (m)	shāh
cheik (m)	शेख़ (m)	shekh

128. Les professions agricoles

apiculteur (m)	मधुमक्खी-पालक (m)	madhumakkhī-pālak
berger (m)	चरवाहा (m)	charavāha
agronome (m)	कृषिविज्ञानी (m)	krshivigyānī
éleveur (m)	पशुपालक (m)	pashupālak
vétérinaire (m)	पशुचिकित्सक (m)	pashuchikitsak

fermier (m)	किसान (m)	kisān
vinificateur (m)	मदिराकारी (m)	madirākārī
zoologiste (m)	जीव विज्ञानी (m)	jīv vigyānī
cow-boy (m)	चरवाहा (m)	charavāha

129. Les professions artistiques

acteur (m)	अभिनेता (m)	abhineta
actrice (f)	अभिनेत्री (f)	abhinetrī
chanteur (m)	गायक (m)	gāyak
cantatrice (f)	गायिका (f)	gāyika
danseur (m)	नर्तक (m)	nartak
danseuse (f)	नर्तकी (f)	nartakī
artiste (m)	अदाकार (m)	adākār
artiste (f)	अदाकारा (f)	adākāra
musicien (m)	साज़िन्दा (m)	sāzinda
pianiste (m)	पियानो वादक (m)	piyāno vādak
guitariste (m)	गिटार वादक (m)	gitār vādak
chef (m) d'orchestre	बैंड कंडक्टर (m)	baind kandaktar
compositeur (m)	संगीतकार (m)	sangītakār
imprésario (m)	इम्प्रेसारियो (m)	impresāriyo
metteur (m) en scène	निर्देशक (m)	nirdeshak
producteur (m)	प्रोइ्यूसर (m)	prodyūsar
scénariste (m)	लेखक (m)	lekhak
critique (m)	आलोचक (m)	ālochak
écrivain (m)	लेखक (m)	lekhak
poète (m)	कवि (m)	kavi
sculpteur (m)	मूर्तिकार (m)	mūrtikār
peintre (m)	चित्रकार (m)	chitrakār
jongleur (m)	बाज़ीगर (m)	bāzīgar
clown (m)	जोकर (m)	jokar
acrobate (m)	कलाबाज़ (m)	kalābāz
magicien (m)	जादूगर (m)	jādūgar

130. Les différents mètiers

médecin (m)	चिकित्सक (m)	chikitsak
infirmière (f)	नर्स (m)	nars
psychiatre (m)	मनोचिकित्सक (m)	manochikitsak
stomatologue (m)	दंतचिकित्सक (m)	dantachikitsak
chirurgien (m)	शल्य-चिकित्सक (m)	shaly-chikitsak
astronaute (m)	अंतरिक्षयात्री (m)	antarikshayātrī
astronome (m)	खगोल-विज्ञानी (m)	khagol-vigyānī

pilote (m)	पाइलट (m)	pailat
chauffeur (m)	ड्राइवर (m)	draivar
conducteur (m) de train	इजन ड्राइवर (m)	injan draivar
mécanicien (m)	मैकेनिक (m)	maikenik

mineur (m)	खनिक (m)	khanik
ouvrier (m)	मज़दूर (m)	mazadūr
serrurier (m)	ताला बनानेवाला (m)	tāla banānevāla
menuisier (m)	बढ़ई (m)	barhī
tourneur (m)	खराबी (m)	kharādī
ouvrier (m) du bâtiment	मज़दर (m)	mazūdar
soudeur (m)	वेल्डर (m)	veldar

professeur (m) (titre)	प्रोफ़ेसर (m)	profesar
architecte (m)	वास्तुकार (m)	vāstukār
historien (m)	इतिहासकार (m)	itihāsakār
savant (m)	वैज्ञानिक (m)	vaigyānik
physicien (m)	भौतिक विज्ञानी (m)	bhautik vigyānī
chimiste (m)	रसायनविज्ञानी (m)	rasāyanavigyānī

archéologue (m)	पुरातत्वविद (m)	purātatvavid
géologue (m)	भूविज्ञानी (m)	bhūvigyānī
chercheur (m)	शोधकर्ता (m)	shodhakarta

| baby-sitter (m, f) | दाई (f) | daī |
| pédagogue (m, f) | शिक्षक (m) | shikshak |

rédacteur (m)	संपादक (m)	sampādak
rédacteur (m) en chef	मुख्य संपादक (m)	mūkhy sampādak
correspondant (m)	पत्रकार (m)	patrakār
dactylographe (f)	टाइपिस्ट (f)	taipist

designer (m)	डिज़ाइनर (m)	dizainar
informaticien (m)	कंप्यूटर विशेषज्ञ (m)	kampyūtar visheshagy
programmeur (m)	प्रोग्रामर (m)	progrāmar
ingénieur (m)	इंजीनियर (m)	injīniyar

marin (m)	मल्लाह (m)	mallāh
matelot (m)	मल्लाह (m)	mallāh
secouriste (m)	बचानेवाला (m)	bachānevāla

pompier (m)	दमकल कर्मचारी (m)	damakal karmachārī
policier (m)	पुलिसवाला (m)	pulisavāla
veilleur (m) de nuit	पहरेदार (m)	paharedār
détective (m)	जासूस (m)	jāsūs

douanier (m)	सीमाशुल्क अधिकारी (m)	sīmāshulk adhikārī
garde (m) du corps	अंगरक्षक (m)	angarakshak
gardien (m) de prison	जेल का पहरेदार (m)	jel ka paharedār
inspecteur (m)	अधीक्षक (m)	adhīkshak

sportif (m)	खिलाड़ी (m)	khilārī
entraîneur (m)	प्रशिक्षक (m)	prashikshak
boucher (m)	कसाई (m)	kasaī
cordonnier (m)	मोची (m)	mochī
commerçant (m)	व्यापारी (m)	vyāpārī

chargeur (m)	कुली (m)	kulī
couturier (m)	फ़ैशन डिज़ाइनर (m)	faishan dizainar
modèle (f)	मॉडल (m)	modal

131. Les occupations. Le statut social

écolier (m)	छात्र (m)	chhātr
étudiant (m)	विद्यार्थी (m)	vidyārthī
philosophe (m)	दर्शनशास्त्री (m)	darshanashāstrī
économiste (m)	अर्थशास्त्री (m)	arthashāstrī
inventeur (m)	आविष्कारक (m)	āvishkārak
chômeur (m)	बेरोज़गार (m)	berozagār
retraité (m)	सेवा-निवृत्त (m)	seva-nivrtt
espion (m)	गुप्तचर (m)	guptachar
prisonnier (m)	क़ैदी (m)	qaidī
gréviste (m)	हड़तालकारी (m)	haratālakārī
bureaucrate (m)	अफ़सरशाह (m)	afasarashāh
voyageur (m)	यात्री (m)	yātrī
homosexuel (m)	समलैंगिक (m)	samalaingik
hacker (m)	हैकर (m)	haikar
bandit (m)	डाकू (m)	dākū
tueur (m) à gages	हत्यारा (m)	hatyāra
drogué (m)	नशेबाज़ (m)	nashebāz
trafiquant (m) de drogue	नशीली दवाओं का विक्रेता (m)	nashīlī davaon ka vikreta
prostituée (f)	वैश्या (f)	vaishya
souteneur (m)	दलाल (m)	dalāl
sorcier (m)	जादूगर (m)	jādūgar
sorcière (f)	डायन (f)	dāyan
pirate (m)	समुद्री लूटेरा (m)	samudrī lūtera
esclave (m)	दास (m)	dās
samouraï (m)	सामुराई (m)	sāmuraī
sauvage (m)	जंगली (m)	jangalī

Le sport

132. Les types de sports. Les sportifs

sportif (m)	खिलाड़ी (m)	khilārī
type (m) de sport	खेल (m)	khel
basket-ball (m)	बास्केटबॉल (f)	bāsketabol
basketteur (m)	बास्केटबॉल खिलाड़ी (m)	bāsketabol khilārī
base-ball (m)	बेसबॉल (f)	besabol
joueur (m) de base-ball	बेसबॉल खिलाड़ी (m)	besabol khilārī
football (m)	फुटबॉल (f)	futabol
joueur (m) de football	फुटबॉल खिलाड़ी (m)	futabol khilārī
gardien (m) de but	गोलची (m)	golachī
hockey (m)	हॉकी (f)	hokī
hockeyeur (m)	हॉकी खिलाड़ी (m)	hokī khilārī
volley-ball (m)	वॉलीबॉल (f)	volībol
joueur (m) de volley-ball	वॉलीबॉल खिलाड़ी (m)	volībol khilārī
boxe (f)	मुक्केबाज़ी (f)	mukkebāzī
boxeur (m)	मुक्केबाज़ (m)	mukkebāz
lutte (f)	कुश्ती (m)	kushtī
lutteur (m)	पहलवान (m)	pahalavān
karaté (m)	कराटे (m)	karāte
karatéka (m)	कराटेबाज़ (m)	karātebāz
judo (m)	जूडो (m)	jūdo
judoka (m)	जूडोबाज़ (m)	jūdobāz
tennis (m)	टेनिस (m)	tenis
joueur (m) de tennis	टेनिस खिलाड़ी (m)	tenis khilārī
natation (f)	तैराकी (m)	tairākī
nageur (m)	तैराक (m)	tairāk
escrime (f)	तलवारबाज़ी (f)	talavārabāzī
escrimeur (m)	तलवारबाज़ (m)	talavārabāz
échecs (m pl)	शतरंज (m)	shataranj
joueur (m) d'échecs	शतरंजबाज़ (m)	shatanrajabāz
alpinisme (m)	पर्वतारोहण (m)	parvatārohan
alpiniste (m)	पर्वतारोही (m)	parvatārohī
course (f)	दौड़ (f)	daur

coureur (m)	धावक (m)	dhāvak
athlétisme (m)	एथलेटिक्स (f)	ethaletiks
athlète (m)	एथलीट (m)	ethalīt
équitation (f)	घुड़सवारी (f)	ghurasavārī
cavalier (m)	घुड़सवार (m)	ghurasavār
patinage (m) artistique	फ़ीगर स्केटिन्ग (m)	fīgar sketing
patineur (m)	फ़ीगर स्केटर (m)	fīgar sketar
patineuse (f)	फ़ीगर स्केटर (f)	fīgar sketar
haltérophilie (f)	पॉवरलिफ्टिंग (m)	povaralifting
course (f) automobile	कार रेस (f)	kār res
pilote (m)	रेस ड्राइवर (m)	res draivar
cyclisme (m)	साइकिलिंग (f)	saikiling
cycliste (m)	साइकिल चालक (m)	saikil chālak
sauts (m pl) en longueur	लांग जम्प (m)	lāng jamp
sauts (m pl) à la perche	बांस कूद (m)	bāns kūd
sauteur (m)	जम्पर (m)	jampar

133. Les types de sports. Divers

football (m) américain	फ़ुटबाल (m)	futabāl
badminton (m)	बैडमिंटन (m)	baidamintan
biathlon (m)	बायएथलॉन (m)	bāyethalon
billard (m)	बिलियइड्स (m)	biliyards
bobsleigh (m)	बोबस्लेड (m)	bobasled
bodybuilding (m)	बॉडीबिल्डिंग (m)	bodībilding
water-polo (m)	वॉटर-पोलो (m)	votar-polo
handball (m)	हैन्डबॉल (f)	haindabol
golf (m)	गोल्फ़ (m)	golf
aviron (m)	नौकायन (m)	naukāyan
plongée (f)	स्कूबा डाइविंग (f)	skūba daiving
course (f) à skis	क्रॉस कंट्री स्कीइंग (f)	kros kantrī skīing
tennis (m) de table	टेबल टेनिस (m)	tebal tenis
voile (f)	पाल नौकायन (m)	pāl naukāyan
rallye (m)	रैली रेसिंग (f)	railī resing
rugby (m)	रग्बी (m)	ragbī
snowboard (m)	स्नोबोर्डिंग (m)	snobording
tir (m) à l'arc	तीरंदाज़ी (f)	tīrandāzī

134. La salle de sport

barre (f) à disques	वेट (m)	vet
haltères (m pl)	डाम्बबेल्स (m pl)	dāmbabels
appareil (m) d'entraînement	ट्रेनिंग मशीन (f)	trening mashīn
vélo (m) d'exercice	व्यायाम साइकिल (f)	vyāyām saikil

tapis (m) roulant	ट्रेडमिल (f)	tredamil
barre (f) fixe	क्षैतिज बार (m)	kshaitij bār
barres (pl) parallèles	समानांतर बार (m)	samānāntar bār
cheval (m) d'Arçons	घोड़ा (m)	ghora
tapis (m) gymnastique	मैट (m)	mait
aérobic (m)	एरोबिक (m)	erobik
yoga (m)	योग (m)	yog

135. Le hockey sur glace

hockey (m)	हॉकी (f)	hokī
hockeyeur (m)	हॉकी का खिलाड़ी (m)	hokī ka khilārī
jouer au hockey	हॉकी खेलना	hokī khelana
glace (f)	बर्फ़ (m)	barf
palet (m)	पक (m)	pak
crosse (f)	स्टिक (m)	stik
patins (m pl)	आइस स्केट्स (m)	āis skets
rebord (m)	बोर्ड (m)	bord
tir (m)	शॉट (m)	shot
gardien (m) de but	गोलची (m)	golachī
but (m)	गोल (m)	gol
marquer un but	गोल करना	gol karana
période (f)	अवधि (f)	avadhi
banc (m) des remplaçants	सब्सचिट्यूट बेंच (f)	sabsachityūt bench

136. Le football

football (m)	फ़ुटबॉल (m)	futabol
joueur (m) de football	फ़ुटबॉल का खिलाड़ी (m)	futabol ka khilārī
jouer au football	फ़ुटबॉल खेलना	futabol khelana
ligue (f) supérieure	मेजर लीग (m)	mejar līg
club (m) de football	फ़ुटबॉल क्लब (m)	futabol klab
entraîneur (m)	प्रशिक्षक (m)	prashikshak
propriétaire (m)	मालिक (m)	mālik
équipe (f)	दल (m)	dal
capitaine (m) de l'équipe	दल का कसान (m)	dal ka kaptān
joueur (m)	खिलाड़ी (m)	khilārī
remplaçant (m)	रिज़र्व-खिलाड़ी (m)	rizarv-khilārī
attaquant (m)	फ़ॉरवर्ड (m)	forvard
avant-centre (m)	केन्द्रिय फ़ॉरवर्ड (m)	kendriy forvard
butteur (m)	गोल स्कोरर (m)	gol skorar
arrière (m)	रक्षक (m)	rakshak
demi (m)	हाफ़बैक (m)	hāfabaik
match (m)	मैच (m)	maich

se rencontrer (vp)	मिलना	milana
finale (f)	फ़ाइनल (m)	fainal
demi-finale (f)	सेमीफ़ाइनल (m)	semīfainal
championnat (m)	चैम्पियनशिप (f)	chaimpiyanaship
mi-temps (f)	हाफ़ (m)	hāf
première mi-temps (f)	पहला हाफ़ (m)	pahala hāf
mi-temps (f) (pause)	अंतराल (m)	antarāl
but (m)	गोल (m)	gol
gardien (m) de but	गोलची (m)	golachī
poteau (m)	गोलपोस्ट (m)	golapost
barre (f)	अर्गला (f)	argala
filet (m)	जाल (m)	jāl
encaisser un but	गोल देना	gol dena
ballon (m)	गेंद (m)	gend
passe (f)	पास (m)	pās
coup (m)	किक (f)	kik
porter un coup	किक करना	kik karana
coup (m) franc	फ्री किक (f)	frī kik
corner (m)	कॉर्नर किक (f)	kornar kik
attaque (f)	आक्रमण (m)	ākraman
contre-attaque (f)	काउन्टर अटैक (m)	kauntar ataik
combinaison (f)	कॉम्बिनेशन (m)	kombineshan
arbitre (m)	रेफ़री (m)	refarī
siffler (vi)	सीटी बजाना	sīṭī bajāna
sifflet (m)	सीटी (m)	sīṭī
faute (f)	फाउल (m)	faul
commettre un foul	फाउल करना	faul karana
expulser du terrain	बाहर निकालना	bāhar nikālana
carton (m) jaune	पीला कार्ड (m)	pīla kārd
carton (m) rouge	लाल कार्ड (m)	lāl kārd
disqualification (f)	डिसक्वालिफ़िकेशन (m)	disakvālifikeshan
disqualifier (vt)	डिस्क्वालिफ़ाई करना	diskvālifaī karana
penalty (m)	पेनल्टी किक (f)	penaltī kik
mur (m)	दीवार (f)	dīvār
marquer (vt)	स्कोर करना	skor karana
but (m)	गोल (m)	gol
marquer un but	गोल करना	gol karana
remplacement (m)	बदलाव (m)	badalāv
remplacer (vt)	खिलाड़ी बदलना	khilārī badalana
règles (f pl)	नियम (m pl)	niyam
tactique (f)	टैक्टिक्स (m)	taiktiks
stade (m)	स्टेडियम (m)	stediyam
tribune (f)	स्टॉल (m)	stol
supporteur (m)	फ़ैन (m)	fain
crier (vi)	चिल्लाना	chillāna
tableau (m)	स्कोरबोर्ड (m)	skorabord
score (m)	स्कोर (m)	skor

défaite (f)	हार (f)	hār
perdre (vi)	हारना	hārana
match (m) nul	टाई (m)	taī
faire match nul	टाई करना	taī karana
victoire (f)	विजय (m)	vijay
gagner (vi, vt)	जीतना	jītana
champion (m)	चैम्पियन (m)	chaimpiyan
meilleur (adj)	सर्वोत्तम	sarvottam
féliciter (vt)	बधाई देना	badhaī dena
commentateur (m)	टिप्पणीकार (m)	tippanīkār
commenter (vt)	टिप्पणी करना	tippanī karana
retransmission (f)	प्रसारण (m)	prasāran

137. Le ski alpin

skis (m pl)	स्की (m pl)	skī
faire du ski	स्की करना	skī karana
station (f) de ski	माउंटेन स्की कैम्प (m)	maunten skī kaimp
remontée (f) mécanique	स्की लिफ्ट (m)	skī lift
bâtons (m pl)	स्की की डंडियाँ (f)	skī kī dandiyān
pente (f)	ढलान (f)	dhalān
slalom (m)	स्लालोम (m)	slālom

138. Le tennis. Le golf

golf (m)	गोल्फ़ (m)	golf
club (m) de golf	गोल्फ़-क्लब (m)	golf-klab
joueur (m) au golf	गोल्फ़-खिलाड़ी (m)	golf-khilārī
trou (m)	गुच्ची (f)	guchchī
club (m)	डंडा (m)	danda
chariot (m) de golf	स्टिकों की गाड़ी (f)	stikon kī gārī
tennis (m)	टेनिस (m)	tenis
court (m) de tennis	कोर्ट (m)	kort
service (m)	सर्विस (f)	sarvis
servir (vi)	सर्विस करना	sarvis karana
raquette (f)	रैकेट (m)	raiket
filet (m)	नेट (m)	net
balle (f)	गेंद (m)	gend

139. Les échecs

échecs (m pl)	शतरंज (m)	shataranj
pièces (f pl)	शतरंज के मोहरे (m pl)	shataranj ke mohare
joueur (m) d'échecs	शतरंज का खिलाड़ी (m)	shataranj ka khilārī
échiquier (m)	शतरंज की बिसात (f)	shataranj kī bisāt

pièce (f)	शतरंज का मोहरा (m)	shataranj ka mohara
blancs (m pl)	सफ़ेद (m)	safed
noirs (m pl)	काला (m)	kāla

pion (m)	प्यादा (f)	pyāda
fou (m)	ऊँठ (m)	ūnth
cavalier (m)	घोड़ा (m)	ghora
tour (f)	हाथी (m)	hāthī
reine (f)	रानी (f)	rānī
roi (m)	बादशाह (m)	bādashāh

coup (m)	चाल (f)	chāl
jouer (déplacer une pièce)	चाल चलना	chāl chalana
sacrifier (vt)	त्याग देना	tyāg dena
roque (m)	कैसलिंग (m)	kaisaling
échec (m)	शह (m)	shah
tapis (m)	शह और मात (m)	shah aur māt

tournoi (m) d'échecs	शतरंज की प्रतियोगिता (f)	shataranj kī pratiyogita
grand maître (m)	ग्रांडमास्टर (m)	grāndamāstar
combinaison (f)	कॉम्बिनेशन (m)	kombineshan
partie (f)	बाज़ी (f)	bāzī
dames (f pl)	चेकर्स (m)	chekars

140. La boxe

boxe (f)	मुक्केबाज़ी (f)	mukkebāzī
combat (m)	लड़ाई (f)	laraī
match (m)	मुक्केबाज़ी का मुक़ाबला (m)	mukkebāzī ka muqābala
round (m)	मुक्केबाज़ी का राउंड (m)	mukkevāzī ka raund

| ring (m) | बॉक्सिंग रिंग (f) | boksing ring |
| gong (m) | घंटा (m) | ghanta |

coup (m)	प्रहार (m)	prahār
knock-down (m)	नॉकडाउन (m)	nokadaun
knock-out (m)	नॉकआउट (m)	nokaut
mettre KO	नॉकआउट करना	nokaut karana

| gant (m) de boxe | मुक्केबाज़ी के दस्ताने (m) | mukkebāzī ke dastāne |
| arbitre (m) | रेफ़री (m) | refarī |

poids (m) léger	कम वज़न (m)	kam vazan
poids (m) moyen	मध्यम वज़न (m)	madhyam vazan
poids (m) lourd	भारी वज़न (m)	bhārī vazan

141. Le sport. Divers

Jeux (m pl) olympiques	ओलिम्पिक खेल (m pl)	olimpik khel
gagnant (m)	विजेता (m)	vijeta
remporter (vt)	विजय पाना	vijay pāna
gagner (vi)	जीतना	jītana

leader (m)	लीडर (m)	līdar
prendre la tête	लीड करना	līd karana
première place (f)	पहला स्थान (m)	pahala sthān
deuxième place (f)	दूसरा स्थान (m)	dūsara sthān
troisième place (f)	तीसरा स्थान (m)	tīsara sthān
médaille (f)	मेडल (m)	medal
trophée (m)	ट्रॉफ़ी (f)	trofī
coupe (f) (trophée)	कप (m)	kap
prix (m)	पुरस्कार (m)	puraskār
prix (m) principal	मुख्य पुरस्कार (m)	mukhy puraskār
record (m)	रिकॉर्ड (m)	rikord
établir un record	रिकॉर्ड बनाना	rikord banāna
finale (f)	फ़ाइनल (m)	fainal
final (adj)	अंतिम	antim
champion (m)	चेम्पियन (m)	chempiyan
championnat (m)	चैम्पियनशिप (f)	chaimpiyanaship
stade (m)	स्टेडियम (m)	stediyam
tribune (f)	सीट (f)	sīt
supporteur (m)	फ़ैन (m)	fain
adversaire (m)	प्रतिद्वंद्वी (f)	pratidvandvī
départ (m)	स्टार्ट (m)	stārt
ligne (f) d'arrivée	फ़िनिश (f)	finish
défaite (f)	हार (f)	hār
perdre (vi)	हारना	hārana
arbitre (m)	रेफ़री (m)	refarī
jury (m)	ज्यूरी (m)	jyūrī
score (m)	स्कोर (m)	skor
match (m) nul	टाई (m)	taī
faire match nul	खेल टाइ करना	khel tai karana
point (m)	अंक (m)	ank
résultat (m)	नतीजा (m)	natīja
période (f)	टाइम (m)	taim
mi-temps (f) (pause)	हाफ़ टाइम (m)	hāf taim
dopage (m)	अवैध दवाओं का इस्तेमाल (m)	avaidh davaon ka istemāl
pénaliser (vt)	पेनल्टी लगाना	penaltī lagāna
disqualifier (vt)	डिस्क्वेलिफ़ाई करना	diskvelifaī karana
agrès (m)	खेलकूद का सामान (m)	khelakūd ka sāmān
lance (f)	भाला (m)	bhāla
poids (m) (boule de métal)	गोला (m)	gola
bille (f) (de billard, etc.)	गेंद (m)	gend
but (cible)	निशाना (m)	nishāna
cible (~ en papier)	निशाना (m)	nishāna
tirer (vi)	गोली चलाना	golī chalāna

précis (un tir ~)	सटीक	satīk
entraîneur (m)	प्रशिक्षक (m)	prashikshak
entraîner (vt)	प्रशिक्षित करना	prashikshit karana
s'entraîner (vp)	प्रशिक्षण करना	prashikshan karana
entraînement (m)	प्रशिक्षण (f)	prashikshan
salle (f) de gym	जिम (m)	jim
exercice (m)	व्यायाम (m)	vyāyām
échauffement (m)	वार्म-अप (m)	vārm-ap

L'éducation

142. L'éducation

école (f)	पाठशाला (m)	pāthashāla
directeur (m) d'école	प्रिंसिपल (m)	prinsipal
élève (m)	छात्र (m)	chhātr
élève (f)	छात्रा (f)	chhātra
écolier (m)	छात्र (m)	chhātr
écolière (f)	छात्रा (f)	chhātra
enseigner (vt)	पढ़ाना	parhāna
apprendre (~ l'arabe)	पढ़ना	parhana
apprendre par cœur	याद करना	yād karana
apprendre (à faire qch)	सीखना	sīkhana
être étudiant, -e	स्कूल में पढ़ना	skūl men parhana
aller à l'école	स्कूल जाना	skūl jāna
alphabet (m)	वर्णमाला (f)	varnamāla
matière (f)	विषय (m)	vishay
salle (f) de classe	कक्षा (f)	kaksha
leçon (f)	पाठ (m)	pāth
récréation (f)	अंतराल (m)	antarāl
sonnerie (f)	स्कूल की घंटी (f)	skūl kī ghantī
pupitre (m)	बेंच (f)	bench
tableau (m) noir	चॉकबोर्ड (m)	chokabord
note (f)	अंक (m)	ank
bonne note (f)	अच्छे अंक (m)	achchhe ank
mauvaise note (f)	कम अंक (m)	kam ank
donner une note	मार्क्स देना	mārks dena
faute (f)	ग़लती (f)	galatī
faire des fautes	ग़लती करना	galatī karana
corriger (une erreur)	ठीक करना	thīk karana
antisèche (f)	कुंजी (f)	kunjī
devoir (m)	गृहकार्य (m)	grhakāry
exercice (m)	अभ्यास (m)	abhyās
être présent	उपस्थित होना	upasthit hona
être absent	अनुपस्थित होना	anupasthit hona
punir (vt)	सज़ा देना	saza dena
punition (f)	सज़ा (f)	saza
conduite (f)	बरताव (m)	baratāv

carnet (m) de notes	रिपोर्ट कार्ड (f)	riport kārd
crayon (m)	पेंसिल (f)	pensil
gomme (f)	रबड़ (f)	rabar
craie (f)	चॉक (m)	chok
plumier (m)	पेंसिल का डिब्बा (m)	pensil ka dibba
cartable (m)	बस्ता (m)	basta
stylo (m)	कलम (m)	kalam
cahier (m)	कॉपी (f)	kopī
manuel (m)	पाठ्यपुस्तक (f)	pāthyapustak
compas (m)	कंपास (m)	kampās
dessiner (~ un plan)	तकनीकी चित्रकारी बनाना	takanīkī chitrakārī banāna
dessin (m) technique	तकनीकी चित्रकारी (f)	takanīkī chitrakārī
poésie (f)	कविता (f)	kavita
par cœur (adv)	रटकर	ratakar
apprendre par cœur	याद करना	yād karana
vacances (f pl)	छुट्टियाँ (f pl)	chhuttiyān
être en vacances	छुट्टी पर होना	chhuttī par hona
interrogation (f) écrite	परीक्षा (f)	parīksha
composition (f)	रचना (f)	rachana
dictée (f)	श्रुतलेख (m)	shrutalekh
examen (m)	परीक्षा (f)	parīksha
passer les examens	परीक्षा देना	parīksha dena
expérience (f) (~ de chimie)	परीक्षण (m)	parīkshan

143. L'enseignement supérieur

académie (f)	अकादमी (f)	akādamī
université (f)	विश्वविद्यालय (m)	vishvavidyālay
faculté (f)	संकाय (f)	sankāy
étudiant (m)	छात्र (m)	chhātr
étudiante (f)	छात्रा (f)	chhātra
enseignant (m)	अध्यापक (m)	adhyāpak
salle (f)	व्याख्यान कक्ष (m)	vyākhyān kaksh
licencié (m)	स्नातक (m)	snātak
diplôme (m)	डिप्लोमा (m)	diploma
thèse (f)	शोधनिबंध (m)	shodhanibandh
étude (f)	अध्ययन (m)	adhyayan
laboratoire (m)	प्रयोगशाला (f)	prayogashāla
cours (m)	व्याख्यान (f)	vyākhyān
camarade (m) de cours	सहपाठी (m)	sahapāthī
bourse (f)	छात्रवृति (f)	chhātravrtti
grade (m) universitaire	शैक्षणिक डिग्री (f)	shaikshanik digrī

144. Les disciplines scientifiques

mathématiques (f pl)	गणितशास्त्र (m)	ganitashāstr
algèbre (f)	बीजगणित (m)	bījaganit
géométrie (f)	रेखागणित (m)	rekhāganit
astronomie (f)	खगोलवैज्ञान (m)	khagolavaigyān
biologie (f)	जीवविज्ञान (m)	jīvavigyān
géographie (f)	भूगोल (m)	bhūgol
géologie (f)	भूविज्ञान (m)	bhūvigyān
histoire (f)	इतिहास (m)	itihās
médecine (f)	चिकित्सा (m)	chikitsa
pédagogie (f)	शिक्षाविज्ञान (m)	shikshāvigyān
droit (m)	कानून (m)	kānūn
physique (f)	भौतिकविज्ञान (m)	bhautikavigyān
chimie (f)	रसायन (m)	rasāyan
philosophie (f)	दर्शनशास्त्र (m)	darshanashāstr
psychologie (f)	मनोविज्ञान (m)	manovigyān

145. Le système d'écriture et l'orthographe

grammaire (f)	व्याकरण (m)	vyākaran
vocabulaire (m)	शब्दावली (f)	shabdāvalī
phonétique (f)	स्वरविज्ञान (m)	svaravigyān
nom (m)	संज्ञा (f)	sangya
adjectif (m)	विशेषण (m)	visheshan
verbe (m)	क्रिया (m)	kriya
adverbe (m)	क्रिया विशेषण (f)	kriya visheshan
pronom (m)	सर्वनाम (m)	sarvanām
interjection (f)	विस्मयादिबोधक (m)	vismayādibodhak
préposition (f)	पूर्वसर्ग (m)	pūrvasarg
racine (f)	मूल शब्द (m)	mūl shabd
terminaison (f)	अन्त्याक्षर (m)	antyākshar
préfixe (m)	उपसर्ग (m)	upasarg
syllabe (f)	अक्षर (m)	akshar
suffixe (m)	प्रत्यय (m)	pratyay
accent (m) tonique	बल चिह्न (m)	bal chihn
apostrophe (f)	वर्णलोप चिह्न (m)	varnalop chihn
point (m)	पूर्णविराम (m)	pūrnavirām
virgule (f)	उपविराम (m)	upavirām
point (m) virgule	अर्धविराम (m)	ardhavirām
deux-points (m)	कोलन (m)	kolan
points (m pl) de suspension	तीन बिन्दु (m)	tīn bindu
point (m) d'interrogation	प्रश्न चिह्न (m)	prashn chihn
point (m) d'exclamation	विस्मयादिबोधक चिह्न (m)	vismayādibodhak chihn

guillemets (m pl)	उद्धरण चिह्न (m)	uddharan chihn
entre guillemets	उद्धरण चिह्न में	uddharan chihn men
parenthèses (f pl)	कोष्ठक (m pl)	koshthak
entre parenthèses	कोष्ठक में	koshthak men

trait (m) d'union	हाइफन (m)	haifan
tiret (m)	डैश (m)	daish
blanc (m)	रिक्त स्थान (m)	rikt sthān

| lettre (f) | अक्षर (m) | akshar |
| majuscule (f) | बड़ा अक्षर (m) | bara akshar |

| voyelle (f) | स्वर (m) | svar |
| consonne (f) | समस्वर (m) | samasvar |

proposition (f)	वाक्य (m)	vāky
sujet (m)	कर्ता (m)	kartta
prédicat (m)	विधेय (m)	vidhey

ligne (f)	पंक्ति (f)	pankti
à la ligne	नई पंक्ति पर	naī pankti par
paragraphe (m)	अनुच्छेद (m)	anuchchhed

mot (m)	शब्द (m)	shabd
groupe (m) de mots	शब्दों का समूह (m)	shabdon ka samūh
expression (f)	अभिव्यक्ति (f)	abhivyakti
synonyme (m)	समनार्थक शब्द (m)	samanārthak shabd
antonyme (m)	विपरीतार्थी शब्द (m)	viparītārthī shabd

règle (f)	नियम (m)	niyam
exception (f)	अपवाद (m)	apavād
correct (adj)	ठीक	thīk

conjugaison (f)	क्रियारूप संयोजन (m)	kriyārūp sanyojan
déclinaison (f)	विभक्ति-रूप (m)	vibhakti-rūp
cas (m)	कारक (m)	kārak
question (f)	प्रश्न (m)	prashn
souligner (vt)	रेखांकित करना	rekhānkit karana
pointillé (m)	बिन्दुरेखा (f)	bindurekha

146. Les langues étrangères

langue (f)	भाषा (f)	bhāsha
langue (f) étrangère	विदेशी भाषा (f)	videshī bhāsha
étudier (vt)	पढ़ना	parhana
apprendre (~ l'arabe)	सीखना	sīkhana

lire (vi, vt)	पढ़ना	parhana
parler (vi, vt)	बोलना	bolana
comprendre (vt)	समझना	samajhana
écrire (vt)	लिखना	likhana

| vite (adv) | तेज़ | tez |
| lentement (adv) | धीरे | dhīre |

couramment (adv)	धड़ल्ले से	dharalle se
règles (f pl)	नियम (m pl)	niyam
grammaire (f)	व्याकरण (m)	vyākaran
vocabulaire (m)	शब्दावली (f)	shabdāvalī
phonétique (f)	स्वरविज्ञान (m)	svaravigyān
manuel (m)	पाठ्यपुस्तक (f)	pāthyapustak
dictionnaire (m)	शब्दकोश (m)	shabdakosh
manuel (m) autodidacte	स्वयंशिक्षक पुस्तक (m)	svayanshikshak pustak
guide (m) de conversation	वार्त्तलाप-पुस्तिका (f)	vārttālāp-pustika
cassette (f)	कैसेट (f)	kaiset
cassette (f) vidéo	वीडियो कैसेट (m)	vīdiyo kaiset
CD (m)	सीडी (m)	sīdī
DVD (m)	डीवीडी (m)	dīvīdī
alphabet (m)	वर्णमाला (f)	varnamāla
épeler (vt)	हिज्जे करना	hijje karana
prononciation (f)	उच्चारण (m)	uchchāran
accent (m)	लहज़ा (m)	lahaza
avec un accent	लहज़े के साथ	lahaze ke sāth
sans accent	बिना लहज़े	bina lahaze
mot (m)	शब्द (m)	shabd
sens (m)	मतलब (m)	matalab
cours (m pl)	पाठ्यक्रम (m)	pāthyakram
s'inscrire (vp)	सदस्य बनना	sadasy banana
professeur (m) (~ d'anglais)	शिक्षक (m)	shikshak
traduction (f) (action)	तर्जुमा (m)	tarjuma
traduction (f) (texte)	अनुवाद (m)	anuvād
traducteur (m)	अनुवादक (m)	anuvādak
interprète (m)	दुभाषिया (m)	dubhāshiya
polyglotte (m)	बहुभाषी (m)	bahubhāshī
mémoire (f)	स्मृति (f)	smrti

147. Les personnages de contes de fées

Père Noël (m)	सांता क्लॉज़ (m)	sānta kloz
sirène (f)	जलपरी (f)	jalaparī
magicien (m)	जादूगर (m)	jādūgar
fée (f)	परी (f)	parī
magique (adj)	जादूई	jādūī
baguette (f) magique	जादू की छड़ी (f)	jādū kī chharī
conte (m) de fées	परियों की कहानी (f)	pariyon kī kahānī
miracle (m)	करामात (f)	karāmāt
gnome (m)	बौना (m)	bauna
se transformer en ...	... में बदल जाना	... men badal jāna
esprit (m) (revenant)	भूत (m)	bhūt

fantôme (m)	प्रेत (m)	pret
monstre (m)	राक्षस (m)	rākshas
dragon (m)	पंखवाला नाग (m)	pankhavāla nāg
géant (m)	भीमकाय (m)	bhīmakāy

148. Les signes du zodiaque

Bélier (m)	मेष (m)	mesh
Taureau (m)	वृषभ (m)	vrshabh
Gémeaux (m pl)	मिथुन (m)	mithun
Cancer (m)	कर्क (m)	kark
Lion (m)	सिंह (m)	sinh
Vierge (f)	कन्या (f)	kanya

Balance (f)	तुला (f pl)	tula
Scorpion (m)	वृश्चिक (m)	vrshchik
Sagittaire (m)	धनु (m)	dhanu
Capricorne (m)	मकर (m)	makar
Verseau (m)	कुंभ (m)	kumbh
Poissons (m pl)	मीन (m pl)	mīn

caractère (m)	स्वभाव (m)	svabhāv
traits (m pl) du caractère	गुण (m pl)	gun
conduite (f)	बरताव (m)	baratāv
dire la bonne aventure	भविष्यवाणी करना	bhavishyavānī karana
diseuse (f) de bonne aventure	ज्योतिषी (m)	jyotishī
horoscope (m)	जन्म कुंडली (f)	janm kundalī

L'art

149. Le théâtre

théâtre (m)	रंगमंच (m)	rangamanch
opéra (m)	ओपेरा (m)	opera
opérette (f)	ऑपेराटा (m)	operāta
ballet (m)	बैले (m)	baile
affiche (f)	रंगमंच इश्तहार (m)	rangamanch ishtahār
troupe (f) de théâtre	थियेटर कंपनी (f)	thiyetar kampanī
tournée (f)	दौरा (m)	daura
être en tournée	दौरे पर जाना	daure par jāna
répéter (vt)	अभ्यास करना	abhyās karana
répétition (f)	अभ्यास (m)	abhyās
répertoire (m)	प्रदर्शनों की सूची (f)	pradarshanon kī sūchī
représentation (f)	प्रदर्शन (m)	pradarshan
spectacle (m)	प्रदर्शन (m)	pradarshan
pièce (f) de théâtre	नाटक (m)	nātak
billet (m)	टिकट (m)	tikat
billetterie (f pl)	टिकट घर (m)	tikat ghar
hall (m)	हॉल (m)	hol
vestiaire (m)	कपड़द्वार (m)	kaparadvār
jeton (m) de vestiaire	कपड़द्वार टैग (m)	kaparadvār taig
jumelles (f pl)	दूरबीन (f)	dūrabīn
placeur (m)	कंडक्टर (m)	kandaktar
parterre (m)	सीटें (f)	sīten
balcon (m)	अपर सर्कल (m)	apar sarkal
premier (m) balcon	दूसरी मंज़िल (f)	dūsarī manzil
loge (f)	बॉक्स (m)	boks
rang (m)	कतार (m)	katār
place (f)	सीट (f)	sīt
public (m)	दर्शक (m)	darshak
spectateur (m)	दर्शक (m)	darshak
applaudir (vi)	ताली बजाना	tālī bajāna
applaudissements (m pl)	तालियाँ (f pl)	tāliyān
ovation (f)	तालियों की गड़गड़ाहट (m)	tāliyon kī garagarāhat
scène (f) (monter sur ~)	मंच (m)	manch
rideau (m)	पर्दा (m)	parda
décor (m)	मंच सज्जा (f)	manch sajja
coulisses (f pl)	नेपथ्य (m pl)	nepathy
scène (f) (la dernière ~)	दृश्य (m)	drshy
acte (m)	एक्ट (m)	ekt
entracte (m)	अंतराल (m)	antarāl

150. Le cinéma

acteur (m)	अभिनेता (m)	abhineta
actrice (f)	अभिनेत्री (f)	abhinetrī
cinéma (m) (industrie)	सिनेमा (m)	sinema
film (m)	फ़िल्म (m)	film
épisode (m)	उपकथा (m)	upakatha
film (m) policier	जासूसी फ़िल्म (f)	jāsūsī film
film (m) d'action	एक्शन फ़िल्म (f)	ekshan film
film (m) d'aventures	जोखिम भरी फ़िल्म (f)	jokhim bharī film
film (m) de science-fiction	कल्पित विज्ञान की फ़िल्म (f)	kalpit vigyān kī film
film (m) d'horreur	डरावनी फ़िल्म (f)	darāvanī film
comédie (f)	मज़ाकिया फ़िल्म (f)	mazākiya film
mélodrame (m)	भावुक नाटक (m)	bhāvuk nātak
drame (m)	नाटक (m)	nātak
film (m) de fiction	काल्पनिक फ़िल्म (f)	kālpanik film
documentaire (m)	वृत्तचित्र (m)	vrttachitr
dessin (m) animé	कार्टून (m)	kārtūn
cinéma (m) muet	मूक फ़िल्म (f)	mūk film
rôle (m)	भूमिका (f)	bhūmika
rôle (m) principal	मुख्य भूमिका (f)	mūkhy bhūmika
jouer (vt)	भूमिका निभाना	bhūmika nibhāna
vedette (f)	फ़िल्म स्टार (m)	film stār
connu (adj)	मशहूर	mashahūr
célèbre (adj)	मशहूर	mashahūr
populaire (adj)	लोकप्रिय	lokapriy
scénario (m)	पटकथा (f)	patakatha
scénariste (m)	पटकथा लेखक (m)	patakatha lekhak
metteur (m) en scène	निर्देशक (m)	nirdeshak
producteur (m)	प्रड्यूसर (m)	pradyūsar
assistant (m)	सहायक (m)	sahāyak
opérateur (m)	कैमरामैन (m)	kaimarāmain
cascadeur (m)	स्टंटमैन (m)	stantamain
tourner un film	फ़िल्म शूट करना	film shūt karana
audition (f)	स्क्रीन टेस्ट (m)	skrīn test
tournage (m)	शूटिंग (f pl)	shūting
équipe (f) de tournage	शूटिंग दल (m)	shūting dal
plateau (m) de tournage	शूटिंग स्थल (m)	shuting sthal
caméra (f)	कैमरा (m)	kaimara
cinéma (m)	सिनेमाघर (m)	sinemāghar
écran (m)	स्क्रीन (m)	skrīn
donner un film	फ़िल्म दिखाना	film dikhāna
piste (f) sonore	साउंडट्रैक (m)	saundatraik
effets (m pl) spéciaux	ख़ास प्रभाव (m pl)	khās prabhāv
sous-titres (m pl)	सबटाइटिल (f)	sabataitil

générique (m)	टाइटिल (m pl)	taitil
traduction (f)	अनुवाद (m)	anuvād

151. La peinture

art (m)	कला (f)	kala
beaux-arts (m pl)	ललित कला (f)	lalit kala
galerie (f) d'art	चित्रशाला (f)	chitrashāla
exposition (f) d'art	चित्रों की प्रदर्शनी (f)	chitron kī pradarshanī
peinture (f)	चित्रकला (f)	chitrakala
graphique (f)	रेखाचित्र कला (f)	rekhāchitr kala
art (m) abstrait	अमूर्त चित्रण (m)	amūrtt chitran
impressionnisme (m)	प्रभाववाद (m)	prabhāvavād
tableau (m)	चित्र (m)	chitr
dessin (m)	रेखाचित्र (f)	rekhāchitr
poster (m)	पोस्टर (m)	postar
illustration (f)	चित्रण (m)	chitran
miniature (f)	लघु चित्र (m)	laghu chitr
copie (f)	प्रति (f)	prati
reproduction (f)	प्रतिकृत (f)	pratikrt
mosaïque (f)	पच्चीकारी (f)	pachchīkārī
vitrail (m)	रंगीन काँच	rangīn kānch
fresque (f)	लेपचित्र (m)	lepachitr
gravure (f)	एनग्रेविंग (m)	enagreving
buste (m)	बस्ट (m)	bast
sculpture (f)	मूर्तिकला (f)	mūrtikala
statue (f)	मूर्ति (f)	mūrti
plâtre (m)	सिलखड़ी (f)	silakharī
en plâtre	सिलखड़ी से	silakharī se
portrait (m)	रूपचित्र (m)	rūpachitr
autoportrait (m)	स्वचित्र (m)	svachitr
paysage (m)	प्रकृति चित्र (m)	prakrti chitr
nature (f) morte	अचल चित्र (m)	achal chitr
caricature (f)	कार्टून (m)	kārtūn
croquis (m)	रेखाचित्र (f)	rekhāchitr
peinture (f)	पेंट (f)	pent
aquarelle (f)	जलरंग (m)	jalarang
huile (f)	तेलरंग (m)	telarang
crayon (m)	पेंसिल (f)	pensil
encre (f) de Chine	स्याही (f)	syāhī
fusain (m)	कोयला (m)	koyala
dessiner (vi, vt)	रेखाचित्र बनाना	rekhāchitr banāna
poser (vi)	पोज़ करना	poz karana
modèle (m)	मॉडल (m)	modal
modèle (f)	मॉडल (m)	modal
peintre (m)	चित्रकार (m)	chitrakār

œuvre (f) d'art	कलाकृति (f)	kalākrti
chef (m) d'œuvre	अत्युत्तम कृति (f)	atyuttam krti
atelier (m) d'artiste	स्टुडियो (m)	studiyo

toile (f)	चित्रपटी (f)	chitrapatī
chevalet (m)	चित्राधार (m)	chitrādhār
palette (f)	रंग पट्टिका (f)	rang pattika

encadrement (m)	ढांचा (m)	dhāncha
restauration (f)	जीणींद्धार (m)	jīrnoddhār
restaurer (vt)	मरम्मत करना	marammat karana

152. La littérature et la poésie

littérature (f)	साहित्य (m)	sāhity
auteur (m) (écrivain)	लेखक (m)	lekhak
pseudonyme (m)	छद्मनाम (m)	chhadmanām

livre (m)	किताब (f)	kitāb
volume (m)	खंड (m)	khand
table (f) des matières	अनुक्रमणिका (f)	anukramanika
page (f)	पृष्ठ (m)	prshth
protagoniste (m)	मुख्य किरदार (m)	mūkhy kiradār
autographe (m)	स्वाक्षर (m)	svākshar

récit (m)	लघु कथा (f)	laghu katha
nouvelle (f)	उपन्यासिका (f)	upanyāsika
roman (m)	उपन्यास (m)	upanyās
œuvre (f) littéraire	रचना (f)	rachana
fable (f)	नीतिकथा (f)	nītikatha
roman (m) policier	जासूसी कहानी (f)	jāsūsī kahānī

vers (m)	कविता (f)	kavita
poésie (f)	काव्य (m)	kāvy
poème (m)	कविता (f)	kavita
poète (m)	कवि (m)	kavi

belles-lettres (f pl)	उपन्यास (m)	upanyās
science-fiction (f)	विज्ञान कथा (f)	vigyān katha
aventures (f pl)	रोमांच (m)	romānch
littérature (f) didactique	शैक्षिक साहित्य (m)	shaikshik sāhity
littérature (f) pour enfants	बाल साहित्य (m)	bāl sāhity

153. Le cirque

cirque (m)	सर्कस (m)	sarkas
chapiteau (m)	सर्कस (m)	sarkas
programme (m)	प्रोग्रम (m)	program
représentation (f)	तमाशा (m)	tamāsha

| numéro (m) | ऐक्ट (m) | aikt |
| arène (f) | सर्कस रिंग (m) | sarkas ring |

| pantomime (f) | मूकाभिनय (m) | mūkābhinay |
| clown (m) | जोकर (m) | jokar |

acrobate (m)	कलाबाज़ (m)	kalābāz
acrobatie (f)	कलाबाज़ी (f)	kalābāzī
gymnaste (m)	जिमनैस्ट (m)	jimanaist
gymnastique (f)	जिमनैस्टिक्स (m)	jimanaistiks
salto (m)	कलैया (m)	kalaiya

hercule (m)	एथलीट (m)	ethalīt
dompteur (m)	जानवरों का शिक्षक (m)	jānavaron ka shikshak
écuyer (m)	सवारी (m)	savārī
assistant (m)	सहायक (m)	sahāyak

truc (m)	कलाबाज़ी (f)	kalābāzī
tour (m) de passe-passe	जादू (m)	jādū
magicien (m)	जादूगर (m)	jādūgar

jongleur (m)	बाज़ीगर (m)	bāzīgar
jongler (vi)	बाज़ीगिरी दिखाना	bāzīgirī dikhāna
dresseur (m)	जानवरों का प्रशिक्षक (m)	jānavaron ka prashikshak
dressage (m)	पशु प्रशिक्षण (m)	pashu prashikshan
dresser (vt)	प्रशिक्षण देना	prashikshan dena

154. La musique

musique (f)	संगीत (m)	sangit
musicien (m)	साज़िन्दा (m)	sāzinda
instrument (m) de musique	बाजा (m)	bāja
jouer de ...	... बजाना	... bajāna

guitare (f)	गिटार (m)	gitār
violon (m)	वॉयलिन (m)	voyalin
violoncelle (m)	चैलो (m)	chailo
contrebasse (f)	डबल बास (m)	dabal bās
harpe (f)	हार्प (m)	hārp

piano (m)	पियानो (m)	piyāno
piano (m) à queue	ग्रैंड पियानो (m)	graind piyāno
orgue (m)	ऑर्गन (m)	organ

instruments (m pl) à vent	सुषिर वाद्य (m)	sushir vādy
hautbois (m)	ओबो (m)	obo
saxophone (m)	सैक्सोफ़ोन (m)	saiksofon
clarinette (f)	क्लेरिनेट (m)	klerinet
flûte (f)	मुरली (f)	muralī
trompette (f)	तुरही (m)	turahī

| accordéon (m) | एकॉर्डियन (m) | ekordiyan |
| tambour (m) | नगाड़ा (m) | nagāra |

duo (m)	द्विवाद्य (m)	dvivādy
trio (m)	त्रयी (f)	trayī
quartette (m)	क्वार्टेट (m)	kvārtat

chœur (m)	कोरस (m)	koras
orchestre (m)	ऑर्केस्ट्रा (m)	orkestra
musique (f) pop	पॉप संगीत (m)	pop sangīt
musique (f) rock	रॉक संगीत (m)	rok sangīt
groupe (m) de rock	रॉक ग्रूप (m)	rok grüp
jazz (m)	जैज़ (m)	jaiz
idole (f)	आइडल (m)	āidal
admirateur (m)	प्रशंसक (m)	prashansak
concert (m)	कंसर्ट (m)	kansart
symphonie (f)	वाद्य-वृंद रचना (f)	vādy-vrnd rachana
œuvre (f) musicale	रचना (f)	rachana
composer (vt)	रचना बनाना	rachana banāna
chant (m) (~ d'oiseau)	गाना (m)	gāna
chanson (f)	गीत (m)	gīt
mélodie (f)	संगीत (m)	sangit
rythme (m)	ताल (m)	tāl
blues (m)	ब्लूज़ (m)	blūz
notes (f pl)	शीट संगीत (m)	shīt sangīt
baguette (f)	छड़ी (f)	chharī
archet (m)	गज (m)	gaj
corde (f)	तार (m)	tār
étui (m)	केस (m)	kes

Les loisirs. Les voyages

155. Les voyages. Les excursions

tourisme (m)	पर्यटन (m)	paryatan
touriste (m)	पर्यटक (m)	paryatak
voyage (m) (à l'étranger)	यात्रा (f)	yātra
aventure (f)	जाँबाज़ी (f)	jānbāzī
voyage (m)	यात्रा (f)	yātra
vacances (f pl)	छुट्टी (f)	chhuttī
être en vacances	छुट्टी पर होना	chhuttī par hona
repos (m) (jours de ~)	आराम (m)	ārām
train (m)	रेलगाड़ी, ट्रेन (f)	relagārī, tren
en train	रैलगाड़ी से	railagārī se
avion (m)	विमान (m)	vimān
en avion	विमान से	vimān se
en voiture	कार से	kār se
en bateau	जहाज़ पर	jahāz par
bagage (m)	सामान (m)	sāmān
malle (f)	सूटकेस (m)	sūtakes
chariot (m)	सामान के लिये गाड़ी (f)	sāmān ke liye gārī
passeport (m)	पासपोर्ट (m)	pāsaport
visa (m)	वीज़ा (m)	vīza
ticket (m)	टिकट (m)	tikat
billet (m) d'avion	हवाई टिकट (m)	havaī tikat
guide (m) (livre)	गाइडबुक (f)	gaidabuk
carte (f)	नक्शा (m)	naksha
région (f) (~ rurale)	क्षेत्र (m)	kshetr
endroit (m)	स्थान (m)	sthān
exotisme (m)	विचित्र वस्तुएं	vichitr vastuen
exotique (adj)	विचित्र	vichitr
étonnant (adj)	अजीब	ajīb
groupe (m)	समूह (m)	samūh
excursion (f)	पर्यटन (f)	paryatan
guide (m) (personne)	गाइड (m)	gaid

156. L'hôtel

hôtel (m)	होटल (f)	hotal
motel (m)	मोटल (m)	motal
3 étoiles	तीन सितारा	tīn sitāra

| 5 étoiles | पाँच सितारा | pānch sitāra |
| descendre (à l'hôtel) | ठहरना | thaharana |

chambre (f)	कमरा (m)	kamara
chambre (f) simple	एक पलंग का कमरा (m)	ek palang ka kamara
chambre (f) double	दो पलंगों का कमरा (m)	do palangon ka kamara
réserver une chambre	कमरा बुक करना	kamara buk karana

| demi-pension (f) | हाफ़-बोर्ड (m) | hāf-bord |
| pension (f) complète | फ़ुल-बोर्ड (m) | ful-bord |

avec une salle de bain	स्नानघर के साथ	snānaghar ke sāth
avec une douche	शॉवर के साथ	shovar ke sāth
télévision (f) par satellite	सैटेलाइट टेलीविज़न (m)	saitelait telīvizan
climatiseur (m)	एयर-कंडिशनर (m)	eyar-kandishanar
serviette (f)	तौलिया (f)	tauliya
clé (f)	चाबी (f)	chābī

administrateur (m)	मैनेजर (m)	mainejar
femme (f) de chambre	चैमबरमैड (f)	chaimabaramaid
porteur (m)	कुली (m)	kulī
portier (m)	दरबान (m)	darabān

restaurant (m)	रेस्टरॉं (m)	restarān
bar (m)	बार (m)	bār
petit déjeuner (m)	नाश्ता (m)	nāshta
dîner (m)	रात्रिभोज (m)	rātribhoj
buffet (m)	बुफ़े (m)	bufe

| hall (m) | लॉबी (f) | lobī |
| ascenseur (m) | लिफ़्ट (m) | lift |

| PRIÈRE DE NE PAS DÉRANGER | परेशान न करें | pareshān na karen |
| DÉFENSE DE FUMER | धुम्रपान निषेध! | dhumrapān nishedh! |

157. Le livre. La lecture

livre (m)	किताब (f)	kitāb
auteur (m)	लेखक (m)	lekhak
écrivain (m)	लेखक (m)	lekhak
écrire (~ un livre)	लिखना	likhana

lecteur (m)	पाठक (m)	pāthak
lire (vi, vt)	पढ़ना	parhana
lecture (f)	पढ़ना (f)	parhana

| à part soi | मन ही मन | man hī man |
| à haute voix | बोलकर | bolakar |

éditer (vt)	प्रकाशित करना	prakāshit karana
édition (f) (~ des livres)	प्रकाशन (m)	prakāshan
éditeur (m)	प्रकाशक (m)	prakāshak
maison (f) d'édition	प्रकाशन संस्था (m)	prakāshan sanstha

paraître (livre)	बाज़ार में निकालना (m)	bāzār men nikālana
sortie (f) (~ d'un livre)	बाज़ार में निकालना (m)	bāzār men nikālana
tirage (m)	मुद्रण संख्या (f)	mudran sankhya

| librairie (f) | किताबों की दुकान (f) | kitābon kī dukān |
| bibliothèque (f) | पुस्तकालय (m) | pustakālay |

nouvelle (f)	उपन्यासिका (f)	upanyāsika
récit (m)	लघु कहानी (f)	laghu kahānī
roman (m)	उपन्यास (m)	upanyās
roman (m) policier	जासूसी किताब (m)	jāsūsī kitāb

mémoires (m pl)	संस्मरण (m pl)	sansmaran
légende (f)	उपाख्यान (m)	upākhyān
mythe (m)	पुराणकथा (m)	purānakatha

vers (m pl)	कविताएँ (f pl)	kavitaen
autobiographie (f)	आत्मकथा (m)	ātmakatha
les œuvres choisies	चुनिंदा कृतियाँ (f)	chuninda krtiyān
science-fiction (f)	कल्पित विज्ञान (m)	kalpit vigyān

titre (m)	किताब का नाम (m)	kitāb ka nām
introduction (f)	भूमिका (f)	bhūmika
page (f) de titre	टाइटिल पृष्ठ (m)	taitil prshth

chapitre (m)	अध्याय (m)	adhyāy
extrait (m)	अंश (m)	ansh
épisode (m)	उपकथा (f)	upakatha

sujet (m)	कथानक (m)	kathānak
sommaire (m)	कथा-वस्तु (f)	katha-vastu
table (f) des matières	अनुक्रमणिका (f)	anukramanika
protagoniste (m)	मुख्य किरदार (m)	mūkhy kiradār

volume (m)	खंड (m)	khand
couverture (f)	जिल्द (f)	jild
reliure (f)	जिल्द (f)	jild
marque-page (m)	बुकमार्क (m)	bukamārk

page (f)	पृष्ठ (m)	prshth
feuilleter (vt)	पन्ने पलटना	panne palatana
marges (f pl)	हाशिया (m pl)	hāshiya
annotation (f)	टिप्पणी (f)	tippanī
note (f) de bas de page	टिप्पणी (f)	tippanī

texte (m)	पाठ (m)	pāth
police (f)	मुद्रलिपि (m)	mudrālipi
faute (f) d'impression	छपाई की भूल (f)	chhapaī kī bhūl

traduction (f)	अनुवाद (m)	anuvād
traduire (vt)	अनुवाद करना	anuvād karana
original (m)	मूल पाठ (m)	mūl pāth

célèbre (adj)	मशहूर	mashahūr
inconnu (adj)	अपरिचित	aparichit
intéressant (adj)	दिलचस्प	dilachasp

best-seller (m)	बेस्ट सेलर (m)	best selar
dictionnaire (m)	शब्दकोश (m)	shabdakosh
manuel (m)	पाठ्यपुस्तक (f)	pāthyapustak
encyclopédie (f)	विश्वकोश (m)	vishvakosh

158. La chasse. La péche

chasse (f)	शिकार (m)	shikār
chasser (vi, vt)	शिकार करना	shikār karana
chasseur (m)	शिकारी (m)	shikārī

tirer (vi)	गोली चलाना	golī chalāna
fusil (m)	बंदूक (m)	bandūk
cartouche (f)	कारतूस (m)	kāratūs
grains (m pl) de plomb	कारतूस (m)	kāratūs

piège (m) à mâchoires	जाल (m)	jāl
piège (m)	जाल (m)	jāl
mettre un piège	जाल बिछाना	jāl bichhāna

braconnier (m)	चोर शिकारी (m)	chor shikārī
gibier (m)	शिकार के पशुपक्षी (f)	shikār ke pashupakshī
chien (m) de chasse	शिकार का कुत्ता (m)	shikār ka kutta

| safari (m) | सफ़ारी (m) | safārī |
| animal (m) empaillé | जानवरों का पुतला (m) | jānavaron ka putala |

pêcheur (m)	मछुआरा (m)	machhuāra
pêche (f)	मछली पकड़ना (f)	machhalī pakarana
pêcher (vi)	मछली पकड़ना	machhalī pakarana

canne (f) à pêche	बंसी (f)	bansī
ligne (f) de pêche	डोरी (f)	dorī
hameçon (m)	हूक (m)	hūk

| flotteur (m) | फ्लोट (m) | flot |
| amorce (f) | चारा (m) | chāra |

| lancer la ligne | बंसी डालना | bansī dālana |
| mordre (vt) | चुगना | chugana |

| pêche (f) (poisson capturé) | मछलियाँ (f) | machhaliyān |
| trou (m) dans la glace | आइस होल (m) | āis hol |

| filet (m) | जाल (m) | jāl |
| barque (f) | नाव (m) | nāv |

pêcher au filet	जाल से पकड़ना	jāl se pakarana
jeter un filet	जाल डालना	jāl dālana
retirer le filet	जाल निकालना	jāl nikālana

baleinier (m)	ह्वेलर (m)	hvelar
baleinière (f)	ह्वेलमार जहाज़ (m)	hvelamār jahāz
harpon (m)	मत्स्यभाला (m)	matsyabhāla

159. Les jeux. Le billard

billard (m)	बिलियर्स (m)	biliyards
salle (f) de billard	बिलियर्स का कमरा (m)	biliyards ka kamara
bille (f) de billard	बिलियर्स की गेंद (f)	biliyards kī gend
empocher une bille	गेंद पॉकेट में डालना	gend poket men dālana
queue (f)	बिलियर्स का क्यू (m)	biliyards ka kyū
poche (f)	बिलियर्स की पॉकेट (f)	biliyards kī poket

160. Les jeux de cartes

carreau (m)	ईंट (f pl)	īnt
pique (m)	हुक्म (m pl)	hukm
cœur (m)	पान (m)	pān
trèfle (m)	चिड़ी (m)	chirī
as (m)	इक्का (m)	ikka
roi (m)	बादशाह (m)	bādashāh
dame (f)	बेगम (f)	begam
valet (m)	गुलाम (m)	gulām
carte (f)	ताश का पत्ता (m)	tāsh ka patta
jeu (m) de cartes	ताश के पत्ते (m pl)	tāsh ke patte
atout (m)	ट्रम्प (m)	tramp
paquet (m) de cartes	ताश की गड्डी (f)	tāsh kī gaddī
distribuer (les cartes)	ताश बांटना	tāsh bāntana
battre les cartes	पत्ते फेंटना	patte fentana
tour (m) de jouer	चाल (f)	chāl
tricheur (m)	पत्तेबाज़ (m)	pattebāz

161. Le casino. La roulette

casino (m)	केसिनो (m)	kesino
roulette (f)	रूले (m)	rūle
mise (f)	दांव (m)	dānv
miser (vt)	दांव लगाना	dānv lagāna
rouge (m)	लाल (m)	lāl
noir (m)	काला (m)	kāla
miser sur le rouge	लाल पर दांव लगाना	lāl par dānv lagāna
miser sur le noir	काले पर दांव लगाना	kāle par dānv lagāna
croupier (m)	क्रूप्ये (m)	krūpye
faire tourner la roue	पहिया घुमाना	pahiya ghumāna
règles (f pl) du jeu	खेल के नियम (m pl)	khel ke niyam
fiche (f)	चिप (m)	chip
gagner (vi, vt)	जीतना	jītana
gain (m)	जीती हुई रकम (f)	jītī huī rakam

perdre (vi)	हार जाना	hār jāna
perte (f)	हारी हुई रकम (f)	hārī huī rakam
joueur (m)	खिलाड़ी (m)	khilārī
black-jack (m)	ब्लैक जैक (m)	blaik jaik
jeu (m) de dés	पासे का खेल (m)	pāse ka khel
machine (f) à sous	स्लॉट मशीन (f)	slot mashīn

162. Les loisirs. Les jeux

se promener (vp)	घूमना	ghūmana
promenade (f)	सैर (f)	sair
promenade (f) (en voiture)	सफ़र (m)	safar
aventure (f)	साहसिक कार्य (m)	sāhasik kāry
pique-nique (m)	पिकनिक (f)	pikanik
jeu (m)	खेल (m)	khel
joueur (m)	खिलाड़ी (m)	khilārī
partie (f) (~ de cartes, etc.)	बाज़ी (f)	bāzī
collectionneur (m)	संग्राहक (m)	sangrāhak
collectionner (vt)	संग्राहण करना	sangrāhan karana
collection (f)	संग्रह (m)	sangrah
mots (m pl) croisés	पहेली (f)	pahelī
hippodrome (m)	रेसकोर्स (m)	resakors
discothèque (f)	डिस्को (m)	disko
sauna (m)	सौना (m)	sauna
loterie (f)	लॉटरी (f)	lotarī
trekking (m)	कैम्पिंग ट्रिप (f)	kaimping trip
camp (m)	डेरा (m)	dera
tente (f)	तंबू (m)	tambū
boussole (f)	दिशा सूचक यंत्र (m)	disha sūchak yantr
campeur (m)	शिविरार्थी (m)	shivirārthī
regarder (la télé)	देखना	dekhana
téléspectateur (m)	दर्शक (m)	darshak
émission (f) de télé	टीवी प्रसारण (m)	tīvī prasāran

163. La photographie

appareil (m) photo	कैमरा (m)	kaimara
photo (f)	फ़ोटो (m)	foto
photographe (m)	फ़ोटोग्राफ़र (m)	fotogrāfar
studio (m) de photo	फ़ोटो स्टूडियो (m)	foto stūdiyo
album (m) de photos	फ़ोटो अल्बम (f)	foto albam
objectif (m)	कैमरे का लेंस (m)	kaimare ka lens
téléobjectif (m)	टेलिफ़ोटो लेन्स (m)	telifoto lens

143

| filtre (m) | फ़िल्टर (m) | filtar |
| lentille (f) | लेंस (m) | lens |

optique (f)	प्रकाशिकी (f)	prakāshikī
diaphragme (m)	डायफ़राम (m)	dāyafarām
temps (m) de pose	शटर समय (m)	shatar samay
viseur (m)	व्यू फाइंडर (m)	vyū faindar

appareil (m) photo numérique	डिजिटल कैमरा (m)	dijital kaimara
trépied (m)	तिपाई (f)	tipaī
flash (m)	फ़्लैश (m)	flaish

photographier (vt)	फ़ोटो खींचना	foto khīnchana
prendre en photo	फ़ोटो लेना	foto lena
se faire prendre en photo	अपनी फ़ोटो खींचवाना	apanī foto khīnchavāna

mise (f) au point	फ़ोकस (f)	fokas
mettre au point	फ़ोकस करना	fokas karana
net (adj)	फ़ोकस में	fokas men
netteté (f)	स्पष्टता (f)	spashtata

| contraste (m) | विपर्यास व्यतिरेक | viparyās vyatirek |
| contrasté (adj) | विपर्यासी | viparyāsī |

épreuve (f)	फ़ोटो (m)	foto
négatif (m)	नेगेटिव (m)	negetiv
pellicule (f)	कैमरा फ़िल्म (f)	kaimara film
image (f)	फ्रेम (m)	frem
tirer (des photos)	छापना	chhāpana

164. La plage. La baignade

plage (f)	बालुतट (m)	bālutat
sable (m)	रेत (f)	ret
désert (plage ~e)	वीरान	vīrān

bronzage (m)	धूप की कालिमा (f)	dhūp kī kālima
se bronzer (vp)	धूप में स्नान करना	dhūp men snān karana
bronzé (adj)	टैन	tain
crème (f) solaire	धूप की क्रीम (f)	dhūp kī krīm

bikini (m)	बिकीनी (f)	bikīnī
maillot (m) de bain	स्विम सूट (m)	svim sūt
slip (m) de bain	स्विम ट्रंक (m)	svim trank

piscine (f)	तरण-ताल (m)	taran-tāl
nager (vi)	तैरना	tairana
douche (f)	शावर (m)	shāvar
se changer (vp)	बदलना	badalana
serviette (f)	तौलिया (m)	tauliya

barque (f)	नाव (f)	nāv
canot (m) à moteur	मोटरबोट (m)	motarabot
ski (m) nautique	वॉटर स्की (f)	votar skī

144

pédalo (m)	चप्पू से चलने वाली नाव (f)	chappū se chalane vālī nāv
surf (m)	सर्फ़िंग (m)	sarfing
surfeur (m)	सर्फ़ करनेवाला (m)	sarf karanevāla
scaphandre (m) autonome	स्कूबा सेट (m)	skūba set
palmes (f pl)	फ़्लिपर्स (m)	flipars
masque (m)	डाइविंग के लिए मास्क (m)	daiving ke lie māsk
plongeur (m)	गोताखोर (m)	gotākhor
plonger (vi)	डुबकी मारना	dubakī mārana
sous l'eau (adv)	पानी के नीचे	pānī ke nīche
parasol (m)	बालुतट की छतरी (f)	bālutat kī chhatarī
chaise (f) longue	बालूतट की कुर्सी (f)	bālūtat kī kursī
lunettes (f pl) de soleil	धूप का चश्मा (m)	dhūp ka chashma
matelas (m) pneumatique	हवा वाला गद्दा (m)	hava vāla gadda
jouer (s'amuser)	खेलना	khelana
se baigner (vp)	तैरने के लिए जाना	tairane ke lie jāna
ballon (m) de plage	बालूतट पर खेलने की गेंद (f)	bālūtat par khelane kī gend
gonfler (vt)	हवा भराना	hava bharāna
gonflable (adj)	हवा से भरा	hava se bhara
vague (f)	तरंग (m)	tarang
bouée (f)	बोया (m)	boya
se noyer (vp)	डूब जाना	dūb jāna
sauver (vt)	बचाना	bachāna
gilet (m) de sauvetage	बचाव पेटी (f)	bachāv petī
observer (vt)	देखना	dekhana
maître nageur (m)	जीवनरक्षक (m)	jīvanarakshak

LE MATÉRIEL TECHNIQUE. LES TRANSPORTS

Le matériel technique

165. L'informatique

ordinateur (m)	कंप्यूटर (m)	kampyūtar
PC (m) portable	लैपटॉप (m)	laipatop
allumer (vt)	चलाना	chalāna
éteindre (vt)	बंद करना	band karana
clavier (m)	कीबोर्ड (m)	kībord
touche (f)	कुंजी (m)	kunjī
souris (f)	माउस (m)	maus
tapis (m) de souris	माउस पैड (m)	maus paid
bouton (m)	बटन (m)	batan
curseur (m)	कर्सर (m)	karsar
moniteur (m)	मॉनिटर (m)	monitar
écran (m)	स्क्रीन (m)	skrīn
disque (m) dur	हार्ड डिस्क (m)	hārd disk
capacité (f) du disque dur	हार्ड डिस्क क्षमता (f)	hārd disk kshamata
mémoire (f)	मेमोरी (f)	memorī
mémoire (f) vive	रैंडम ऐक्सेस मेमोरी (f)	raindam aikses memorī
fichier (m)	फ़ाइल (f)	fail
dossier (m)	फ़ोल्डर (m)	foldar
ouvrir (vt)	खोलना	kholana
fermer (vt)	बंद करना	band karana
sauvegarder (vt)	सहेजना	sahejana
supprimer (vt)	हटाना	hatāna
copier (vt)	कॉपी करना	kopī karana
trier (vt)	व्यवस्थित करना	vyavasthit karana
copier (vt)	स्थानांतरित करना	sthānāntarit karana
programme (m)	प्रोग्राम (m)	progrām
logiciel (m)	सॉफ्टवेयर (m)	softaveyar
programmeur (m)	प्रोग्रामर (m)	progrāmar
programmer (vt)	प्रोग्राम करना	program karana
hacker (m)	हैकर (m)	haikar
mot (m) de passe	पासवर्ड (m)	pāsavard
virus (m)	वाइरस (m)	vairas
découvrir (détecter)	तलाश करना	talāsh karana
bit (m)	बाइट (m)	bait

mégabit (m)	मेगाबाइट (m)	megābait
données (f pl)	डाटा (m pl)	dāta
base (f) de données	डाटाबेस (m)	dātābes

câble (m)	तार (m)	tār
déconnecter (vt)	अलग करना	alag karana
connecter (vt)	जोड़ना	jorana

166. L'Internet. Le courrier électronique

Internet (m)	इन्टरनेट (m)	intaranet
navigateur (m)	ब्राउज़र (m)	brauzar
moteur (m) de recherche	सर्च इंजन (f)	sarch injan
fournisseur (m) d'accès	प्रोवाइडर (m)	provaidar

administrateur (m) de site	वेब मास्टर (m)	veb māstar
site (m) web	वेब साइट (m)	veb sait
page (f) web	वेब पृष्ठ (m)	veb prshth

| adresse (f) | पता (m) | pata |
| carnet (m) d'adresses | संपर्क पुस्तक (f) | sampark pustak |

| boîte (f) de réception | मेलबॉक्स (m) | melaboks |
| courrier (m) | डाक (m) | dāk |

message (m)	संदेश (m)	sandesh
expéditeur (m)	प्रेषक (m)	preshak
envoyer (vt)	भेजना	bhejana
envoi (m)	भेजना (m)	bhejana

| destinataire (m) | प्रासकर्ता (m) | prāptakarta |
| recevoir (vt) | प्रास करना | prāpt karana |

| correspondance (f) | पत्राचार (m) | patrāchār |
| être en correspondance | पत्राचार करना | patrāchār karana |

fichier (m)	फ़ाइल (f)	fail
télécharger (vt)	डाउनलोड करना	daunalod karana
créer (vt)	बनाना	banāna
supprimer (vt)	हटाना	hatāna
supprimé (adj)	हटा दिया गया	hata diya gaya

connexion (f) (ADSL, etc.)	कनेक्शन (m)	kanekshan
vitesse (f)	रफ़्तार (f)	rafatār
modem (m)	मोडेम (m)	modem

| accès (m) | पहुंच (m) | pahunch |
| port (m) | पोर्ट (m) | port |

| connexion (f) (établir la ~) | कनेक्शन (m) | kanekshan |
| se connecter à ... | जुड़ना | jurana |

| sélectionner (vt) | चुनना | chunana |
| rechercher (vt) | खोजना | khojana |

167. L'électricité

électricité (f)	बिजली (f)	bijalī
électrique (adj)	बिजली का	bijalī ka
centrale (f) électrique	बिजलीघर (m)	bijalīghar
énergie (f)	ऊर्जा (f)	ūrja
énergie (f) électrique	विद्युत शक्ति (f)	vidyut shakti
ampoule (f)	बल्ब (m)	balb
torche (f)	फ्लैशलाइट (f)	flaishalait
réverbère (m)	सड़क की बत्ती (f)	sarak kī battī
lumière (f)	बिजली (f)	bijalī
allumer (vt)	चलाना	chalāna
éteindre (vt)	बंद करना	band karana
éteindre la lumière	बिजली बंद करना	bijalī band karana
être grillé	फ्यूज़ होना	fyūz hona
court-circuit (m)	शार्ट सर्किट (m)	shārt sarkit
rupture (f)	टूटा तार (m)	tūta tār
contact (m)	सॉकेट (m)	soket
interrupteur (m)	स्विच (m)	svich
prise (f)	सॉकेट (m)	soket
fiche (f)	प्लग (m)	plag
rallonge (f)	एक्स्टेंशन कोर्ड (m)	ekstenshan kord
fusible (m)	फ्यूज़ (m)	fyūz
fil (m)	तार (m)	tār
installation (f) électrique	तार (m)	tār
ampère (m)	ऐम्पेयर (m)	aimpeyar
intensité (f) du courant	विद्युत शक्ति (f)	vidyut shakti
volt (m)	वोल्ट (m)	volt
tension (f)	वोल्टेज (f)	voltej
appareil (m) électrique	विद्युत यंत्र (m)	vidyut yantr
indicateur (m)	सूचक (m)	sūchak
électricien (m)	विद्युत कारीगर (m)	vidyut kārīgar
souder (vt)	धातु जोड़ना	dhātu jorana
fer (m) à souder	सोल्डरिंग आयरन (m)	soldaring āyaran
courant (m)	विद्युत प्रवाह (f)	vidyut pravāh

168. Les outils

outil (m)	औज़ार (m)	auzār
outils (m pl)	औज़ार (m pl)	auzār
équipement (m)	मशीन (f)	mashīn
marteau (m)	हथौड़ी (f)	hathaurī
tournevis (m)	पेंचकस (m)	penchakas
hache (f)	कुल्हाड़ी (f)	kulhārī

scie (f)	आरी (f)	ārī
scier (vt)	आरी से काटना	ārī se kātana
rabot (m)	रंदा (m)	randa
raboter (vt)	छीलना	chhīlana
fer (m) à souder	सोल्डरिंग आयरन (m)	soldaring āyaran
souder (vt)	धातु जोड़ना	dhātu jorana
lime (f)	रेती (f)	retī
tenailles (f pl)	संडसी (f pl)	sandasī
pince (f) plate	प्लायर (m)	plāyar
ciseau (m)	छेनी (f)	chhenī
foret (m)	ड्रिल बिट (m)	dril bit
perceuse (f)	विद्युतीय बरमा (m)	vidyutīy barama
percer (vt)	ड्रिल करना	dril karana
couteau (m)	छुरी (f)	chhurī
canif (m)	खुलने-बंद होने वाली छुरी (f)	khulane-band hone vālī chhurī
pliant (adj)	खुलने-बंद होने वाली छुरी	khulane-band hone vālī chhurī
lame (f)	धार (f)	dhār
bien affilé (adj)	कटीला	katīla
émoussé (adj)	कुंद	kund
s'émousser (vp)	कुंद करना	kund karana
affiler (vt)	धारदार बनाना	dhāradār banāna
boulon (m)	बोल्ट (m)	bolt
écrou (m)	नट (m)	nat
filetage (m)	चूड़ी (f)	chūrī
vis (f) à bois	पेंच (m)	pench
clou (m)	कील (f)	kīl
tête (f) de clou	कील का सिरा (m)	kīl ka sira
règle (f)	स्केल (m)	skel
mètre (m) à ruban	इंची टेप (m)	inchī tep
niveau (m) à bulle	स्पिरिट लेवल (m)	spirit leval
loupe (f)	आवर्धक लेंस (m)	āvardhak lens
appareil (m) de mesure	मापक यंत्र (m)	māpak yantr
mesurer (vt)	मापना	māpana
échelle (f) (~ métrique)	स्केल (f)	skel
relevé (m)	पाठ्यांक (m pl)	pāthyānk
compresseur (m)	कंप्रेसर (m)	kampresar
microscope (m)	माइक्रोस्कोप (m)	maikroskop
pompe (f)	पंप (m)	pamp
robot (m)	रोबोट (m)	robot
laser (m)	लेज़र (m)	lezar
clé (f) de serrage	रिंच (m)	rinch
ruban (m) adhésif	फ़ीता (m)	fīta
colle (f)	लेई (f)	leī

149

papier (m) d'émeri	रेगमाल (m)	regamāl
ressort (m)	कमानी (f)	kamānī
aimant (m)	मैग्नेट (m)	maignet
gants (m pl)	दस्ताने (m pl)	dastāne

corde (f)	रस्सी (f)	rassī
cordon (m)	डोरी (f)	dorī
fil (m) (~ électrique)	तार (m)	tār
câble (m)	केबल (m)	kebal

masse (f)	हथौड़ा (m)	hathaura
pic (m)	रंभा (m)	rambha
escabeau (m)	सीढ़ी (f)	sīrhī
échelle (f) double	सीढ़ी (f)	sīrhī

visser (vt)	कसना	kasana
dévisser (vt)	घुमाकर खोलना	ghumākar kholana
serrer (vt)	कसना	kasana
coller (vt)	चिपकाना	chipakāna
couper (vt)	काटना	kātana

défaut (m)	ख़राबी (f)	kharābī
réparation (f)	मरम्मत (f)	marammat
réparer (vt)	मरम्मत करना	marammat karana
régler (vt)	ठीक करना	thīk karana

vérifier (vt)	जांचना	jānchana
vérification (f)	जांच (f)	jānch
relevé (m)	पाठ्यांक (m)	pāthyānk

| fiable (machine ~) | मज़बूत | mazabūt |
| complexe (adj) | जटिल | jatil |

rouiller (vi)	ज़ंग लगना	zang lagana
rouillé (adj)	ज़ंग लगा हुआ	zang laga hua
rouille (f)	ज़ंग (m)	zang

Les transports

169. L'avion

avion (m)	विमान (m)	vimān
billet (m) d'avion	हवाई टिकट (m)	havaī tikat
compagnie (f) aérienne	हवाई कम्पनी (f)	havaī kampanī
aéroport (m)	हवाई अड्डा (m)	havaī adda
supersonique (adj)	पराध्वनिक	parādhvanik
commandant (m) de bord	कसान (m)	kaptān
équipage (m)	वैमानिक दल (m)	vaimānik dal
pilote (m)	विमान चालक (m)	vimān chālak
hôtesse (f) de l'air	एयर होस्टस (f)	eyar hostas
navigateur (m)	नैवीगेटर (m)	naivīgetar
ailes (f pl)	पंख (m pl)	pankh
queue (f)	पूँछ (f)	pūnchh
cabine (f)	कॉकपिट (m)	kokapit
moteur (m)	इंजन (m)	injan
train (m) d'atterrissage	हवाई जहाज़ पहिये (m)	havaī jahāz pahiye
turbine (f)	टरबाइन (f)	tarabain
hélice (f)	प्रोपेलर (m)	propelar
boîte (f) noire	ब्लैक बॉक्स (m)	blaik boks
gouvernail (m)	कंट्रोल कॉलम (m)	kantrol kolam
carburant (m)	ईंधन (m)	īndhan
consigne (f) de sécurité	सुरक्षा-पत्र (m)	suraksha-patr
masque (m) à oxygène	ऑक्सीजन मास्क (m)	oksījan māsk
uniforme (m)	वर्दी (f)	vardī
gilet (m) de sauvetage	बचाव पेटी (f)	bachāv petī
parachute (m)	पैराशूट (m)	pairāshūt
décollage (m)	उड़ान (m)	urān
décoller (vi)	उड़ना	urana
piste (f) de décollage	उड़ान पट्टी (f)	urān pattī
visibilité (f)	दृश्यता (f)	drshyata
vol (m) (~ d'oiseau)	उड़ान (m)	urān
altitude (f)	ऊंचाई (f)	ūnchaī
trou (m) d'air	वायु-पॉकेट (m)	vāyu-poket
place (f)	सीट (f)	sīt
écouteurs (m pl)	हेडफ़ोन (m)	hedafon
tablette (f)	ट्रे टेबल (f)	tre tebal
hublot (m)	हवाई जहाज़ की खिड़की (f)	havaī jahāz kī khirakī
couloir (m)	गलियारा (m)	galiyāra

170. Le train

train (m)	रेलगाड़ी, ट्रेन (f)	relagāṛī, tren
train (m) de banlieue	लोकल ट्रेन (f)	lokal tren
TGV (m)	तेज़ रेलगाड़ी (f)	tez relagāṛī
locomotive (f) diesel	डीज़ल रेलगाड़ी (f)	dīzal relagāṛī
locomotive (f) à vapeur	स्टीम इंजन (f)	stīm injan
wagon (m)	कोच (f)	koch
wagon-restaurant (m)	डाइनर (f)	dainar
rails (m pl)	पटरियाँ (f)	patariyān
chemin (m) de fer	रेलवे (f)	relave
traverse (f)	पटरियाँ (f)	patariyān
quai (m)	प्लेटफॉर्म (m)	pletaform
voie (f)	प्लेटफॉर्म (m)	pletaform
sémaphore (m)	सिग्नल (m)	signal
station (f)	स्टेशन (m)	steshan
conducteur (m) de train	इंजन ड्राइवर (m)	injan draivar
porteur (m)	कुली (m)	kulī
steward (m)	कोच एटेंडेंट (m)	koch etendent
passager (m)	मुसाफ़िर (m)	musāfir
contrôleur (m) de billets	टीटी (m)	tītī
couloir (m)	गलियारा (m)	galiyāra
frein (m) d'urgence	आपात ब्रेक (m)	āpāt brek
compartiment (m)	डिब्बा (m)	dibba
couchette (f)	बर्थ (f)	barth
couchette (f) d'en haut	ऊपरी बर्थ (f)	ūparī barth
couchette (f) d'en bas	नीचली बर्थ (f)	nīchalī barth
linge (m) de lit	बिस्तर (m)	bistar
ticket (m)	टिकट (m)	tikat
horaire (m)	टाइम टैबुल (m)	taim taibul
tableau (m) d'informations	सूचना बोर्ड (m)	sūchana bord
partir (vi)	चले जाना	chale jāna
départ (m) (du train)	रवानगी (f)	ravānagī
arriver (le train)	पहुंचना	pahunchana
arrivée (f)	आगमन (m)	āgaman
arriver en train	गाड़ी से पहुंचना	gārī se pahunchana
prendre le train	गाड़ी पकड़ना	gādī pakarana
descendre du train	गाड़ी से उतरना	gārī se utarana
accident (m) ferroviaire	दुर्घटनाग्रस्त (f)	durghatanāgrast
locomotive (f) à vapeur	स्टीम इंजन (m)	stīm injan
chauffeur (m)	अग्निशामक (m)	agnishāmak
chauffe (f)	भट्ठी (f)	bhatthī
charbon (m)	कोयला (m)	koyala

171. Le bateau

bateau (m)	जहाज़ (m)	jahāz
navire (m)	जहाज़ (m)	jahāz
bateau (m) à vapeur	जहाज़ (m)	jahāz
paquebot (m)	मोटर बोट (m)	motar bot
bateau (m) de croisière	लाइनर (m)	lainar
croiseur (m)	क्रूज़र (m)	krūzar
yacht (m)	याख्ट (m)	yākht
remorqueur (m)	कर्षक पोत (m)	karshak pot
péniche (f)	बार्ज (f)	bārj
ferry (m)	फेरी बोट (f)	ferī bot
voilier (m)	पाल नाव (f)	pāl nāv
brigantin (m)	बादबानी (f)	bādabānī
brise-glace (m)	हिमभंजक पोत (m)	himabhanjak pot
sous-marin (m)	पनडुब्बी (f)	panadubbī
canot (m) à rames	नाव (m)	nāv
dinghy (m)	किश्ती (f)	kishtī
canot (m) de sauvetage	जीवन रक्षा किश्ती (f)	jīvan raksha kishtī
canot (m) à moteur	मोटर बोट (m)	motar bot
capitaine (m)	कसान (m)	kaptān
matelot (m)	मल्लाह (m)	mallāh
marin (m)	मल्लाह (m)	mallāh
équipage (m)	वैमानिक दल (m)	vaimānik dal
maître (m) d'équipage	बोसुन (m)	bosun
mousse (m)	बोसुन (m)	bosun
cuisinier (m) du bord	रसोइया (m)	rasoiya
médecin (m) de bord	पोत डाक्टर (m)	pot dāktar
pont (m)	डेक (m)	dek
mât (m)	मस्तूल (m)	mastūl
voile (f)	पाल (m)	pāl
cale (f)	कार्गी (m)	kārgo
proue (f)	जहाज़ का अगड़ा हिस्सा (m)	jahāz ka agara hissa
poupe (f)	जहाज़ का पिछला हिस्सा (m)	jahāz ka pichhala hissa
rame (f)	चप्पू (m)	chappū
hélice (f)	जहाज़ की पंखी चलाने का पेंच (m)	jahāz kī pankhī chalāne ka pench
cabine (f)	कैबिन (m)	kaibin
carré (m) des officiers	मेस (f)	mes
salle (f) des machines	मशीन-कमरा (m)	mashīn-kamara
passerelle (f)	ब्रिज (m)	brij
cabine (f) de T.S.F.	रेडियो केबिन (m)	rediyo kebin
onde (f)	रेडियो तरंग (f)	rediyo tarang
journal (m) de bord	जहाज़ी रजिस्टर (m)	jahāzī rajistar
longue-vue (f)	टेलिस्कोप (m)	teliskop

| cloche (f) | घंटा (m) | ghanta |
| pavillon (m) | झंडा (m) | jhanda |

| grosse corde (f) tressée | रस्सा (m) | rassa |
| nœud (m) marin | जहाज़ी गांठ (f) | jahāzī gānth |

| rampe (f) | रेलिंग (f) | reling |
| passerelle (f) | सीढ़ी (f) | sīrhī |

ancre (f)	लंगर (m)	langar
lever l'ancre	लंगर उठाना	langar uthāna
jeter l'ancre	लंगर डालना	langar dālana
chaîne (f) d'ancrage	लंगर की ज़ंजीर (f)	langar kī zajīr

port (m)	बंदरगाह (m)	bandaragāh
embarcadère (m)	घाट (m)	ghāt
accoster (vi)	किनारे लगना	kināre lagana
larguer les amarres	रवाना होना	ravāna hona

voyage (m) (à l'étranger)	यात्रा (f)	yātra
croisière (f)	जलयात्रा (f)	jalayātra
cap (m) (suivre un ~)	दिशा (f)	disha
itinéraire (m)	मार्ग (m)	mārg

chenal (m)	नाव्य जलपथ (m)	nāvy jalapath
bas-fond (m)	छिछला पानी (m)	chhichhala pānī
échouer sur un bas-fond	छिछले पानी में धसना	chhichhale pānī men dhansana

tempête (f)	तूफ़ान (m)	tufān
signal (m)	सिग्नल (m)	signal
sombrer (vi)	डूबना	dūbana
SOS (m)	एसओएस	esoes
bouée (f) de sauvetage	लाइफ़ ब्वाय (m)	laif bvāy

172. L'aéroport

aéroport (m)	हवाई अड्डा (m)	havaī adda
avion (m)	विमान (m)	vimān
compagnie (f) aérienne	हवाई कम्पनी (f)	havaī kampanī
contrôleur (m) aérien	हवाई यातायात नियंत्रक (m)	havaī yātāyāt niyantrak

départ (m)	प्रस्थान (m)	prasthān
arrivée (f)	आगमन (m)	āgaman
arriver (par avion)	पहुचना	pahunchana

| temps (m) de départ | उड़ान का समय (m) | urān ka samay |
| temps (m) d'arrivée | आगमन का समय (m) | āgaman ka samay |

| être retardé | देर से आना | der se āna |
| retard (m) de l'avion | उड़ान देरी (f) | urān derī |

| tableau (m) d'informations | सूचना बोर्ड (m) | sūchana bord |
| information (f) | सूचना (f) | sūchana |

| annoncer (vt) | घोषणा करना | ghoshana karana |
| vol (m) | फ्लाइट (f) | flait |

| douane (f) | सीमाशुल्क कार्यालय (m) | sīmāshulk kāryālay |
| douanier (m) | सीमाशुल्क अधिकारी (m) | sīmāshulk adhikārī |

déclaration (f) de douane	सीमाशुल्क घोषणा (f)	sīmāshulk ghoshana
remplir la déclaration	सीमाशुल्क घोषणा भरना	sīmāshulk ghoshana bharana
contrôle (m) de passeport	पासपोर्ट जांच (f)	pāsport jānch

bagage (m)	सामान (m)	sāmān
bagage (m) à main	दस्ती सामान (m)	dastī sāmān
chariot (m)	सामान के लिये गाड़ी (f)	sāmān ke liye gārī

atterrissage (m)	विमानारोहण (m)	vimānārohan
piste (f) d'atterrissage	विमानारोहण मार्ग (m)	vimānārohan mārg
atterrir (vi)	उतरना	utarana
escalier (m) d'avion	सीढ़ी (f)	sīrhī

enregistrement (m)	चेक-इन (m)	chek-in
comptoir (m) d'enregistrement	चेक-इन डेस्क (m)	chek-in desk
s'enregistrer (vp)	चेक-इन करना	chek-in karana
carte (f) d'embarquement	बोर्डिंग पास (m)	bording pās
porte (f) d'embarquement	प्रस्थान गेट (m)	prasthān get

transit (m)	पारवहन (m)	pāravahan
attendre (vt)	इंतज़ार करना	intazār karana
salle (f) d'attente	प्रतीक्षालय (m)	pratīkshālay
raccompagner (à l'aéroport, etc.)	विदा करना	vida karana
dire au revoir	विदा कहना	vida kahana

173. Le vélo. La moto

vélo (m)	साइकिल (f)	saikil
scooter (m)	स्कूटर (m)	skūtar
moto (f)	मोटरसाइकिल (f)	motarasaikil

faire du vélo	साइकिल से जाना	saikil se jāna
guidon (m)	हैंडल बार (m)	haindal bār
pédale (f)	पेडल (m)	pedal
freins (m pl)	ब्रेक (m pl)	brek
selle (f)	सीट (f)	sīt

| pompe (f) | पंप (m) | pamp |
| porte-bagages (m) | साइकिल का रैक (m) | sāiikal ka raik |

| phare (m) | बत्ती (f) | battī |
| casque (m) | हेलमेट (f) | helamet |

roue (f)	पहिया (m)	pahiya
garde-boue (m)	कीचड़ रोकने की पंखी (f)	kīchar rokane kī pankhī
jante (f)	साइकिल रिम (f)	saikil rim
rayon (m)	पहिये का आरा (m)	pahiye ka āra

La voiture

174. Les différents types de voiture

automobile (f)	कार (f)	kār
voiture (f) de sport	स्पोर्ट्स कार (f)	sports kār
limousine (f)	लीमोज़ीन (m)	līmozīn
tout-terrain (m)	जीप (m)	jīp
cabriolet (m)	कन्वर्टिबल (m)	kanvartibal
minibus (m)	मिनिबस (f)	minibas
ambulance (f)	एम्बुलेंस (f)	embulens
chasse-neige (m)	बर्फ़ हटाने की कार (f)	barf hatāne kī kār
camion (m)	ट्रक (m)	trak
camion-citerne (m)	टैंकर-लॉरी (f)	tainkar-lorī
fourgon (m)	वैन (m)	vain
tracteur (m) routier	ट्रक-ट्रेक्टर (m)	trak-trektar
remorque (f)	ट्रेलर (m)	trelar
confortable (adj)	सुविधाजनक	suvidhājanak
d'occasion (adj)	पुरानी	purānī

175. La voiture. La carrosserie

capot (m)	बोनेट (m)	bonet
aile (f)	कीचड़ रोकने की पंखी (f)	kīchar rokane kī pankhī
toit (m)	छत (f)	chhat
pare-brise (m)	विंडस्क्रीन (m)	vindaskrīn
rétroviseur (m)	रियरव्यू मिरर (m)	riyaravyū mirar
lave-glace (m)	विंडशील्ड वॉशर (m)	vindashīld voshar
essuie-glace (m)	वाइपर (m)	vaipar
fenêtre (f) latéral	साइड की खिड़की (f)	said kī khirakī
lève-glace (m)	विंडो-लिफ्ट (f)	vindo-lift
antenne (f)	एरियल (m)	eriyal
toit (m) ouvrant	सनरूफ़ (m)	sanarūf
pare-chocs (m)	बम्पर (m)	bampar
coffre (m)	ट्रंक (m)	trank
portière (f)	दरवाज़ा (m)	daravāza
poignée (f)	दरवाज़े का हैंडल (m)	daravāze ka haindal
serrure (f)	ताला (m)	tāla
plaque (f) d'immatriculation	कार का नम्बर (m)	kār ka nambar
silencieux (m)	साइलेंसर (m)	sailensar

réservoir (m) d'essence	पेट्रोल टैंक (m)	petrol taink
pot (m) d'échappement	रेचक नलिका (f)	rechak nalika
accélérateur (m)	गैस (m)	gais
pédale (f)	पेडल (m)	pedal
pédale (f) d'accélérateur	गैस पेडल (m)	gais pedal
frein (m)	ब्रेक (m)	braik
pédale (f) de frein	ब्रेक पेडल (m)	brek pedal
freiner (vi)	ब्रेक लगाना	brek lagāna
frein (m) à main	पार्किंग पेडल (m)	pārking pedal
embrayage (m)	क्लच (m)	klach
pédale (f) d'embrayage	क्लच पेडल (m)	klach pedal
disque (m) d'embrayage	क्लच प्लेट (m)	klach plet
amortisseur (m)	धक्का सह (m)	dhakka sah
roue (f)	पहिया (m)	pahiya
roue (f) de rechange	स्पेयर टायर (m)	speyar tāyar
pneu (m)	टायर (m)	tāyar
enjoliveur (m)	हबकैप (m)	habakaip
roues (f pl) motrices	प्रधान पहिया (m)	pradhān pahiya
à traction avant	आगे के पहियों से चलने वाली	āge ke pahiyon se chalane vālī
à traction arrière	पीछे के पहियों से चलने वाली	pīchhe ke pahiyon se chalane vālī
à traction intégrale	चार पहियों की कार	chār pahiyon kī kār
boîte (f) de vitesses	गीयर बॉक्स (m)	gīyar boks
automatique (adj)	स्वचालित	svachālit
mécanique (adj)	मशीनी	mashīnī
levier (m) de vitesse	गीयर बॉक्स का साधन (m)	gīyar boks ka sādhan
phare (m)	हेडलाइट (f)	hedalait
feux (m pl)	हेडलाइटें (f pl)	hedalaiten
feux (m pl) de croisement	लो बीम (m)	lo bīm
feux (m pl) de route	हाई बीम (m)	haī bīm
feux (m pl) stop	ब्रेक लाइट (m)	brek lait
feux (m pl) de position	पार्किंग लाइटें (f pl)	pārking laiten
feux (m pl) de détresse	खतरे की बतियां (f pl)	khatare kī battiyān
feux (m pl) de brouillard	कोहरे की बतियाँ (f pl)	kohare kī battiyān
clignotant (m)	मुड़ने का सिग्नल (m)	murane ka signal
feux (m pl) de recul	पीछे जाने की लाइट (m)	pīchhe jāne kī lait

176. La voiture. L'habitacle

habitacle (m)	गाड़ी का भीतरी हिस्सा (m)	gārī ka bhītarī hissa
en cuir (adj)	चमड़े का बना	chamare ka bana
en velours (adj)	मख़मल का बना	makhamal ka bana
revêtement (m)	अपहोल्स्टरी (f)	apaholstarī
instrument (m)	यंत्र (m)	yantr

tableau (m) de bord	यंत्र का पैनल (m)	yantr ka painal
indicateur (m) de vitesse	चालमापी (m)	chālamāpī
aiguille (f)	सूई (f)	sūī

compteur (m) de kilomètres	ओडोमीटर (m)	odomītar
indicateur (m)	इंडिकेटर (m)	indiketar
niveau (m)	स्तर (m)	star
témoin (m)	चेतावनी लाइट (m)	chetāvanī lait

volant (m)	स्टीयरिंग व्हील (m)	stīyaring vhīl
klaxon (m)	हॉर्न (m)	horn
bouton (m)	बटन (m)	batan
interrupteur (m)	स्विच (f)	svich

siège (m)	सीट (m)	sīt
dossier (m)	पीठ (f)	pīth
appui-tête (m)	हेडरेस्ट (m)	hedarest
ceinture (f) de sécurité	सीट बेल्ट (m)	sīt belt
mettre la ceinture	बेल्ट लगाना	belt lagāna
réglage (m)	समायोजन (m)	samāyojan

airbag (m)	एयरबैग (m)	eyarabaig
climatiseur (m)	एयर कंडीशनर (m)	eyar kandīshanar

radio (f)	रेडियो (m)	rediyo
lecteur (m) de CD	सीडी प्लेयर (m)	sīdī pleyar
allumer (vt)	चलाना	chalāna
antenne (f)	एरियल (m)	eriyal
boîte (f) à gants	दराज़ (m)	darāz
cendrier (m)	राखदानी (f)	rākhadānī

177. La voiture. Le moteur

moteur (m)	इंजन (m)	injan
moteur (m)	मोटर (m)	motar
diesel (adj)	डीज़ल का	dīzal ka
à essence (adj)	तेल का	tel ka

capacité (f) du moteur	इंजन का परिमाण (m)	injan ka parimān
puissance (f)	शक्ति (f)	shakti
cheval-vapeur (m)	अश्व शक्ति (f)	ashv shakti
piston (m)	पिस्टन (m)	pistan
cylindre (m)	सिलिंडर (m)	silindar
soupape (f)	वाल्व (m)	vālv

injecteur (m)	इंजेक्टर (m)	injektar
générateur (m)	जनरेटर (m)	janaretar
carburateur (m)	कार्बरेटर (m)	kārbaretar
huile (f) moteur	मोटर तेल (m)	motar tel

radiateur (m)	रेडिएटर (m)	redietar
liquide (m) de refroidissement	शीतलक (m)	shītalak
ventilateur (m)	पंखा (m)	pankha
batterie (f)	बैटरी (f)	baitarī

starter (m)	स्टार्टर (m)	stārtar
allumage (m)	इग्निशन (m)	ignishan
bougie (f) d'allumage	स्पार्क प्लग (m)	spārk plag
borne (f)	बैटरी टर्मिनल (m)	baitarī tarminal
borne (f) positive	प्लस टर्मिनल (m)	plas tarminal
borne (f) négative	माइनस टर्मिनल (m)	mainas tarminal
fusible (m)	सेफ़्टी प्न्यूज़ (m)	seftī fyūz
filtre (m) à air	वायु फ़िल्टर (m)	vāyu filtar
filtre (m) à huile	तेल फ़िल्टर (m)	tel filtar
filtre (m) à essence	ईंधन फ़िल्टर (m)	īndhan filtar

178. La voiture. La réparation

accident (m) de voiture	दुर्घटना (f)	durghatana
accident (m) de route	दुर्घटना (f)	durghatana
percuter contre ...	टकराना	takarāna
s'écraser (vp)	नष्ट हो जाना	nashth ho jāna
dégât (m)	नुकसान (m)	nukasān
intact (adj)	सुरक्षित	surakshit
tomber en panne	ख़राब हो जाना	kharāb ho jāna
corde (f) de remorquage	रस्सा (m)	rassa
crevaison (f)	पंक्चर (m)	pankchar
crever (vi) (pneu)	पंक्चर होना	pankchar hona
gonfler (vt)	हवा भरना	hava bharana
pression (f)	दबाव (m)	dabāv
vérifier (vt)	जांचना	jānchana
réparation (f)	मरम्मत (f)	marammat
garage (m) (atelier)	वाहन मरम्मत की दुकान (f)	vāhan marammat kī dukān
pièce (f) détachée	स्पेयर पार्ट (m)	speyar pārt
pièce (f)	पुर्ज़ा (m)	puraza
boulon (m)	बोल्ट (m)	bolt
vis (f)	पेंच (m)	pench
écrou (m)	नट (m)	nat
rondelle (f)	वॉशर (m)	voshar
palier (m)	बियरिंग (m)	biyaring
tuyau (m)	ट्यूब (f)	tyūb
joint (m)	गास्केट (m)	gāsket
fil (m)	तार (m)	tār
cric (m)	जैक (m)	jaik
clé (f) de serrage	स्पैनर (m)	spainar
marteau (m)	हथौड़ी (f)	hathaurī
pompe (f)	पंप (m)	pamp
tournevis (m)	पेंचकस (m)	penchakas
extincteur (m)	अग्निशामक (m)	agnishāmak
triangle (m) de signalisation	चेतावनी त्रिकोण (m)	chetāvanī trikon

caler (vi)	बंद होना	band hona
calage (m)	बंद (m)	band
être en panne	टूटना	tūtana

surchauffer (vi)	गरम होना	garam hona
se boucher (vp)	मैल जमना	mail jamana
geler (vi)	ठंडा हो जाना	thanda ho jāna
éclater (tuyau, etc.)	फटना	fatana

pression (f)	दबाव (m)	dabāv
niveau (m)	स्तर (m)	star
lâche (courroie ~)	कमज़ोर	kamazor

fosse (f)	गड्ढा (m)	gadrha
bruit (m) anormal	खटखट की आवाज़ (f)	khatakhat kī āvāz
fissure (f)	दरार (f)	darār
égratignure (f)	खरोंच (f)	kharonch

179. La voiture. La route

route (f)	रास्ता (m)	rāsta
grande route (autoroute)	राजमार्ग (m)	rājamārg
autoroute (f)	राजमार्ग (m)	rājamārg
direction (f)	दिशा (f)	disha
distance (f)	दूरी (f)	dūrī

pont (m)	पुल (m)	pul
parking (m)	पार्किन्ग (m)	pārking
place (f)	मैदान (f)	maidān
échangeur (m)	फ्लाई ओवर (m)	flaī ovar
tunnel (m)	सुरंग (m)	surang

station-service (f)	पेट्रोल पम्प (f)	petrol pamp
parking (m)	पार्किंग (m)	pārking
poste (m) d'essence	गैस पम्प (f)	gais pamp
garage (m) (atelier)	गराज (m)	garāj
se ravitailler (vp)	पेट्रोल भरवाना	petrol bharavāna
carburant (m)	ईंधन (m)	īndhan
jerrycan (m)	जेरिकेन (m)	jeriken

asphalte (m)	तारकोल (m)	tārakol
marquage (m)	मार्ग चिह्न (m)	mārg chihn
bordure (f)	फुटपाथ (m)	futapāth
barrière (f) de sécurité	रेलिंग (m)	reling
fossé (m)	नाली (f)	nālī
bas-côté (m)	छोर (m)	chhor
réverbère (m)	बिजली का खम्भा (m)	bijalī ka khambha

conduire (une voiture)	चलाना	chalāna
tourner (~ à gauche)	मोड़ना	morana
faire un demi-tour	मुड़ना	murana
marche (f) arrière	रिवर्स (m)	rivars
klaxonner (vi)	हॉर्न बजाना	horn bajāna
coup (m) de klaxon	हॉर्न (m)	horn

s'embourber (vp)	फंसना	fansana
déraper (vi)	पहिये को घुमाना	pahiye ko ghumāna
couper (le moteur)	इंजन बंद करना	injan band karana
vitesse (f)	रफ़्तार (f)	rafatār
dépasser la vitesse	गति सीमा पार करना	gati sīma pār karana
mettre une amende	जुर्माना लगाना	jurmāna lagāna
feux (m pl) de circulation	ट्रैफ़िक-लाइट (m)	traifik-lait
permis (m) de conduire	ड्राइवर-लाइसेंस (m)	draivar-laisens
passage (m) à niveau	रेल क्रॉसिंग (m)	rel krosing
carrefour (m)	चौराहा (m)	chaurāha
passage (m) piéton	पार-पथ (m)	pār-path
virage (m)	मोड़ (m)	mor
zone (f) piétonne	पैदल सड़क (f)	paidal sarak

180. Les panneaux de signalisation

code (m) de la route	यातायात के नियम (m pl)	yātāyāt ke niyam
signe (m)	ट्रैफ़िक साइन (m)	traifik sain
dépassement (m)	ओवरटेकिंग (f)	ovarateking
virage (m)	मोड़ (m)	mor
demi-tour (m)	यू-टर्न (m)	yū-tarn
sens (m) giratoire	गोलचक्कर (m)	golachakkar
sens interdit	अंदर जाना मना है	andar jāna mana hai
circulation interdite	वाहन जाना मना है	vāhan jāna mana hai
interdiction de dépasser	ओवरटैकिंग मना है	ovarataiking mana hai
stationnement interdit	पार्किंग मना है	pārking mana hai
arrêt interdit	रुकना मना है	rukana mana hai
virage dangereux	खतरनाक मोड़ (m)	khataranāk mor
descente dangereuse	ढलवां उतार (m)	dhalavān utār
sens unique	इकतरफ़ा यातायात (f)	ikatarafa yātāyāt
passage (m) piéton	पार-पथ (m)	pār-path
chaussée glissante	फिसलाऊ रास्ता (m)	fisalaū rāsta
cédez le passage	निकलने देना	nikalane dena

LES GENS. LES ÉVÉNEMENTS

Les grands événements de la vie

181. Les fêtes et les événements

fête (f)	त्योहार (m)	tyohār
fête (f) nationale	राष्ट्रीय त्योहार (m)	rāshtrīy tyohār
jour (m) férié	त्योहार का दिन (m)	tyohār ka din
fêter (vt)	पुण्यस्मरण करना	punyasmaran karana
événement (m) (~ du jour)	घटना (f)	ghatana
événement (m) (soirée, etc.)	आयोजन (m)	āyojan
banquet (m)	राजभोज (m)	rājabhoj
réception (f)	दावत (f)	dāvat
festin (m)	दावत (f)	dāvat
anniversaire (m)	वर्षगांठ (m)	varshagānth
jubilé (m)	वर्षगांठ (m)	varshagānth
célébrer (vt)	मनाना	manāna
Nouvel An (m)	नव वर्ष (m)	nav varsh
Bonne année!	नव वर्ष की शुभकामना!	nav varsh kī shubhakāmana!
Père Noël (m)	सांता क्लॉज़ (m)	sānta kloz
Noël (m)	बड़ा दिन (m)	bara din
Joyeux Noël!	क्रिसमस की शुभकामनाएं!	krisamas kī shubhakāmanaen!
arbre (m) de Noël	क्रिस्मस ट्री (m)	krismas trī
feux (m pl) d'artifice	अग्नि क्रीड़ा (f)	agni krīra
mariage (m)	शादी (f)	shādī
fiancé (m)	दुल्हा (m)	dulha
fiancée (f)	दुल्हन (f)	dulhan
inviter (vt)	आमंत्रित करना	āmantrit karana
lettre (f) d'invitation	निमंत्रण पत्र (m)	nimantran patr
invité (m)	मेहमान (m)	mehamān
visiter (~ les amis)	मिलने जाना	milane jāna
accueillir les invités	मेहमानों से मिलना	mehamānon se milana
cadeau (m)	उपहार (m)	upahār
offrir (un cadeau)	उपहार देना	upahār dena
recevoir des cadeaux	उपहार मिलना	upahār milana
bouquet (m)	गुलदस्ता (m)	guladasta
félicitations (f pl)	बधाई (f)	badhaī
féliciter (vt)	बधाई देना	badhaī dena

carte (f) de veux	बधाई पोस्टकार्ड (m)	badhaī postakārd
envoyer une carte	पोस्टकार्ड भेजना	postakārd bhejana
recevoir une carte	पोस्टकार्ड पाना	postakārd pāna

toast (m)	टोस्ट (m)	tost
offrir (un verre, etc.)	ऑफ़र करना	ofar karana
champagne (m)	शैम्पेन (f)	shaimpen

s'amuser (vp)	मज़े करना	maze karana
gaieté (f)	आमोद (m)	āmod
joie (f) (émotion)	खुशी (f)	khushī

| danse (f) | नाच (m) | nāch |
| danser (vi, vt) | नाचना | nāchana |

| valse (f) | वॉल्ट्ज़ (m) | voltz |
| tango (m) | टैंगो (m) | taingo |

182. L'enterrement. Le deuil

cimetière (m)	कब्रिस्तान (m)	kabristān
tombe (f)	कब्र (m)	kabr
croix (f)	क्रॉस (m)	kros
pierre (f) tombale	सामाधि शिला (f)	sāmādhi shila
clôture (f)	बाड़ (f)	bār
chapelle (f)	चैपल (m)	chaipal

mort (f)	मृत्यु (f)	mrtyu
mourir (vi)	मरना	marana
défunt (m)	मृतक (m)	mrtak
deuil (m)	शोक (m)	shok

enterrer (vt)	दफनाना	dafanāna
maison (f) funéraire	दफ़नालय (m)	dafanālay
enterrement (m)	अंतिम संस्कार (m)	antim sanskār

couronne (f)	फूलमाला (f)	fūlamāla
cercueil (m)	ताबूत (m)	tābūt
corbillard (m)	शव मंच (m)	shav manch
linceul (m)	कफन (m)	kafan

| urne (f) funéraire | भस्मी कलश (m) | bhasmī kalash |
| crématoire (m) | दाहगृह (m) | dāhagrh |

nécrologue (m)	निधन सूचना (f)	nidhan sūchana
pleurer (vi)	रोना	rona
sangloter (vi)	रोना	rona

183. La guerre. Les soldats

| section (f) | दस्ता (m) | dasta |
| compagnie (f) | कंपनी (f) | kampanī |

régiment (m)	रेजीमेंट (f)	rejīment
armée (f)	सेना (f)	sena
division (f)	डिवीज़न (m)	divīzan

| détachement (m) | दल (m) | dal |
| armée (f) (Moyen Âge) | फ़ौज (m) | fauj |

| soldat (m) (un militaire) | सिपाही (m) | sipāhī |
| officier (m) | अफ़्सर (m) | afsar |

soldat (m) (grade)	सैनिक (m)	sainik
sergent (m)	सार्जेंट (m)	sārjent
lieutenant (m)	लेफ्टिनेंट (m)	leftinent

capitaine (m)	कसान (m)	kaptān
commandant (m)	मेजर (m)	mejar
colonel (m)	कर्नल (m)	karnal
général (m)	जनरल (m)	janaral

marin (m)	मल्लाह (m)	mallāh
capitaine (m)	कसान (m)	kaptān
maître (m) d'équipage	बोसुन (m)	bosun

artilleur (m)	तोपची (m)	topachī
parachutiste (m)	पैराट्रूपर (m)	pairātrūpar
pilote (m)	पाइलट (m)	pailat

| navigateur (m) | नैवीगेटर (m) | naivīgetar |
| mécanicien (m) | मैकेनिक (m) | maikenik |

| démineur (m) | सैपर (m) | saipar |
| parachutiste (m) | छतरीबाज़ (m) | chhatarībāz |

| éclaireur (m) | जासूस (m) | jāsūs |
| tireur (m) d'élite | निशानची (m) | nishānachī |

patrouille (f)	गश्त (m)	gasht
patrouiller (vi)	गश्त लगाना	gasht lagāna
sentinelle (f)	प्रहरी (m)	praharī

guerrier (m)	सैनिक (m)	sainik
héros (m)	हिरो (m)	hiro
héroïne (f)	हिरोइन (f)	hiroin
patriote (m)	देशभक्त (m)	deshabhakt

traître (m)	गद्दार (m)	gaddār
déserteur (m)	भगोड़ा (m)	bhagora
déserter (vt)	भाग जाना	bhāg jāna

mercenaire (m)	भाड़े का सैनिक (m)	bhāre ka sainik
recrue (f)	रंगरूट (m)	rangarūt
volontaire (m)	स्वयंसेवी (m)	svayansevī

mort (m)	मृतक (m)	mrtak
blessé (m)	घायल (m)	ghāyal
prisonnier (m) de guerre	युद्ध क़ैदी (m)	yuddh qaidī

184. La guerre. Partie 1

guerre (f)	युद्ध (m)	yuddh
faire la guerre	युद्ध करना	yuddh karana
guerre (f) civile	गृहयुद्ध (m)	grhayuddh
perfidement (adv)	विश्वासघाती ढंग से	vishvāsaghātī dhang se
déclaration (f) de guerre	युद्ध का एलान (m)	yuddh ka elān
déclarer (la guerre)	एलान करना	elān karana
agression (f)	हमला (m)	hamala
attaquer (~ un pays)	हमला करना	hamala karana
envahir (vt)	हमला करना	hamala karana
envahisseur (m)	आक्रमणकारी (m)	ākramanakārī
conquérant (m)	विजेता (m)	vijeta
défense (f)	हिफ़ाज़त (f)	hifāzat
défendre (vt)	हिफ़ाज़त करना	hifāzat karana
se défendre (vp)	के विरुद्ध हिफ़ाज़त करना	ke virūddh hifāzat karana
ennemi (m)	दुश्मन (m)	dushman
adversaire (m)	विपक्ष (m)	vipaksh
ennemi (adj) (territoire ~)	दुश्मनों का	dushmanon ka
stratégie (f)	रणनीति (f)	rananīti
tactique (f)	युक्ति (f)	yukti
ordre (m)	हुक्म (m)	hukm
commande (f)	आज्ञा (f)	āgya
ordonner (vt)	हुक्म देना	hukm dena
mission (f)	मिशन (m)	mishan
secret (adj)	गुप्त	gupt
bataille (f)	लड़ाई (f)	laraī
combat (m)	युद्ध (m)	yuddh
attaque (f)	आक्रमण (m)	ākraman
assaut (m)	धावा (m)	dhāva
prendre d'assaut	धावा करना	dhāva karana
siège (m)	घेरा (m)	ghera
offensive (f)	आक्रमण (m)	ākraman
passer à l'offensive	आक्रमण करना	ākraman karana
retraite (f)	अपयान (m)	apayān
faire retraite	अपयान करना	apayān karana
encerclement (m)	घेराई (f)	gheraī
encercler (vt)	घेरना	gherana
bombardement (m)	बमबारी (f)	bamabārī
lancer une bombe	बम गिराना	bam girāna
bombarder (vt)	बमबारी करना	bamabārī karana
explosion (f)	विस्फोट (m)	visfot
coup (m) de feu	गोली (m)	golī

tirer un coup de feu	गोली चलाना	golī chalāna
fusillade (f)	गोलीबारी (f)	golībārī
viser ... (cible)	निशाना लगाना	nishāna lagāna
pointer (sur ...)	निशाना बांधना	nishāna bāndhana
atteindre (cible)	गोली मारना	golī mārana
faire sombrer	डुबाना	dubāna
trou (m) (dans un bateau)	छेद (m)	chhed
sombrer (navire)	डूबना	dūbana
front (m)	मोरचा (m)	moracha
évacuation (f)	निकास (m)	nikās
évacuer (vt)	निकास करना	nikās karana
barbelés (m pl)	कांटेदार तार (m)	kāntedār tār
barrage (m) (~ antichar)	बाड़ (m)	bār
tour (f) de guet	बुर्ज (m)	burj
hôpital (m)	सैनिक अस्पताल (m)	sainik aspatāl
blesser (vt)	घायल करना	ghāyal karana
blessure (f)	घाव (m)	ghāv
blessé (m)	घायल (m)	ghāyal
être blessé	घायल होना	ghāyal hona
grave (blessure)	गम्भीर	gambhīr

185. La guerre. Partie 2

captivité (f)	क़ैद (f)	qaid
captiver (vt)	क़ैद करना	qaid karana
être prisonnier	क़ैद में रखना	qaid men rakhana
être fait prisonnier	क़ैद में लेना	qaid men lena
camp (m) de concentration	कन्सेंट्रेशन कैंप (m)	kansentreshan kaimp
prisonnier (m) de guerre	युद्ध-क़ैदी (m)	yuddh-qaidī
s'enfuir (vp)	क़ैद से भाग जाना	qaid se bhāg jāna
trahir (vt)	गद्दारी करना	gaddārī karana
traître (m)	गद्दार (m)	gaddār
trahison (f)	गद्दारी (f)	gaddārī
fusiller (vt)	फाँसी देना	fānsī dena
fusillade (f) (exécution)	प्राणदण्ड (f)	prānadand
équipement (m) (uniforme, etc.)	फौजी पोशक (m)	faujī poshak
épaulette (f)	कंधे का फीता (m)	kandhe ka fīta
masque (m) à gaz	गैस मास्क (m)	gais māsk
émetteur (m) radio	ट्रांस-रिसिवर (m)	trāns-risivar
chiffre (m) (code)	गुप्तलेख (m)	guptalekh
conspiration (f)	गुप्तता (f)	guptata
mot (m) de passe	पासवर्ड (m)	pāsavard
mine (f) terrestre	बारूदी सुरंग (f)	bārūdī surang

miner (poser des mines)	सुरंग खोदना	surang khodana
champ (m) de mines	सुरंग-क्षेत्र (m)	surang-kshetr
alerte (f) aérienne	हवाई हमले की चेतावनी (f)	havaī hamale kī chetāvanī
signal (m) d'alarme	चेतावनी (f)	chetāvanī
signal (m)	सिग्नल (m)	signal
fusée signal (f)	सिग्नल रॉकेट (m)	signal roket
état-major (m)	सैनिक मुख्यालय (m)	sainik mukhyālay
reconnaissance (f)	जासूसी देख-भाल (m)	jāsūsī dekh-bhāl
situation (f)	हालत (f)	hālat
rapport (m)	रिपोर्ट (m)	riport
embuscade (f)	घात (f)	ghāt
renfort (m)	बलवृद्धि (m)	balavrddhi
cible (f)	निशाना (m)	nishāna
polygone (m)	प्रशिक्षण क्षेत्र (m)	prashikshan kshetr
manœuvres (f pl)	युद्धाभ्यास (m pl)	yuddhābhyās
panique (f)	भगदड़ (f)	bhagadar
dévastation (f)	तबाही (f)	tabāhī
destructions (f pl) (ruines)	विनाश (m pl)	vināsh
détruire (vt)	नष्ट करना	nasht karana
survivre (vi)	जीवित रहना	jīvit rahana
désarmer (vt)	निरस्त्र करना	nirastr karana
manier (une arme)	हथियार चलाना	hathiyār chalāna
Garde-à-vous! Fixe!	सावधान!	sāvadhān!
Repos!	आराम!	ārām!
exploit (m)	साहस का कार्य (m)	sāhas ka kāry
serment (m)	शपथ (f)	shapath
jurer (de faire qch)	शपथ लेना	shapath lena
décoration (f)	पदक (m)	padak
décorer (de la médaille)	इनाम देना	inām dena
médaille (f)	मेडल (m)	medal
ordre (m) (~ du Mérite)	आर्डर (m)	ārdar
victoire (f)	विजय (m)	vijay
défaite (f)	हार (f)	hār
armistice (m)	युद्धविराम (m)	yuddhavirām
drapeau (m)	झंडा (m)	jhanda
gloire (f)	प्रताप (m)	pratāp
défilé (m)	परेड (m)	pared
marcher (défiler)	मार्च करना	mārch karana

186. Les armes

arme (f)	हथियार (m)	hathiyār
armes (f pl) à feu	हथियार (m)	hathiyār
armes (f pl) blanches	पैने हथियार (m)	paine hathiyār

arme (f) chimique	रसायनिक शस्त्र (m)	rasāyanik shastr
nucléaire (adj)	आण्विक	ānvik
arme (f) nucléaire	आण्विक-शस्त्र (m)	ānvik-shastr
bombe (f)	बम (m)	bam
bombe (f) atomique	परमाणु बम (m)	paramānu bam
pistolet (m)	पिस्तौल (m)	pistaul
fusil (m)	बंदूक (m)	bandūk
mitraillette (f)	टामी गन (f)	tāmī gan
mitrailleuse (f)	मशीन गन (f)	mashīn gan
bouche (f)	नालमुख (m)	nālamukh
canon (m)	नाल (m)	nāl
calibre (m)	नली का व्यास (m)	nalī ka vyās
gâchette (f)	घोड़ा (m)	ghora
mire (f)	लक्षक (m)	lakshak
magasin (m)	मैगज़ीन (m)	maigazīn
crosse (f)	कुंदा (m)	kunda
grenade (f) à main	ग्रेनेड (m)	grened
explosif (m)	विस्फोटक (m)	visfotak
balle (f)	गोली (f)	golī
cartouche (f)	कारतूस (m)	kāratūs
charge (f)	गति (f)	gati
munitions (f pl)	गोला बारूद (m pl)	gola bārūd
bombardier (m)	बमबार (m)	bamabār
avion (m) de chasse	लड़ाकू विमान (m)	larākū vimān
hélicoptère (m)	हेलिकॉप्टर (m)	helikoptar
pièce (f) de D.C.A.	विमान-विध्वंस तोप (f)	vimān-vidhvans top
char (m)	टैंक (m)	taink
canon (m) d'un char	तोप (m)	top
artillerie (f)	तोपें (m)	topen
pointer (~ l'arme)	निशाना बांधना	nishāna bāndhana
obus (m)	गोला (m)	gola
obus (m) de mortier	मोर्टार बम (m)	mortār bam
mortier (m)	मोर्टार (m)	mortār
éclat (m) d'obus	किरच (m)	kirach
sous-marin (m)	पनडुब्बी (f)	panadubbī
torpille (f)	टोरपीडो (m)	torapīdo
missile (m)	रॉकेट (m)	roket
charger (arme)	बंदूक भरना	bandūk bharana
tirer (vi)	गोली चलाना	golī chalāna
viser ... (cible)	निशाना लगाना	nishāna lagāna
baïonnette (f)	किरिच (m)	kirich
épée (f)	खंजर (m)	khanjar
sabre (m)	कृपाण (m)	krpān

lance (f)	भाला (m)	bhāla
arc (m)	धनुष (m)	dhanush
flèche (f)	बाण (m)	bān
mousquet (m)	मसकट (m)	masakat
arbalète (f)	क्रॉसबो (m)	krosabo

187. Les hommes préhistoriques

primitif (adj)	आदिकालीन	ādikālīn
préhistorique (adj)	प्रागैतिहासिक	prāgaitihāsik
ancien (adj)	प्राचीन	prāchīn
Âge (m) de pierre	पाषाण युग (m)	pāshān yug
Âge (m) de bronze	कांस्य युग (m)	kānsy yug
période (f) glaciaire	हिम युग (m)	him yug
tribu (f)	जनजाति (f)	janajāti
cannibale (m)	नरभक्षी (m)	narabhakshī
chasseur (m)	शिकारी (m)	shikārī
chasser (vi, vt)	शिकार करना	shikār karana
mammouth (m)	प्राचीन युग हाथी (m)	prāchīn yug hāthī
caverne (f)	गुफा (f)	gufa
feu (m)	अग्नि (m)	agni
feu (m) de bois	अलाव (m)	alāv
dessin (m) rupestre	शिला चित्र (m)	shila chitr
outil (m)	औज़ार (m)	auzār
lance (f)	भाला (m)	bhāla
hache (f) en pierre	पत्थर की कुल्हाड़ी (f)	patthar kī kulhārī
faire la guerre	युद्ध पर होना	yuddh par hona
domestiquer (vt)	जानवरों को पालतू बनाना	jānavaron ko pālatū banāna
idole (f)	मूर्ति (f)	mūrti
adorer, vénérer (vt)	पूजना	pūjana
superstition (f)	अंधविश्वास (m)	andhavishvās
rite (m)	अनुष्ठान (m)	anushthān
évolution (f)	उद्भव (m)	udbhav
développement (m)	विकास (m)	vikās
disparition (f)	गायब (m)	gāyab
s'adapter (vp)	अनुकूल बनाना	anukūl banāna
archéologie (f)	पुरातत्व (m)	purātatv
archéologue (m)	पुरातत्वविद (m)	purātatvavid
archéologique (adj)	पुरातात्विक	purātātvik
site (m) d'excavation	खुदाई क्षेत्र (m pl)	khudaī kshetr
fouilles (f pl)	उत्खनन (f)	utkhanan
trouvaille (f)	खोज (f)	khoj
fragment (m)	टुकड़ा (m)	tukara

188. Le Moyen Âge

peuple (m)	लोग (m)	log
peuples (m pl)	लोग (m pl)	log
tribu (f)	जनजाति (f)	janajāti
tribus (f pl)	जनजातियाँ (f pl)	janajātiyān
Barbares (m pl)	बर्बर (m pl)	barbar
Gaulois (m pl)	गॉल्स (m pl)	gols
Goths (m pl)	गोथ्स (m pl)	goths
Slaves (m pl)	स्लैव्स (m pl)	slaivs
Vikings (m pl)	वाइकिंग्स (m pl)	vaikings
Romains (m pl)	रोमन (m pl)	roman
romain (adj)	रोमन	roman
byzantins (m pl)	बाइज़ेंटीनी (m pl)	baizentīnī
Byzance (f)	बाइज़ेंटीयम (m)	baizentīyam
byzantin (adj)	बाइज़ेंटीन	baizentīn
empereur (m)	सम्राट् (m)	samrāt
chef (m)	सरदार (m)	saradār
puissant (adj)	प्रबल	prabal
roi (m)	बादशाह (m)	bādashāh
gouverneur (m)	शासक (m)	shāsak
chevalier (m)	योद्धा (m)	yoddha
féodal (m)	सामंत (m)	sāmant
féodal (adj)	सामंतिक	sāmantik
vassal (m)	जागीरदार (m)	jāgīradār
duc (m)	ड्यूक (m)	dyūk
comte (m)	अर्ल (m)	arl
baron (m)	बैरन (m)	bairan
évêque (m)	बिशप (m)	bishap
armure (f)	कवच (m)	kavach
bouclier (m)	ढाल (m)	dhāl
glaive (m)	तलवार (f)	talavār
visière (f)	मुखावरण (m)	mukhāvaran
cotte (f) de mailles	कवच (m)	kavach
croisade (f)	धर्मयुद्ध (m)	dharmayuddh
croisé (m)	धर्मयोद्धा (m)	dharmayoddha
territoire (m)	प्रदेश (m)	pradesh
attaquer (~ un pays)	हमला करना	hamala karana
conquérir (vt)	जीतना	jītana
occuper (envahir)	कब्ज़ा करना	kabza karana
siège (m)	घेरा (m)	ghera
assiégé (adj)	घेरा हुआ	ghera hua
assiéger (vt)	घेरना	gherana
inquisition (f)	न्यायिक जांच (m)	nyāyik jānch
inquisiteur (m)	न्यायिक जांचकर्ता (m)	nyāyik jānchakarta

torture (f)	घोर शरीरिक यंत्रणा (f)	ghor sharīrik yantrana
cruel (adj)	निर्दयी	nirdayī
hérétique (m)	विधर्मी (m)	vidharmī
hérésie (f)	विधर्म (m)	vidharm

navigation (f) en mer	जहाज़रानी (f)	jahāzarānī
pirate (m)	समुद्री लुटेरा (m)	samudrī lūtera
piraterie (f)	समुद्री डकैती (f)	samudrī dakaitī
abordage (m)	बोर्डिंग (m)	bording
butin (m)	लूट का माल (m)	lūt ka māl
trésor (m)	खज़ाना (m)	khazāna

découverte (f)	खोज (f)	khoj
découvrir (vt)	नई ज़मीन खोजना	naī zamīn khojana
expédition (f)	अभियान (m)	abhiyān

mousquetaire (m)	बंदूक धारी सिपाही (m)	bandūk dhārī sipāhī
cardinal (m)	कार्डिनल (m)	kārdinal
héraldique (f)	शौर्यशास्त्र (f)	shauryashāstr
héraldique (adj)	हेरल्डिक	heraldik

189. Les dirigeants. Les responsables. Les autorités

roi (m)	बादशाह (m)	bādashāh
reine (f)	महारानी (f)	mahārānī
royal (adj)	राजसी	rājasī
royaume (m)	राज्य (m)	rājy

| prince (m) | राजकुमार (m) | rājakumār |
| princesse (f) | राजकुमारी (f) | rājakumārī |

président (m)	राष्ट्रपति (m)	rāshtrapati
vice-président (m)	उपराष्ट्रपति (m)	uparāshtrapati
sénateur (m)	सांसद (m)	sānsad

monarque (m)	सम्राट (m)	samrāt
gouverneur (m)	शासक (m)	shāsak
dictateur (m)	तानाशाह (m)	tānāshāh
tyran (m)	तानाशाह (m)	tānāshāh
magnat (m)	रईस (m)	raīs

directeur (m)	निदेशक (m)	nideshak
chef (m)	मुखिया (m)	mukhiya
gérant (m)	मैनेजर (m)	mainejar
boss (m)	साहब (m)	sāhab
patron (m)	मालिक (m)	mālik

chef (m) (~ d'une délégation)	मुखिया (m)	mukhiya
autorités (f pl)	अधिकारी वर्ग (m pl)	adhikārī varg
supérieurs (m pl)	अधिकारी (m)	adhikārī

gouverneur (m)	राज्यपाल (m)	rājyapāl
consul (m)	वाणिज्य-दूत (m)	vānijy-dūt
diplomate (m)	राजनयिक (m)	rājanayik

maire (m)	महापालिकाध्यक्ष (m)	mahāpālikādhyaksh
shérif (m)	प्रधान हाकिम (m)	pradhān hākim
empereur (m)	सम्राट (m)	samrāt
tsar (m)	राजा (m)	rāja
pharaon (m)	फिरौन (m)	firaun
khan (m)	ख़ान (m)	khān

190. L'itinéraire. La direction. Le chemin

route (f)	रास्ता (m)	rāsta
voie (f)	मार्ग (m)	mārg
autoroute (f)	राजमार्ग (m)	rājamārg
grande route (autoroute)	राजमार्ग (m)	rājamārg
route (f) nationale	अंतरराज्यीय (m)	antararājyīy
route (f) principale	मुख्य मार्ग (m)	mukhy mārg
route (f) de campagne	कच्ची सड़क (f)	kachchī sarak
chemin (m) (sentier)	पगडंडी (f)	pagadandī
sentier (m)	कच्चा रास्ता (m)	kachcha rāsta
Où?	कहाँ?	kahān?
Où? (~ vas-tu?)	किधर?	kidhar?
D'où?	कहाँ से?	kahān se?
direction (f)	तरफ़ (f)	taraf
indiquer (le chemin)	दिखाना	dikhāna
à gauche (tournez ~)	बाईं ओर	baīn or
à droite (tournez ~)	दाईं ओर	daīn or
tout droit (adv)	सीधा	sīdha
en arrière (adv)	पीछे	pīchhe
virage (m)	मोड़ (m)	mor
tourner (~ à gauche)	मोड़ना	morana
faire un demi-tour	यू-टर्न लेना	yū-tarn lena
se dessiner (vp)	दिखाई देना	dikhaī dena
apparaître (vi)	नज़र आना	nazar āna
halte (f)	ठहराव (m)	thaharāv
se reposer (vp)	आराम करना	ārām karana
repos (m)	विराम (m)	virām
s'égarer (vp)	रास्ता भूलना	rāsta bhūlana
mener à ... (le chemin)	ले जाना	le jāna
arriver à ...	निकलना	nikalana
tronçon (m) (de chemin)	रास्ते का हिस्सा (m)	rāste ka hissa
asphalte (m)	तारकोल (m)	tārakol
bordure (f)	फुटपाथ (m)	futapāth
fossé (m)	खाई (f)	khaī

bouche (f) d'égout	मैनहोल (m)	mainahol
bas-côté (m)	सड़क का किनारा (m)	sarak ka kināra
nid-de-poule (m)	खड्ढा (m)	khaddha

| aller (à pied) | जाना | jāna |
| dépasser (vt) | आगे निकलना | āge nikalana |

| pas (m) | कदम (m) | kadam |
| à pied | पैदल | paidal |

barrer (vt)	रास्ता रोक देना	rāsta rok dena
barrière (f)	बैरियर (m)	bairiyar
impasse (f)	बंद गली (f)	band galī

191. Les crimes. Les criminels. Partie 1

bandit (m)	डाकू (m)	dākū
crime (m)	जुर्म (m)	jurm
criminel (m)	अपराधी (m)	aparādhī

| voleur (m) | चोर (m) | chor |
| vol (m) | चोरी (f) | chorī |

kidnapper (vt)	अपहरण करना	apaharan karana
kidnapping (m)	अपहरण (m)	apaharan
kidnappeur (m)	अपहरणकर्ता (m)	apaharanakartta

| rançon (f) | फ़िरौती (f) | firautī |
| exiger une rançon | फ़िरौती मांगना | firautī māngana |

| cambrioler (vt) | लूटना | lūtana |
| cambrioleur (m) | लुटेरा (m) | lutera |

extorquer (vt)	ऐंठना	ainthana
extorqueur (m)	वसूलिकर्ता (m)	vasūlikarta
extorsion (f)	जबरन वसूली (m)	jabaran vasūlī

tuer (vt)	मारना	mārana
meurtre (m)	हत्या (f)	hatya
meurtrier (m)	हत्यारा (m)	hatyāra

coup (m) de feu	गोली (m)	golī
tirer un coup de feu	गोली चलाना	golī chalāna
abattre (par balle)	गोली मारकर हत्या करना	golī mārakar hatya karana
tirer (vi)	गोली चलाना	golī chalāna
coups (m pl) de feu	गोलीबारी (f)	golībārī

incident (m)	घटना (f)	ghatana
bagarre (f)	झगड़ा (m)	jhagara
Au secours!	बचाओ!	bachao!
victime (f)	शिकार (m)	shikār

| endommager (vt) | हानि पहुँचाना | hāni pahunchāna |
| dommage (m) | नुक्सान (m) | nuksān |

cadavre (m)	शव (m)	shav
grave (~ crime)	गंभीर	gambhīr

attaquer (vt)	आक्रमण करना	ākraman karana
battre (frapper)	पीटना	pītana
passer à tabac	पीट जाना	pīt jāna
prendre (voler)	लूटना	lūtana
poignarder (vt)	चाकू से मार डालना	chākū se mār dālana
mutiler (vt)	अपाहिज करना	apāhij karana
blesser (vt)	घाव करना	ghāv karana

chantage (m)	ब्लैकमेल (m)	blaikamel
faire chanter	धमकी से रुपया ऐंठना	dhamakī se rupaya ainthana
maître (m) chanteur	ब्लैकमेलर (m)	blaikamelar

racket (m) de protection	ठग व्यापार (m)	thag vyāpār
racketteur (m)	ठग व्यापारी (m)	thag vyāpārī
gangster (m)	गैंगस्टर (m)	gaingastar
mafia (f)	माफ़िया (f)	māfiya

pickpocket (m)	जेबकतरा (m)	jebakatara
cambrioleur (m)	सेंधमार (m)	sendhamār
contrebande (f) (trafic)	तस्करी (m)	taskarī
contrebandier (m)	तस्कर (m)	taskar

contrefaçon (f)	जालसाज़ी (f)	jālasāzī
falsifier (vt)	जलसाज़ी करना	jalasāzī karana
faux (falsifié)	नक़ली	naqalī

192. Les crimes. Les criminels. Partie 2

viol (m)	बलात्कार (m)	balātkār
violer (vt)	बलात्कार करना	balātkār karana
violeur (m)	बलात्कारी (m)	balātkārī
maniaque (m)	कामोन्मादी (m)	kāmonmādī

prostituée (f)	वैश्या (f)	vaishya
prostitution (f)	वेश्यावृत्ति (m)	veshyāvrtti
souteneur (m)	भड़ुआ (m)	bharua

drogué (m)	नशेबाज़ (m)	nashebāz
trafiquant (m) de drogue	नशीली दवा के विक्रेता (m)	nashīlī dava ke vikreta

faire exploser	विस्फोट करना	visfot karana
explosion (f)	विस्फोट (m)	visfot
mettre feu	आग जलाना	āg jalāna
incendiaire (m)	आग जलानेवाला (m)	āg jalānevāla

terrorisme (m)	आतंकवाद (m)	ātankavād
terroriste (m)	आतंकवादी (m)	ātankavādī
otage (m)	बंधक (m)	bandhak

escroquer (vt)	धोखा देना	dhokha dena
escroquerie (f)	धोखा (m)	dhokha

escroc (m)	धोखेबाज़ (m)	dhokhebāz
soudoyer (vt)	रिश्वत देना	rishvat dena
corruption (f)	रिश्वतखोरी (m)	rishvatakhorī
pot-de-vin (m)	रिश्वत (m)	rishvat

poison (m)	ज़हर (m)	zahar
empoisonner (vt)	ज़हर खिलाना	zahar khilāna
s'empoisonner (vp)	ज़हर खाना	zahar khāna

| suicide (m) | आत्महत्या (f) | ātmahatya |
| suicidé (m) | आत्महत्यारा (m) | ātmahatyāra |

menacer (vt)	धमकाना	dhamakāna
menace (f)	धमकी (f)	dhamakī
attenter (vt)	प्रयत्न करना	prayatn karana
attentat (m)	हत्या का प्रयत्न (m)	hatya ka prayatn

| voler (un auto) | चुराना | churāna |
| détourner (un avion) | विमान का अपहरण करना | vimān ka apaharan karana |

| vengeance (f) | बदला (m) | badala |
| se venger (vp) | बदला लेना | badala lena |

torturer (vt)	घोर शरीरिक यंत्रणा पहुंचाना	ghor sharīrik yantrana pahunchāna
torture (f)	घोर शरीरिक यंत्रणा (f)	ghor sharīrik yantrana
tourmenter (vt)	सताना	satāna

pirate (m)	समुद्री लूटेरा (m)	samudrī lūtera
voyou (m)	बदमाश (m)	badamāsh
armé (adj)	सशस्त्र	sashastr
violence (f)	अत्यचार (m)	atyachār

| espionnage (m) | जासूसी (f) | jāsūsī |
| espionner (vt) | जासूसी करना | jāsūsī karana |

193. La police. La justice. Partie 1

| justice (f) | मुक़दमा (m) | muqadama |
| tribunal (m) | न्यायालय (m) | nyāyālay |

juge (m)	न्यायाधीश (m)	nyāyādhīsh
jury (m)	जूरी सदस्य (m pl)	jūrī sadasy
cour (f) d'assises	जूरी (f)	jūrī
juger (vt)	मुक़दमा सुनना	muqadama sunana

avocat (m)	वकील (m)	vakīl
accusé (m)	मुलज़िम (m)	mulazim
banc (m) des accusés	अदालत का कठघरा (m)	adālat ka kathaghara

inculpation (f)	आरोप (m)	ārop
inculpé (m)	मुलज़िम (m)	mulazim
condamnation (f)	निर्णय (m)	nirnay
condamner (vt)	निर्णय करना	nirnay karana

coupable (m)	दोषी (m)	doshī
punir (vt)	सज़ा देना	saza dena
punition (f)	सज़ा (f)	saza

amende (f)	जुर्माना (m)	jurmāna
détention (f) à vie	आजीवन करावास (m)	ājīvan karāvās
peine (f) de mort	मृत्युदंड (m)	mrtyudand
chaise (f) électrique	बिजली की कुर्सी (f)	bijalī kī kursī
potence (f)	फांसी का तख़्ता (m)	fānsī ka takhta

| exécuter (vt) | फांसी देना | fānsī dena |
| exécution (f) | मौत की सज़ा (f) | maut kī saza |

| prison (f) | जेल (f) | jel |
| cellule (f) | जेल का कमरा (m) | jel ka kamara |

escorte (f)	अनुरक्षक दल (m)	anurakshak dal
gardien (m) de prison	जेल का पहरेदार (m)	jel ka paharedār
prisonnier (m)	क़ैदी (m)	qaidī

| menottes (f pl) | हथकड़ी (f) | hathakarī |
| mettre les menottes | हथकड़ी लगाना | hathakarī lagāna |

évasion (f)	काराभंग (m)	kārābhang
s'évader (vp)	जेल से फरार हो जाना	jel se farār ho jāna
disparaître (vi)	ग़ायब हो जाना	gāyab ho jāna
libérer (vt)	जेल से आज़ाद होना	jel se āzād hona
amnistie (f)	राजक्षमा (f)	rājakshama

police (f)	पुलिस (m)	pulis
policier (m)	पुलिसवाला (m)	pulisavāla
commissariat (m) de police	थाना (m)	thāna
matraque (f)	रबड़ की लाठी (f)	rabar kī lāthī
haut parleur (m)	मेगाफ़ोन (m)	megāfon

voiture (f) de patrouille	गश्त कार (f)	gasht kār
sirène (f)	साइरन (f)	sairan
enclencher la sirène	साइरन बजाना	sairan bajāna
hurlement (m) de la sirène	साइरन की चिल्लाहट (m)	sairan kī chillāhat

lieu (m) du crime	घटना स्थल (m)	ghatana sthal
témoin (m)	गवाह (m)	gavāh
liberté (f)	आज़ादी (f)	āzādī
complice (m)	सह अपराधी (m)	sah aparādhī
s'enfuir (vp)	भाग जाना	bhāg jāna
trace (f)	निशान (m)	nishān

194. La police. La justice. Partie 2

recherche (f)	तफ़्तीश (f)	tafatīsh
rechercher (vt)	तफ़्तीश करना	tafatīsh karana
suspicion (f)	शक (m)	shak
suspect (adj)	शक करना	shak karana
arrêter (dans la rue)	रोकना	rokana

détenir (vt)	रोक के रखना	rok ke rakhana
affaire (f) (~ pénale)	मुक़दमा (m)	mukadama
enquête (f)	जाँच (f)	jānch
détective (m)	जासूस (m)	jāsūs
enquêteur (m)	जाँचकर्ता (m)	jānchakartta
hypothèse (f)	अंदाज़ा (m)	andāza

motif (m)	वजह (f)	vajah
interrogatoire (m)	पूछताछ (f)	pūchhatāchh
interroger (vt)	पूछताछ करना	pūchhatāchh karana
interroger (~ les voisins)	पूछताछ करना	puchhatāchh karana
inspection (f)	जाँच (f)	jānch

rafle (f)	घेराव (m)	gherāv
perquisition (f)	तलाशी (f)	talāshī
poursuite (f)	पीछा (m)	pīchha
poursuivre (vt)	पीछा करना	pīchha karana
dépister (vt)	खोज निकालना	khoj nikālana

arrestation (f)	गिरफ्तारी (f)	giraftārī
arrêter (vt)	गिरफ्तार करना	giraftār karana
attraper (~ un criminel)	पकड़ना	pakarana
capture (f)	पकड़ (m)	pakar

document (m)	दस्तावेज़ (m)	dastāvez
preuve (f)	सबूत (m)	sabūt
prouver (vt)	साबित करना	sābit karana
empreinte (f) de pied	पैरों के निशान (m)	pairon ke nishān
empreintes (f pl) digitales	उंगलियों के निशान (m)	ungaliyon ke nishān
élément (m) de preuve	सबूत (m)	sabūt

alibi (m)	अन्यत्रता (m)	anyatrata
innocent (non coupable)	बेगुनाह	begunāh
injustice (f)	अन्याय (m)	anyāy
injuste (adj)	अन्यायपूर्ण	anyāyapūrn

criminel (adj)	आपराधिक	āparādhik
confisquer (vt)	कुर्क करना	kurk karana
drogue (f)	अवैध पदार्थ (m)	avaidh padārth
arme (f)	हथियार (m)	hathiyār
désarmer (vt)	निरस्त्र करना	nirastr karana
ordonner (vt)	हुक्म देना	hukm dena
disparaître (vi)	गायब होना	gāyab hona

loi (f)	कानून (m)	kānūn
légal (adj)	कानूनी	kānūnī
illégal (adj)	अवैध	avaidh

responsabilité (f)	ज़िम्मेदारी (f)	zimmedārī
responsable (adj)	ज़िम्मेदार	zimmedār

LA NATURE

La Terre. Partie 1

195. L'espace cosmique

cosmos (m)	अंतरिक्ष (m)	antariksh
cosmique (adj)	अंतरिक्षीय	antarikshīy
espace (m) cosmique	अंतरिक्ष (m)	antariksh
univers (m)	ब्रह्माण्ड (m)	brahmānd
galaxie (f)	आकाशगंगा (f)	ākāshaganga
étoile (f)	सितारा (m)	sitāra
constellation (f)	नक्षत्र (m)	nakshatr
planète (f)	ग्रह (m)	grah
satellite (m)	उपग्रह (m)	upagrah
météorite (m)	उल्का पिंड (m)	ulka pind
comète (f)	पुच्छल तारा (m)	puchchhal tāra
astéroïde (m)	ग्रहिका (f)	grahika
orbite (f)	ग्रहपथ (m)	grahapath
tourner (vi)	चक्कर लगना	chakkar lagana
atmosphère (f)	वातावरण (m)	vātāvaran
Soleil (m)	सूरज (m)	sūraj
système (m) solaire	सौर प्रणाली (f)	saur pranālī
éclipse (f) de soleil	सूर्य ग्रहण (m)	sūry grahan
Terre (f)	पृथ्वी (f)	prthvī
Lune (f)	चांद (m)	chānd
Mars (m)	मंगल (m)	mangal
Vénus (f)	शुक्र (m)	shukr
Jupiter (m)	बृहस्पति (m)	brhaspati
Saturne (m)	शनि (m)	shani
Mercure (m)	बुध (m)	budh
Uranus (m)	अरुण (m)	arun
Neptune	वरुण (m)	varūn
Pluton (m)	प्लूटो (m)	plūto
la Voie Lactée	आकाश गंगा (f)	ākāsh ganga
la Grande Ours	सप्तर्षिमंडल (m)	saptarshimandal
la Polaire	ध्रुव तारा (m)	dhruv tāra
martien (m)	मंगल ग्रह का निवासी (m)	mangal grah ka nivāsī
extraterrestre (m)	अन्य नक्षत्र का निवासी (m)	any nakshatr ka nivāsī

| alien (m) | अन्य नक्षत्र का निवासी (m) | any nakshatr ka nivāsī |
| soucoupe (f) volante | उड़न तश्तरी (f) | uran tashtarī |

vaisseau (m) spatial	अंतरिक्ष विमान (m)	antariksh vimān
station (f) orbitale	अंतरिक्ष अड्डा (m)	antariksh adda
lancement (m)	चालू करना (m)	chālū karana

moteur (m)	इंजन (m)	injan
tuyère (f)	नोज़ल (m)	nozal
carburant (m)	ईंधन (m)	īndhan

cabine (f)	केबिन (m)	kebin
antenne (f)	एरियल (m)	eriyal
hublot (m)	विमान गवाक्ष (m)	vimān gavāksh
batterie (f) solaire	सौर पेनल (m)	saur penal
scaphandre (m)	अंतरिक्ष पोशाक (m)	antariksh poshāk

| apesanteur (f) | भारहीनता (m) | bhārahīnata |
| oxygène (m) | आक्सीजन (m) | āksījan |

| arrimage (m) | डॉकिंग (f) | doking |
| s'arrimer à ... | डॉकिंग करना | doking karana |

observatoire (m)	वेधशाला (m)	vedhashāla
télescope (m)	दूरबीन (f)	dūrabīn
observer (vt)	देखना	dekhana
explorer (un cosmos)	जाँचना	jānchana

196. La Terre

Terre (f)	पृथ्वी (f)	prthvī
globe (m) terrestre	गोला (m)	gola
planète (f)	ग्रह (m)	grah

atmosphère (f)	वातावरण (m)	vātāvaran
géographie (f)	भूगोल (m)	bhūgol
nature (f)	प्रकृति (f)	prakrti

globe (m) de table	गोलक (m)	golak
carte (f)	नक्शा (m)	naksha
atlas (m)	मानचित्रावली (f)	mānachitrāvalī

| Europe (f) | यूरोप (m) | yūrop |
| Asie (f) | एशिया (f) | eshiya |

| Afrique (f) | अफ्रीका (m) | afrīka |
| Australie (f) | ऑस्ट्रेलिया (m) | ostreliya |

Amérique (f)	अमेरिका (f)	amerika
Amérique (f) du Nord	उत्तरी अमेरिका (f)	uttarī amerika
Amérique (f) du Sud	दक्षिणी अमेरिका (f)	dakshinī amerika

| l'Antarctique (m) | अंटार्कटिक (m) | antārkatik |
| l'Arctique (m) | आर्कटिक (m) | ārkatik |

197. Les quatre parties du monde

nord (m)	उत्तर (m)	uttar
vers le nord	उत्तर की ओर	uttar kī or
au nord	उत्तर में	uttar men
du nord (adj)	उत्तरी	uttarī
sud (m)	दक्षिण (m)	dakshin
vers le sud	दक्षिण की ओर	dakshin kī or
au sud	दक्षिण में	dakshin men
du sud (adj)	दक्षिणी	dakshinī
ouest (m)	पश्चिम (m)	pashchim
vers l'occident	पश्चिम की ओर	pashchim kī or
à l'occident	पश्चिम में	pashchim men
occidental (adj)	पश्चिमी	pashchimī
est (m)	पूर्व (m)	pūrv
vers l'orient	पूर्व की ओर	pūrv kī or
à l'orient	पूर्व में	pūrv men
oriental (adj)	पूर्वी	pūrvī

198. Les océans et les mers

mer (f)	सागर (m)	sāgar
océan (m)	महासागर (m)	mahāsāgar
golfe (m)	खाड़ी (f)	khārī
détroit (m)	जलग्रीवा (m)	jalagrīva
continent (m)	महाद्वीप (m)	mahādvīp
île (f)	द्वीप (m)	dvīp
presqu'île (f)	प्रायद्वीप (m)	prāyadvīp
archipel (m)	द्वीप समूह (m)	dvīp samūh
baie (f)	तट-खाड़ी (f)	tat-khārī
port (m)	बंदरगाह (m)	bandaragāh
lagune (f)	लैगून (m)	laigūn
cap (m)	अंतरीप (m)	antarīp
atoll (m)	एटोल (m)	etol
récif (m)	रीफ़ (m)	rīf
corail (m)	प्रवाल (m)	pravāl
récif (m) de corail	प्रवाल रीफ़ (m)	pravāl rīf
profond (adj)	गहरा	gahara
profondeur (f)	गहराई (f)	gaharaī
abîme (m)	रसातल (m)	rasātal
fosse (f) océanique	गढ़ा (m)	garha
courant (m)	धारा (f)	dhāra
baigner (vt) (mer)	घिरा होना	ghira hona
littoral (m)	किनारा (m)	kināra
côte (f)	तटबंध (m)	tatabandh

marée (f) haute	ज्वार (m)	jvār
marée (f) basse	भाटा (m)	bhāta
banc (m) de sable	रेती (m)	retī
fond (m)	तला (m)	tala

vague (f)	तरंग (f)	tarang
crête (f) de la vague	तरंग शिखर (f)	tarang shikhar
mousse (f)	झाग (m)	jhāg

ouragan (m)	तुफ़ान (m)	tufān
tsunami (m)	सुनामी (f)	sunāmī
calme (m)	शांत (m)	shānt
calme (tranquille)	शांत	shānt

| pôle (m) | ध्रुव (m) | dhruv |
| polaire (adj) | ध्रुवीय | dhruvīy |

latitude (f)	अक्षांश (m)	akshānsh
longitude (f)	देशान्तर (m)	deshāntar
parallèle (f)	समांतर-रेखा (f)	samāntar-rekha
équateur (m)	भूमध्य रेखा (f)	bhūmadhy rekha

ciel (m)	आकाश (f)	ākāsh
horizon (m)	क्षितिज (m)	kshitij
air (m)	हवा (f)	hava

phare (m)	प्रकाशस्तंभ (m)	prakāshastambh
plonger (vi)	गोता मारना	gota mārana
sombrer (vi)	डूब जाना	dūb jāna
trésor (m)	खज़ाना (m)	khazāna

199. Les noms des mers et des océans

océan (m) Atlantique	अटलांटिक महासागर (m)	atalāntik mahāsāgar
océan (m) Indien	हिन्द महासागर (m)	hind mahāsāgar
océan (m) Pacifique	प्रशांत महासागर (m)	prashānt mahāsāgar
océan (m) Glacial	उत्तरी ध्रुव महासागर (m)	uttarī dhuv mahāsāgar

mer (f) Noire	काला सागर (m)	kāla sāgar
mer (f) Rouge	लाल सागर (m)	lāl sāgar
mer (f) Jaune	पीला सागर (m)	pīla sāgar
mer (f) Blanche	सफ़ेद सागर (m)	safed sāgar

mer (f) Caspienne	कैस्पियन सागर (m)	kaispiyan sāgar
mer (f) Morte	मृत सागर (m)	mrt sāgar
mer (f) Méditerranée	भूमध्य सागर (m)	bhūmadhy sāgar

| mer (f) Égée | ईजियन सागर (m) | ījiyan sāgar |
| mer (f) Adriatique | एड्रिएटिक सागर (m) | edrietik sāgar |

mer (f) Arabique	अरब सागर (m)	arab sāgar
mer (f) du Japon	जापान सागर (m)	jāpān sāgar
mer (f) de Béring	बेरिंग सागर (m)	bering sāgar
mer (f) de Chine Méridionale	दक्षिण चीन सागर (m)	dakshin chīn sāgar

mer (f) de Corail	कोरल सागर (m)	koral sāgar
mer (f) de Tasman	तस्मान सागर (m)	tasmān sāgar
mer (f) Caraïbe	करिबियन सागर (m)	karibiyan sāgar

| mer (f) de Barents | बैरेंट्स सागर (m) | bairents sāgar |
| mer (f) de Kara | काड़ा सागर (m) | kāra sāgar |

mer (f) du Nord	उत्तर सागर (m)	uttar sāgar
mer (f) Baltique	बाल्टिक सागर (m)	bāltik sāgar
mer (f) de Norvège	नार्वे सागर (m)	nārve sāgar

200. Les montagnes

montagne (f)	पहाड़ (m)	pahār
chaîne (f) de montagnes	पर्वत माला (f)	parvat māla
crête (f)	पहाड़ों का सिलसिला (m)	pahāron ka silasila

sommet (m)	चोटी (f)	chotī
pic (m)	शिखर (m)	shikhar
pied (m)	तलहटी (f)	talahatī
pente (f)	ढलान (f)	dhalān

volcan (m)	ज्वालामुखी (m)	jvālāmukhī
volcan (m) actif	सक्रिय ज्वालामुखी (m)	sakriy jvālāmukhī
volcan (m) éteint	निष्क्रिय ज्वालामुखी (m)	nishkriy jvālāmukhī

éruption (f)	विस्फोटन (m)	visfotan
cratère (m)	ज्वालामुखी का मुख (m)	jvālāmukhī ka mukh
magma (m)	मैग्मा (m)	maigma
lave (f)	लावा (m)	lāva
en fusion (lave ~)	पिघला हुआ	pighala hua

canyon (m)	घाटी (m)	ghātī
défilé (m) (gorge)	तंग घाटी (f)	tang ghātī
crevasse (f)	दरार (m)	darār

col (m) de montagne	मार्ग (m)	mārg
plateau (m)	पठार (m)	pathār
rocher (m)	शिला (f)	shila
colline (f)	टीला (m)	tīla

glacier (m)	हिमनद (m)	himanad
chute (f) d'eau	झरना (m)	jharana
geyser (m)	उष्ण जल स्रोत (m)	ushn jal srot
lac (m)	तालाब (m)	tālāb

plaine (f)	समतल प्रदेश (m)	samatal pradesh
paysage (m)	परिदृश्य (m)	paridrshy
écho (m)	गूँज (f)	gūnj

alpiniste (m)	पर्वतारोही (m)	parvatārohī
varappeur (m)	पर्वतारोही (m)	parvatārohī
conquérir (vt)	चोटी पर पहुँचना	chotī par pahunchana
ascension (f)	चढ़ाव (m)	charhāv

201. Les noms des chaînes de montagne

Alpes (f pl)	आल्पस (m)	ālpas
Mont Blanc (m)	मोन्ट ब्लैंक (m)	mont blaink
Pyrénées (f pl)	पाइरीनीज़ (f pl)	pairīnīz
Carpates (f pl)	कार्पाथियेन्स (m)	kārpāthiyens
Monts Oural (m pl)	यूरल (m)	yūral
Caucase (m)	कोकेशिया के पहाड़ (m)	kokeshiya ke pahār
Elbrous (m)	एल्ब्रस पर्वत (m)	elbras parvat
Altaï (m)	अल्टाई पर्वत (m)	altaī parvat
Tian Chan (m)	तियान शान (m)	tiyān shān
Pamir (m)	पामीर पर्वत (m)	pāmīr parvat
Himalaya (m)	हिमालय (m)	himālay
Everest (m)	माउंट एवरेस्ट (m)	maunt evarest
Andes (f pl)	एंडीज़ (f pl)	endīz
Kilimandjaro (m)	किलीमन्जारो (m)	kilīmanjāro

202. Les fleuves

rivière (f), fleuve (m)	नदी (f)	nadī
source (f)	झरना (m)	jharana
lit (m) (d'une rivière)	नदी तल (m)	nadī tal
bassin (m)	बेसिन (m)	besin
se jeter dans ...	गिरना	girana
affluent (m)	उपनदी (f)	upanadī
rive (f)	तट (m)	tat
courant (m)	धारा (f)	dhāra
en aval	बहाव के साथ	bahāv ke sāth
en amont	बहाव के विरुद्ध	bahāv ke virūddh
inondation (f)	बाढ़ (f)	bārh
les grandes crues	बाढ़ (f)	bārh
déborder (vt)	उमड़ना	umarana
inonder (vt)	पानी से भरना	pānī se bharana
bas-fond (m)	छिछला पानी (m)	chhichhala pānī
rapide (m)	तेज़ उतार (m)	tez utār
barrage (m)	बांध (m)	bāndh
canal (m)	नहर (f)	nahar
lac (m) de barrage	जलाशय (m)	jalāshay
écluse (f)	स्लूस (m)	slūs
plan (m) d'eau	जल स्रोत (m)	jal srot
marais (m)	दलदल (f)	daladal
fondrière (f)	दलदल (f)	daladal
tourbillon (m)	भंवर (m)	bhanvar
ruisseau (m)	झरना (m)	jharana

potable (adj)	पीने का	pīne ka
douce (l'eau ~)	ताज़ा	tāza
glace (f)	बर्फ़ (m)	barf
être gelé	जम जाना	jam jāna

203. Les noms des fleuves

Seine (f)	सीन (f)	sīn
Loire (f)	लॉयर (f)	loyar
Tamise (f)	थेम्स (f)	thems
Rhin (m)	राइन (f)	rain
Danube (m)	डेन्यूब (f)	denyūb
Volga (f)	वोल्गा (f)	volga
Don (m)	डॉन (f)	don
Lena (f)	लेना (f)	lena
Huang He (m)	ह्वांग हे (f)	hvāng he
Yangzi Jiang (m)	यांग्त्ज़ी (f)	yāngtzī
Mékong (m)	मेकांग (f)	mekāng
Gange (m)	गंगा (f)	ganga
Nil (m)	नील (f)	nīl
Congo (m)	कांगो (f)	kāngo
Okavango (m)	ओकावान्गो (f)	okāvāngo
Zambèze (m)	ज़म्बेज़ी (f)	zambezī
Limpopo (m)	लिम्पोपो (f)	limpopo
Mississippi (m)	मिसिसिपी (f)	misisipī

204. La forêt

forêt (f)	जंगल (m)	jangal
forestier (adj)	जंगली	jangalī
fourré (m)	घना जंगल (m)	ghana jangal
bosquet (m)	उपवान (m)	upavān
clairière (f)	खुला छोटा मैदान (m)	khula chhota maidān
broussailles (f pl)	झाड़ियाँ (f pl)	jhāriyān
taillis (m)	झाड़ियों भरा मैदान (m)	jhāriyon bhara maidān
sentier (m)	फुटपाथ (m)	futapāth
ravin (m)	नाली (f)	nālī
arbre (m)	पेड़ (m)	per
feuille (f)	पत्ता (m)	patta
feuillage (m)	पत्तियां (f)	pattiyān
chute (f) de feuilles	पतझड़ (m)	patajhar
tomber (feuilles)	गिरना	girana

sommet (m)	शिखर (m)	shikhar
rameau (m)	टहनी (f)	tahanī
branche (f)	शाखा (f)	shākha
bourgeon (m)	कलिका (f)	kalika
aiguille (f)	सुई (f)	suī
pomme (f) de pin	शंकुफल (m)	shankufal
creux (m)	खोखला (m)	khokhala
nid (m)	घोंसला (m)	ghonsala
terrier (m) (~ d'un renard)	बिल (m)	bil
tronc (m)	तना (m)	tana
racine (f)	जड़ (f)	jar
écorce (f)	छाल (f)	chhāl
mousse (f)	काई (f)	kaī
déraciner (vt)	उखाड़ना	ukhārana
abattre (un arbre)	काटना	kātana
déboiser (vt)	जंगल काटना	jangal kātana
souche (f)	ठूंठ (m)	thūnth
feu (m) de bois	अलाव (m)	alāv
incendie (m)	जंगल की आग (f)	jangal kī āg
éteindre (feu)	आग बुझाना	āg bujhāna
garde (m) forestier	वनरक्षक (m)	vanarakshak
protection (f)	रक्षा (f)	raksha
protéger (vt)	रक्षा करना	raksha karana
braconnier (m)	चोर शिकारी (m)	chor shikārī
piège (m) à mâchoires	फंदा (m)	fanda
cueillir (vt)	बटोरना	batorana
s'égarer (vp)	रास्ता भूलना	rāsta bhūlana

205. Les ressources naturelles

ressources (f pl) naturelles	प्राकृतिक संसाधन (m pl)	prākrtik sansādhan
minéraux (m pl)	खनिज पदार्थ (m pl)	khanij padārth
gisement (m)	तह (f pl)	tah
champ (m) (~ pétrolifère)	क्षेत्र (m)	kshetr
extraire (vt)	खोदना	khodana
extraction (f)	खनिकर्म (m)	khanikarm
minerai (m)	अयस्क (m)	ayask
mine (f) (site)	खान (f)	khān
puits (m) de mine	शैफ़ट (m)	shaifat
mineur (m)	खनिक (m)	khanik
gaz (m)	गैस (m)	gais
gazoduc (m)	गैस पाइप लाइन (m)	gais paip lain
pétrole (m)	पेट्रोल (m)	petrol
pipeline (m)	तेल पाइप लाइन (m)	tel paip lain
tour (f) de forage	तेल का कुँआ (m)	tel ka kuna

| derrick (m) | डेरिक (m) | derik |
| pétrolier (m) | टैंकर (m) | tainkar |

sable (m)	रेत (m)	ret
calcaire (m)	चूना पत्थर (m)	chūna patthar
gravier (m)	बजरी (f)	bajarī
tourbe (f)	पीट (m)	pīt
argile (f)	मिट्टी (f)	mittī
charbon (m)	कोयला (m)	koyala

fer (m)	लोहा (m)	loha
or (m)	सोना (m)	sona
argent (m)	चाँदी (f)	chāndī
nickel (m)	गिलट (m)	gilat
cuivre (m)	ताँबा (m)	tānba

zinc (m)	जस्ता (m)	jasta
manganèse (m)	अयस (m)	ayas
mercure (m)	पारा (f)	pāra
plomb (m)	सीसा (f)	sīsa

minéral (m)	खनिज (m)	khanij
cristal (m)	क्रिस्टल (m)	kristal
marbre (m)	संगमरमर (m)	sangamaramar
uranium (m)	यूरेनियम (m)	yūreniyam

La Terre. Partie 2

206. Le temps

temps (m)	मौसम (m)	mausam
météo (f)	मौसम का पूर्वानुमान (m)	mausam ka pūrvānumān
température (f)	तापमान (m)	tāpamān
thermomètre (m)	थर्मामीटर (m)	tharmāmītar
baromètre (m)	बैरोमीटर (m)	bairomītar
humidité (f)	नमी (f)	namī
chaleur (f) (canicule)	गरमी (f)	garamī
torride (adj)	गरम	garam
il fait très chaud	गरमी है	garamī hai
il fait chaud	गरम है	garam hai
chaud (modérément)	गरम	garam
il fait froid	ठंडक है	thandak hai
froid (adj)	ठंडा	thanda
soleil (m)	सूरज (m)	sūraj
briller (soleil)	चमकना	chamakana
ensoleillé (jour ~)	धूपदार	dhūpadār
se lever (vp)	उगना	ugana
se coucher (vp)	डूबना	dūbana
nuage (m)	बादल (m)	bādal
nuageux (adj)	मेघाच्छादित	meghāchchhādit
nuée (f)	घना बादल (m)	ghana bādal
sombre (adj)	बदली	badalī
pluie (f)	बारिश (f)	bārish
il pleut	बारिश हो रही है	bārish ho rahī hai
pluvieux (adj)	बरसाती	barasātī
bruiner (v imp)	बूंदाबांदी होना	būndābāndī hona
pluie (f) torrentielle	मूसलधार बारिश (f)	mūsaladhār bārish
averse (f)	मूसलधार बारिश (f)	mūsaladhār bārish
forte (la pluie ~)	भारी	bhārī
flaque (f)	पोखर (m)	pokhar
se faire mouiller	भीगना	bhīgana
brouillard (m)	कुहरा (m)	kuhara
brumeux (adj)	कुहरेदार	kuharedār
neige (f)	बर्फ़ (f)	barf
il neige	बर्फ़ पड़ रही है	barf par rahī hai

207. Les intempéries. Les catastrophes naturelles

orage (m)	गरजवाला तुफ़ान (m)	garajavāla tufān
éclair (m)	बिजली (m)	bijalī
éclater (foudre)	चमकना	chamakana
tonnerre (m)	गरज (m)	garaj
gronder (tonnerre)	बादल गरजना	bādal garajana
le tonnerre gronde	बादल गरज रहा है	bādal garaj raha hai
grêle (f)	ओला (m)	ola
il grêle	ओले पड़ रहे हैं	ole par rahe hain
inonder (vt)	बाढ़ आ जाना	bārh ā jāna
inondation (f)	बाढ़ (f)	bārh
tremblement (m) de terre	भूकंप (m)	bhūkamp
secousse (f)	झटका (m)	jhataka
épicentre (m)	अधिकेंद्र (m)	adhikendr
éruption (f)	उद्गार (m)	udgār
lave (f)	लावा (m)	lāva
tourbillon (m)	बवंडर (m)	bavandar
tornade (f)	टोर्नेडो (m)	tornedo
typhon (m)	रतूफ़ान (m)	ratūfān
ouragan (m)	समुद्री तूफ़ान (m)	samudrī tūfān
tempête (f)	तुफ़ान (m)	tufān
tsunami (m)	सुनामी (f)	sunāmī
cyclone (m)	चक्रवात (m)	chakravāt
intempéries (f pl)	ख़राब मौसम (m)	kharāb mausam
incendie (m)	आग (f)	āg
catastrophe (f)	प्रलय (m)	pralay
météorite (m)	उल्का पिंड (m)	ulka pind
avalanche (f)	हिमस्खलन (m)	himaskhalan
éboulement (m)	हिमस्खलन (m)	himaskhalan
blizzard (m)	बर्फ़ का तुफ़ान (m)	barf ka tufān
tempête (f) de neige	बर्फ़ीला तुफ़ान (m)	barfila tufān

208. Les bruits. Les sons

silence (m)	सन्नाटा (m)	sannāta
son (m)	ध्वनि (m)	dhvani
bruit (m)	शोर (m)	shor
faire du bruit	शोर मचाना	shor machāna
bruyant (adj)	कोलाहलमय	kolāhalamay
fort (adv)	ऊँचा	ūncha
fort (voix ~e)	ऊंचा	ūncha
constant (bruit, etc.)	लगातार	lagātār

cri (m)	चिल्लाहट (f)	chillāhat
crier (vi)	चिल्लाना	chillāna
chuchotement (m)	फुसफुस (m)	fusafus
chuchoter (vi, vt)	फुसफुसाना	fusafusāna

| aboiement (m) | भौं-भौं (f) | bhaun-bhaun |
| aboyer (vi) | भौंकना | bhaunkana |

gémissement (m)	कराह (m)	karāh
gémir (vi)	कराहना	karāhana
toux (f)	खाँस (f)	khāns
tousser (vi)	खाँसना	khānsana

sifflement (m)	सीटी (f)	sītī
siffler (vi)	सीटी बजाना	sītī bajāna
coups (m pl) à la porte	खटखट (f)	khatakhat
frapper (~ à la porte)	खटखटाना	khatakhatāna

| craquer (vi) | चीर पड़ना | chīr parana |
| craquement (m) | कड़क (m) | karak |

sirène (f)	साइरन (f)	sairan
sifflement (m) (de train)	साइरन (m)	sairan
siffler (train, etc.)	सीटी बजना	sītī bajana
coup (m) de klaxon	होर्न (m)	horn
klaxonner (vi)	होर्न बजाना	horn bajāna

209. L'hiver

hiver (m)	सर्दी (f)	sardī
d'hiver (adj)	सर्दी का	sardī ka
en hiver	सर्दियों में	sardiyon men

neige (f)	बर्फ़ (f)	barf
il neige	बर्फ़ पड़ रही है	barf par rahī hai
chute (f) de neige	बर्फ़बारी (f)	barfabārī
congère (f)	बर्फ़ का ढेर (m)	barf ka rher

flocon (m) de neige	हिमकण (m)	himakan
boule (f) de neige	बर्फ़ का गोला (m)	barf ka gola
bonhomme (m) de neige	हिम मानव (m)	him mānav
glaçon (m)	हिमलंब (m)	himalamb

décembre (m)	दिसम्बर (m)	disambar
janvier (m)	जनवरी (f)	janavarī
février (m)	फ़रवरी (m)	faravarī

| gel (m) | पाला (m) | pāla |
| glacial (nuit ~) | शीत | shīt |

au-dessous de zéro	शून्य से नीचे	shūny se nīche
premières gelées (f pl)	पहली ठंड (f)	pahalī thand
givre (m)	पाला (m)	pāla
froid (m)	ठंडक (m)	thandak

il fait froid	ठंडक है	thandak hai
manteau (m) de fourrure	फरकोट (m)	farakot
moufles (f pl)	दस्ताने (m pl)	dastāne
tomber malade	बीमार पड़ जाना	bīmār par jāna
refroidissement (m)	ज़ुकाम (m)	zukām
prendre froid	ज़ुकाम होना	zukām hona
glace (f)	बर्फ़ (m)	barf
verglas (m)	बर्फ़ की परत (f)	barf kī parat
être gelé	जम जाना	jam jāna
bloc (m) de glace	हिमखंड (m)	himakhand
skis (m pl)	स्की (m pl)	skī
skieur (m)	स्कीयर (m)	skīyar
faire du ski	स्कीइंग करना	skīing karana
patiner (vi)	स्केटिंग करना	sketing karana

La faune

210. Les mammifères. Les prédateurs

prédateur (m)	परभक्षी (m)	parabhakshī
tigre (m)	बाघ (m)	bāgh
lion (m)	शेर (m)	sher
loup (m)	भेड़िया (m)	bheriya
renard (m)	लोमड़ी (f)	lomri
jaguar (m)	जागुआर (m)	jāguār
léopard (m)	तेंदुआ (m)	tendua
guépard (m)	चीता (m)	chīta
panthère (f)	काला तेंदुआ (m)	kāla tendua
puma (m)	पहाड़ी बिलाव (m)	pahādī bilāv
léopard (m) de neiges	हिम तेंदुआ (m)	him tendua
lynx (m)	वन बिलाव (m)	van bilāv
coyote (m)	कोयोट (m)	koyot
chacal (m)	गीदड़ (m)	gīdar
hyène (f)	लकड़बग्घा (m)	lakarabaggha

211. Les animaux sauvages

animal (m)	जानवर (m)	jānavar
bête (f)	जानवर (m)	jānavar
écureuil (m)	गिलहरी (f)	gilaharī
hérisson (m)	कांटा-चूहा (m)	kānta-chūha
lièvre (m)	खरगोश (m)	kharagosh
lapin (m)	खरगोश (m)	kharagosh
blaireau (m)	बिज्जू (m)	bijjū
raton (m)	रैकून (m)	raikūn
hamster (m)	हैम्स्टर (m)	haimstar
marmotte (f)	मारमोट (m)	māramot
taupe (f)	छछूंदर (m)	chhachhūndar
souris (f)	चूहा (m)	chūha
rat (m)	घूस (m)	ghūs
chauve-souris (f)	चमगादड़ (m)	chamagādar
hermine (f)	नेवला (m)	nevala
zibeline (f)	सेबल (m)	sebal
martre (f)	मारटेन (m)	māraten
belette (f)	नेवला (m)	nevala
vison (m)	मिंक (m)	mink

castor (m)	ऊदबिलाव (m)	ūdabilāv
loutre (f)	ऊदबिलाव (m)	ūdabilāv
cheval (m)	घोड़ा (m)	ghora
élan (m)	मूस (m)	mūs
cerf (m)	हिरण (m)	hiran
chameau (m)	ऊंट (m)	ūnt
bison (m)	बाइसन (m)	baisan
aurochs (m)	जंगली बैल (m)	jangalī bail
buffle (m)	भैंस (m)	bhains
zèbre (m)	ज़ेबरा (m)	zebara
antilope (f)	मृग (f)	mrg
chevreuil (m)	मृग्नी (f)	mrgnī
biche (f)	चीतल (m)	chītal
chamois (m)	शैमी (f)	shaimī
sanglier (m)	जंगली सुआर (m)	jangalī suār
baleine (f)	ह्रेल (f)	hvel
phoque (m)	सील (m)	sīl
morse (m)	वॉलरस (m)	volaras
ours (m) de mer	फर सील (f)	far sīl
dauphin (m)	डॉलफ़िन (f)	dolafin
ours (m)	रीछ (m)	rīchh
ours (m) blanc	सफ़ेद रीछ (m)	safed rīchh
panda (m)	पांडा (m)	pānda
singe (m)	बंदर (m)	bandar
chimpanzé (m)	वनमानुष (m)	vanamānush
orang-outang (m)	वनमानुष (m)	vanamānush
gorille (m)	गोरिला (m)	gorila
macaque (m)	अफ़ूकिन लंगूर (m)	afrikan langūr
gibbon (m)	गिब्बन (m)	gibban
éléphant (m)	हाथी (m)	hāthī
rhinocéros (m)	गैंडा (m)	gainda
girafe (f)	ज़िराफ़ (m)	jirāf
hippopotame (m)	दरियाई घोड़ा (m)	dariyaī ghora
kangourou (m)	कंगारू (m)	kangārū
koala (m)	कोआला (m)	koāla
mangouste (f)	नेवला (m)	nevala
chinchilla (m)	चिनचीला (f)	chinachīla
mouffette (f)	स्कंक (m)	skank
porc-épic (m)	शल्यक (f)	shalyak

212. Les animaux domestiques

chat (m) (femelle)	बिल्ली (f)	billī
chat (m) (mâle)	बिल्ला (m)	billa
chien (m)	कुत्ता (m)	kutta

cheval (m)	घोड़ा (m)	ghora
étalon (m)	घोड़ा (m)	ghora
jument (f)	घोड़ी (f)	ghorī

vache (f)	गाय (f)	gāy
taureau (m)	बैल (m)	bail
bœuf (m)	बैल (m)	bail

brebis (f)	भेड़ (f)	bher
mouton (m)	भेड़ा (m)	bhera
chèvre (f)	बकरी (f)	bakarī
bouc (m)	बकरा (m)	bakara

| âne (m) | गधा (m) | gadha |
| mulet (m) | खच्चर (m) | khachchar |

cochon (m)	सुअर (m)	suar
pourceau (m)	घेंटा (m)	ghenta
lapin (m)	खरगोश (m)	kharagosh

| poule (f) | मुर्गी (f) | murgī |
| coq (m) | मुर्गा (m) | murga |

canard (m)	बत्तख (f)	battakh
canard (m) mâle	नर बत्तख (m)	nar battakh
oie (f)	हंस (m)	hans

| dindon (m) | नर टर्की (m) | nar tarkī |
| dinde (f) | टर्की (f) | tarkī |

animaux (m pl) domestiques	घरेलू पशु (m pl)	gharelū pashu
apprivoisé (adj)	पालतू	pālatū
apprivoiser (vt)	पालतू बनाना	pālatū banāna
élever (vt)	पालना	pālana

ferme (f)	खेत (m)	khet
volaille (f)	मुर्गी पालन (f)	murgī pālan
bétail (m)	मवेशी (m)	maveshī
troupeau (m)	पशु समूह (m)	pashu samūh

écurie (f)	अस्तबल (m)	astabal
porcherie (f)	सूअरखाना (m)	sūarakhāna
vacherie (f)	गौशाला (f)	goshāla
cabane (f) à lapins	खरगोश का दरबा (m)	kharagosh ka daraba
poulailler (m)	मुर्गीखाना (m)	murgīkhāna

213. Le chien. Les races

chien (m)	कुत्ता (m)	kutta
berger (m)	गड़रिये का कुत्ता (m)	garariye ka kutta
caniche (f)	पूडल (m)	pūdal
teckel (m)	डॉक्सहूण्ड (m)	dăksahūnd
bouledogue (m)	बुलडॉग (m)	buladog
boxer (m)	बॉक्सर (m)	boksar

mastiff (m)	मास्टिफ़ (m)	māstif
rottweiler (m)	रॉटवायलर (m)	rotavāyalar
doberman (m)	डोबरमैन (m)	dobaramain

basset (m)	बास्सेट (m)	bāsset
bobtail (m)	बोब्टेल (m)	bobtel
dalmatien (m)	डालमेशियन (m)	dālameshiyan
cocker (m)	कॉकर स्पैनियल (m)	kokar spainiyal

| terre-neuve (m) | न्यूफ़ाउंडलंड (m) | nyūfaundaland |
| saint-bernard (m) | सेंट बर्नार्ड (m) | sent barnārd |

husky (m)	हस्की (m)	haskī
chow-chow (m)	चाठ-चाठ (m)	chau-chau
spitz (m)	स्पीट्ज़ (m)	spītz
carlin (m)	पग (m)	pag

214. Les cris des animaux

aboiement (m)	भौं-भौं (f)	bhaun-bhaun
aboyer (vi)	भौंकना	bhaunkana
miauler (vi)	म्याऊं-म्याऊं करना	myaūn-myaun karana
ronronner (vi)	घुरघुराना	ghuraghurāna

meugler (vi)	रँभाना	ranbhāna
beugler (taureau)	गर्जना	garjana
rugir (chien)	गुर्राना	gurrāna

hurlement (m)	गुर्राहट (f)	gurrāhat
hurler (loup)	चिल्लाना (m)	chillāna
geindre (vi)	रिरियाना	ririyāna

bêler (vi)	मिमियाना	mimiyāna
grogner (cochon)	घुरघुराना	ghuraghurāna
glapir (cochon)	किकियाना	kikiyāna

coasser (vi)	टर्र-टर्र करना	tarr-tarr karana
bourdonner (vi)	भनभनाना	bhanabhanāna
striduler (vi)	चरचराना	characharāna

215. Les jeunes animaux

bébé (m) (~ lapin)	पशुशावक (m)	pashushāvak
chaton (m)	बिल्लौटा (m)	billauta
souriceau (m)	चुहिया (f)	chuhiya
chiot (m)	पिल्ला (m)	pilla

levraut (m)	खरगोश का बच्चा (m)	kharagosh ka bachcha
lapereau (m)	खरगोश का बच्चा (m)	kharagosh ka bachcha
louveteau (m)	भेड़िये का शावक (m)	bheriye ka shāvak
renardeau (m)	लोमड़ी का शावक (m)	lomri ka shāvak
ourson (m)	भालू का बच्चा (m)	bhālū ka bachcha

lionceau (m)	शेर का बच्चा (m)	sher ka bachcha
bébé (m) tigre	बाघ का बच्चा (m)	bāgh ka bachcha
éléphanteau (m)	हाथी का बच्चा (m)	hāthī ka bachcha

pourceau (m)	घेंटा (m)	ghenta
veau (m)	बछड़ा (m)	bachhara
chevreau (m)	बकरी का बच्चा (m)	bakarī ka bachcha
agneau (m)	भेड़ का बच्चा (m)	bher ka bachcha
faon (m)	मृग का बच्चा (m)	mrg ka bachcha
bébé (m) chameau	ऊंट का बच्चा (m)	ūnt ka bachcha

| serpenteau (m) | सर्प का बच्चा (m) | sarp ka bachcha |
| bébé (m) grenouille | मेंढक का बच्चा (m) | mendhak ka bachcha |

oisillon (m)	चिड़िया का बच्चा (m)	chiriya ka bachcha
poussin (m)	मुर्गी का बच्चा (m)	murgī ka bachcha
canardeau (m)	बत्तख़ का बच्चा (m)	battakh ka bachcha

216. Les oiseaux

oiseau (m)	चिड़िया (f)	chiriya
pigeon (m)	कबूतर (m)	kabūtar
moineau (m)	गौरैया (f)	gauraiya
mésange (f)	टिटरी (f)	titarī
pie (f)	नीलकण्ठ पक्षी (f)	nīlakanth pakshī

corbeau (m)	काला कौआ (m)	kāla kaua
corneille (f)	कौआ (m)	kaua
choucas (m)	कौआ (m)	kaua
freux (m)	कौआ (m)	kaua

canard (m)	बत्तख़ (f)	battakh
oie (f)	हंस (m)	hans
faisan (m)	तीतर (m)	tītar

aigle (m)	चील (f)	chīl
épervier (m)	बाज़ (m)	bāz
faucon (m)	बाज़ (m)	bāz
vautour (m)	गिद्ध (m)	giddh
condor (m)	कॉन्डोर (m)	kondor

cygne (m)	राजहंस (m)	rājahans
grue (f)	सारस (m)	sāras
cigogne (f)	लकलक (m)	lakalak

perroquet (m)	तोता (m)	tota
colibri (m)	हमिंग बर्ड (f)	haming bard
paon (m)	मोर (m)	mor

autruche (f)	शुतुरमुर्ग (m)	shuturamurg
héron (m)	बगुला (m)	bagula
flamant (m)	फ़्लेमिन्गो (m)	flemingo
pélican (m)	हवासिल (m)	havāsil
rossignol (m)	बुलबुल (m)	bulabul

hirondelle (f)	अबाबील (f)	abābīl
merle (m)	मुखव्रण (f)	mukhavran
grive (f)	मुखव्रण (f)	mukhavran
merle (m) noir	ब्लैकबर्ड (m)	blaikabard

martinet (m)	बतासी (f)	batāsī
alouette (f) des champs	भरत (m)	bharat
caille (f)	वर्तक (m)	varttak

pivert (m)	कठफोड़ा (m)	kathafora
coucou (m)	कोयल (f)	koyal
chouette (f)	उल्लू (m)	ullū
hibou (m)	गरुड़ उल्लू (m)	garūr ullū
tétras (m)	तीतर (m)	tītar
tétras-lyre (m)	काला तीतर (m)	kāla tītar
perdrix (f)	चकोर (m)	chakor

étourneau (m)	तिलिया (f)	tiliya
canari (m)	कनारी (f)	kanārī
gélinotte (f) des bois	पिंगल तीतर (m)	pingal tītar
pinson (m)	फ़िंच (m)	finch
bouvreuil (m)	बुलफ़िंच (m)	bulafinch

mouette (f)	गंगा-चिल्ली (f)	ganga-chillī
albatros (m)	अल्बात्रोस (m)	albātros
pingouin (m)	पेंगुइन (m)	penguin

217. Les oiseaux. Le chant, les cris

chanter (vi)	गाना	gāna
crier (vi)	बुलाना	bulāna
chanter (le coq)	बांग देना	bāng dena
cocorico (m)	कुकड़ूकू	kukarūnkū

glousser (vi)	कुड़कुड़ाना	kurakurāna
croasser (vi)	कांय कांय करना	kāny kāny karana
cancaner (vi)	कुवैक कुवैक करना	kuvaik kuvaik karana
piauler (vi)	चीं चीं करना	chīn chīn karana
pépier (vi)	चहकना	chahakana

218. Les poissons. Les animaux marins

brème (f)	ब्रीम (f)	brīm
carpe (f)	कार्प (f)	kārp
perche (f)	पर्च (f)	parch
silure (m)	कैटफ़िश (f)	kaitafish
brochet (m)	पाइक (f)	paik

saumon (m)	सैल्मन (f)	sailman
esturgeon (m)	स्टर्जन (f)	starjan
hareng (m)	हेरिंग (f)	hering
saumon (m) atlantique	अटलांटिक सैल्मन (f)	atalāntik sailman

| maquereau (m) | माक्रैल (f) | mākrail |
| flet (m) | फ्लैटफ़िश (f) | flaitafish |

sandre (f)	पाइक पर्च (f)	paik parch
morue (f)	कॉड (f)	kod
thon (m)	टूना (f)	tūna
truite (f)	ट्राउट (f)	traut

anguille (f)	सर्पमीन (f)	sarpamīn
torpille (f)	विद्युत शंकुश (f)	vidyut shankush
murène (f)	मोरे सर्पमीन (f)	more sarpamīn
piranha (m)	पिरान्हा (f)	pirānha

requin (m)	शार्क (f)	shārk
dauphin (m)	डॉलफ़िन (f)	dolafin
baleine (f)	ह्वेल (f)	hvel

crabe (m)	केकड़ा (m)	kekara
méduse (f)	जेली फ़िश (f)	jelī fish
pieuvre (f), poulpe (m)	आक्टोपस (m)	āktopas

étoile (f) de mer	स्टार फ़िश (f)	stār fish
oursin (m)	जलसाही (f)	jalasāhī
hippocampe (m)	समुद्री घोड़ा (m)	samudrī ghora

huître (f)	कस्तूरा (m)	kastūra
crevette (f)	झींगा (f)	jhīnga
homard (m)	लॉब्सटर (m)	lobsatar
langoustine (f)	स्पाइनी लॉब्सटर (m)	spainī lobsatar

219. Les amphibiens. Les reptiles

| serpent (m) | सर्प (m) | sarp |
| venimeux (adj) | विषैला | vishaila |

vipère (f)	वाइपर (m)	vaipar
cobra (m)	नाग (m)	nāg
python (m)	अजगर (m)	ajagar
boa (m)	अजगर (m)	ajagar
couleuvre (f)	साँप (f)	sānp
serpent (m) à sonnettes	रैटल सर्प (m)	raital sarp
anaconda (m)	एनाकोन्डा (f)	enākonda

lézard (m)	छिपकली (f)	chhipakalī
iguane (m)	इग्युएना (m)	igyūena
varan (m)	मॉनिटर छिपकली (f)	monitar chhipakalī
salamandre (f)	सैलामैंडर (m)	sailāmaindar
caméléon (m)	गिरगिट (m)	giragit
scorpion (m)	वृश्चिक (m)	vrshchik

tortue (f)	कछुआ (m)	kachhua
grenouille (f)	मेंढक (m)	mendhak
crapaud (m)	भेक (m)	bhek
crocodile (m)	मगर (m)	magar

220. Les insectes

insecte (m)	कीट (m)	kīt
papillon (m)	तितली (f)	titalī
fourmi (f)	चींटी (f)	chīntī
mouche (f)	मक्खी (f)	makkhī
moustique (m)	मच्छर (m)	machchhar
scarabée (m)	भृंग (m)	bhrng
guêpe (f)	हड्डा (m)	hadda
abeille (f)	मधुमक्खी (f)	madhumakkhī
bourdon (m)	भंवरा (m)	bhanvara
œstre (m)	गोमक्खी (f)	gomakkhī
araignée (f)	मकड़ी (f)	makarī
toile (f) d'araignée	मकड़ी का जाल (m)	makarī ka jāl
libellule (f)	व्याध-पतंग (m)	vyādh-patang
sauterelle (f)	टिड्डा (m)	tidda
papillon (m)	पतंगा (m)	patanga
cafard (m)	तिलचट्टा (m)	tilachatta
tique (f)	जुँआ (m)	juna
puce (f)	पिस्सू (m)	pissū
moucheron (m)	भुनगा (m)	bhunaga
criquet (m)	टिड्डी (f)	tiddī
escargot (m)	घोंघा (m)	ghongha
grillon (m)	झींगुर (m)	jhīngur
luciole (f)	जुगनू (m)	juganū
coccinelle (f)	सोनपंखी (f)	sonapankhī
hanneton (m)	कोकचाफ़ (m)	kokachāf
sangsue (f)	जोंक (m)	jok
chenille (f)	इल्ली (f)	illī
ver (m)	केंचुआ (m)	kenchua
larve (f)	कीटांडिंभ (m)	kītadimbh

221. Les parties du corps des animaux

bec (m)	चोंच (f)	chonch
ailes (f pl)	पंख (m pl)	pankh
patte (f)	पंजा (m)	panja
plumage (m)	पक्षी के पर (m)	pakshī ke par
plume (f)	पर (m)	par
houppe (f)	कलगी (f)	kalagī
ouïes (f pl)	गलफड़ा (m)	galafara
œufs (m pl)	अंडा (m)	anda
larve (f)	लार्वा (f)	lārva
nageoire (f)	मछली का पंख (m)	machhalī ka pankh
écaille (f)	स्केल (f)	skel
croc (m)	खांग (m)	khāng

patte (f)	पंजा (m)	panja
museau (m)	थूथन (m)	thūthan
gueule (f)	मुँह (m)	munh
queue (f)	पूँछ (f)	pūnchh
moustaches (f pl)	मूँछें (f pl)	mūnchhen
sabot (m)	खुर (m)	khur
corne (f)	शृंग (m)	shrng
carapace (f)	कवच (m)	kavach
coquillage (m)	कौड़ी (f)	kaurī
coquille (f) d'œuf	अंडे का छिलका (m)	ande ka chhilaka
poil (m)	जानवर के बाल (m)	jānavar ke bāl
peau (f)	पशुचर्म (m)	pashucharm

222. Les mouvements des animaux

voler (vi)	उड़ना	urana
faire des cercles	चक्कर लगाना	chakkar lagāna
s'envoler (vp)	उड़ जाना	ur jāna
battre des ailes	पंख फड़फड़ाना	pankh farafarāna
picorer (vt)	चुगना	chugana
couver (vt)	अंडे सेना	ande sena
éclore (vt)	अंडे से बाहर निकलना	ande se bāhar nikalana
faire un nid	घोंसला बनाना	ghonsala banāna
ramper (vi)	रेंगना	rengana
piquer (insecte)	डसना	dasana
mordre (animal)	काटना	kātana
flairer (vt)	सूंघना	sūnghana
aboyer (vi)	भौंकना	bhaunkana
siffler (serpent)	फुफकारना	fufakārana
effrayer (vt)	डराना	darāna
attaquer (vt)	हमला करना	hamala karana
ronger (vt)	कुतरना	kutarana
griffer (vt)	कुरेदना	kuredana
se cacher (vp)	छिपाना	chhipāna
jouer (chatons, etc.)	खेलना	khelana
chasser (vi, vt)	शिकार करना	shikār karana
être en hibernation	सीतनिद्रा में होना	sītanidra men hona
disparaître (dinosaures)	समाप्त हो जाना	samāpt ho jāna

223. Les habitats des animaux

habitat (m) naturel	निवास-स्थान (m)	nivās-sthān
migration (f)	देशांतरण (m)	deshāntaran
montagne (f)	पहाड़ (m)	pahār

| récif (m) | रीफ़ (m) | rīf |
| rocher (m) | शिला (f) | shila |

forêt (f)	वन (m)	van
jungle (f)	जंगल (m)	jangal
savane (f)	सवान्ना (m)	savānna
toundra (f)	तुंड्रा (m)	tundra

steppe (f)	घास का मैदान (m)	ghās ka maidān
désert (m)	रेगिस्तान (m)	registān
oasis (f)	नख़लिस्तान (m)	nakhalistān

mer (f)	सागर (m)	sāgar
lac (m)	तालाब (m)	tālāb
océan (m)	महासागर (m)	mahāsāgar

marais (m)	दलदल (m)	daladal
d'eau douce (adj)	मीठे पानी का	mīthe pānī ka
étang (m)	ताल (m)	tāl
rivière (f), fleuve (m)	नदी (f)	nadī

tanière (f)	गुफ़ा (f)	gufa
nid (m)	घोंसला (m)	ghonsala
creux (m)	खोखला (m)	khokhala
terrier (m) (~ d'un renard)	बिल (m)	bil
fourmilière (f)	बांबी (f)	bāmbī

224. Les soins aux animaux

| zoo (m) | चिड़ियाघर (m) | chiriyāghar |
| réserve (f) naturelle | पशुविहार (m) | pashuvihār |

pépinière (f)	पशुफ़ार्म (m)	pashufārm
volière (f)	अहाता (m)	ahāta
cage (f)	पिंजरा (m)	pinjara
niche (f)	कुत्ताघर (m)	kuttāghar

pigeonnier (m)	कबूतरखाना (m)	kabūtarakhāna
aquarium (m)	मछलीघर (m)	machhalīghar
delphinarium (m)	डॉल्फ़िनघर (m)	dolafinaghar

élever (vt)	पालन करना	pālan karana
nichée (f), portée (f)	बच्चे (m)	bachche
apprivoiser (vt)	पालतू बनाना	pālatū banāna

aliments (pl) pour animaux	चारा (m)	chāra
nourrir (vt)	खिलाना	khilāna
dresser (un chien)	सधाना	sadhāna

magasin (m) d'animaux	पालतू जानवरों की दुकान (f)	pālatū jānavaron kī dukān
muselière (f)	थूथन (f)	thūthan
collier (m)	पट्टा (m)	patta
nom (m) (d'un animal)	नाम (m)	nām
pedigree (m)	वंशावली (f)	vanshāvalī

225. Les animaux. Divers

meute (f) (~ de loups)	झुंड (m)	jhund
volée (f) d'oiseaux	झुंड (m)	jhund
banc (m) de poissons	झुंड (m)	jhund
troupeau (m)	झुंड (m)	jhund
mâle (m)	नर (m)	nar
femelle (f)	मादा (f)	māda
affamé (adj)	भूखा	bhūkha
sauvage (adj)	जंगली	jangalī
dangereux (adj)	खतरनाक	khataranāk

226. Les chevaux

cheval (m)	घोड़ा (m)	ghora
race (f)	नस्ल (f)	nasl
poulain (m)	बछड़ा (m)	bachhara
jument (f)	घोड़ी (f)	ghorī
mustang (m)	मुस्तांग (m)	mustāng
poney (m)	टट्टू (m)	tattū
cheval (m) de trait	भारवाही घोड़ा (m)	bhāravāhī ghora
crin (m)	अयाल (m)	ayāl
queue (f)	पूँछ (f)	pūnchh
sabot (m)	खुर (m)	khur
fer (m) à cheval	अश्वनाल (f)	ashvanāl
ferrer (vt)	नाल जड़ना	nāl jarana
maréchal-ferrant (m)	लोहार (m)	lohār
selle (f)	काठी (f)	kāthī
étrier (m)	रक़ाब (m)	raqāb
bride (f)	लगाम (f)	lagām
rênes (f pl)	लगाम (f)	lagām
fouet (m)	चाबूक (m)	chābūk
cavalier (m)	सवार (m)	savār
seller (vt)	काठी कसना	kāthī kasana
se mettre en selle	काठी पर बैठना	kāthī par baithana
galop (m)	सरपट (f)	sarapat
aller au galop	सरपट दौड़ना	sarapat daurana
trot (m)	दुलकी चाल (m)	dulakī chāl
au trot (adv)	दुलकी चाल चलना	dulakī chāl chalana
cheval (m) de course	दौड़ का घोड़ा (m)	daur ka ghora
courses (f pl) à chevaux	घुड़दौड़ (m pl)	ghuradaur
écurie (f)	अस्तबल (m)	astabal
nourrir (vt)	खिलाना	khilāna

foin (m)	सूखी घास (f)	sūkhī ghās
abreuver (vt)	पिलाना	pilāna
laver (le cheval)	नहलाना	nahalāna

paître (vi)	चरना	charana
hennir (vi)	हिनहिनाना	hinahināna
ruer (vi)	लात मारना	lāt mārana

La flore

227. Les arbres

arbre (m)	पेड़ (m)	per
à feuilles caduques	पर्णपाती	parnapātī
conifère (adj)	शंकुधर	shankudhar
à feuilles persistantes	सदाबहार	sadābahār
pommier (m)	सेब वृक्ष (m)	seb vrksh
poirier (m)	नाशपाती का पेड़ (m)	nāshpātī ka per
merisier (m), cerisier (m)	चेरी का पेड़ (f)	cherī ka per
prunier (m)	आलूबुखारे का पेड़ (m)	ālūbukhāre ka per
bouleau (m)	सनोबर का पेड़ (m)	sanobar ka per
chêne (m)	बलूत (m)	balūt
tilleul (m)	लिनडेन वृक्ष (m)	linaden vrksh
tremble (m)	आस्पेन वृक्ष (m)	āspen vrksh
érable (m)	मेपल (m)	mepal
épicéa (m)	फर का पेड़ (m)	far ka per
pin (m)	देवदार (m)	devadār
mélèze (m)	लार्च (m)	lārch
sapin (m)	फर (m)	far
cèdre (m)	देवदर (m)	devadar
peuplier (m)	पोप्लर वृक्ष (m)	poplar vrksh
sorbier (m)	रोवाण (m)	rovān
saule (m)	विलो (f)	vilo
aune (m)	आल्डर वृक्ष (m)	āldar vrksh
hêtre (m)	बीच (m)	bīch
orme (m)	एल्म वृक्ष (m)	elm vrksh
frêne (m)	एश-वृक्ष (m)	esh-vrksh
marronnier (m)	चेस्टनट (m)	chestanat
magnolia (m)	मैगनोलिया (f)	maiganoliya
palmier (m)	ताड़ का पेड़ (m)	tār ka per
cyprès (m)	सरो (m)	saro
palétuvier (m)	मैनग्रोव (m)	mainagrov
baobab (m)	गोरक्षी (m)	gorakshī
eucalyptus (m)	यूकेलिप्टस (m)	yūkeliptas
séquoia (m)	सेकोइया (f)	sekoiya

228. Les arbustes

buisson (m)	झाड़ी (f)	jhārī
arbrisseau (m)	झाड़ी (f)	jhārī

| vigne (f) | अंगूर की बेल (f) | angūr kī bel |
| vigne (f) (vignoble) | अंगूर का बाग़ (m) | angūr ka bāg |

framboise (f)	रास्पबेरी की झाड़ी (f)	rāspaberī kī jhāṛī
groseille (f) rouge	लाल करेंट की झाड़ी (f)	lāl karent kī jhāṛī
groseille (f) verte	गूज़बेरी की झाड़ी (f)	gūzaberī kī jhāṛī

acacia (m)	ऐकेशिय (m)	aikeshiy
berbéris (m)	बारबेरी झाड़ी (f)	bāraberī jhārī
jasmin (m)	चमेली (f)	chamelī

genévrier (m)	जूनिपर (m)	jūnipar
rosier (m)	गुलाब की झाड़ी (f)	gulāb kī jhārī
églantier (m)	जंगली गुलाब (m)	jangalī gulāb

229. Les champignons

champignon (m)	गगन-धूलि (f)	gagan-dhūli
champignon (m) comestible	खाने योग्य गगन-धूलि (f)	khāne yogy gagan-dhūli
champignon (m) vénéneux	ज़हरीली गगन-धूलि (f)	zaharīlī gagan-dhūli
chapeau (m)	छतरी (f)	chhatarī
pied (m)	डंठल (f)	danthal

cèpe (m)	सफ़ेद गगन-धूलि (f)	safed gagan-dhūli
bolet (m) orangé	नारंगी छतरी वाली गगन-धूलि (f)	nārangī chhatarī vālī gagan-dhūli
bolet (m) bai	बर्च बोलेट (f)	barch bolet
girolle (f)	शेंटरेल (f)	shentarel
russule (f)	रसुला (f)	rasula

morille (f)	मोरेल (f)	morel
amanite (f) tue-mouches	फ्लाई ऐगेरिक (f)	flaī aigerik
oronge (f) verte	डेथ कैप (f)	deth kaip

230. Les fruits. Les baies

fruit (m)	फल (m)	fal
fruits (m pl)	फल (m pl)	fal
pomme (f)	सेब (m)	seb
poire (f)	नाश्पाती (f)	nāshpātī
prune (f)	आलूबुख़ारा (m)	ālūbukhāra

fraise (f)	स्ट्रॉबेरी (f)	stroberī
merise (f), cerise (f)	चेरी (f)	cherī
raisin (m)	अंगूर (m)	angūr

framboise (f)	रास्पबेरी (f)	rāspaberī
cassis (m)	काली करेंट (f)	kālī karent
groseille (f) rouge	लाल करेंट (f)	lāl karent
groseille (f) verte	गूज़बेरी (f)	gūzaberī
canneberge (f)	क्रेनबेरी (f)	krenaberī
orange (f)	संतरा (m)	santara

mandarine (f)	नारंगी (f)	nārangī
ananas (m)	अनानास (m)	anānās
banane (f)	केला (m)	kela
datte (f)	खजूर (m)	khajūr
citron (m)	नींबू (m)	nīmbū
abricot (m)	खूबानी (f)	khūbānī
pêche (f)	आड़ू (m)	ārū
kiwi (m)	चीकू (m)	chīkū
pamplemousse (m)	ग्रेपफ्रूट (m)	grepafrūt
baie (f)	बेरी (f)	berī
baies (f pl)	बेरियां (f pl)	beriyān
airelle (f) rouge	काओबेरी (f)	kaoberī
fraise (f) des bois	जंगली स्ट्रॉबेरी (f)	jangalī stroberī
myrtille (f)	बिलबेरी (f)	bilaberī

231. Les fleurs. Les plantes

fleur (f)	फूल (m)	fūl
bouquet (m)	गुलदस्ता (m)	guladasta
rose (f)	गुलाब (f)	gulāb
tulipe (f)	ट्यूलिप (m)	tyūlip
oeillet (m)	गुलनार (m)	gulanār
glaïeul (m)	ग्लेडियोलस (m)	glediyolas
bleuet (m)	नीलकूपी (m)	nīlakūpī
campanule (f)	ब्लूबेल (m)	blūbel
dent-de-lion (f)	कुकरौंधा (m)	kukaraundha
marguerite (f)	कैमोमाइल (m)	kaimomail
aloès (m)	मुसब्बर (m)	musabbar
cactus (m)	कैक्टस (m)	kaiktas
ficus (m)	रबड़ का पौधा (m)	rabar ka paudha
lis (m)	कुमुदिनी (f)	kumudinī
géranium (m)	जेरेनियम (m)	jeraniyam
jacinthe (f)	हायसिंथ (m)	hāyasinth
mimosa (m)	मिमोसा (m)	mimosa
jonquille (f)	नरगिस (f)	naragis
capucine (f)	नस्टाशयम (m)	nastāshayam
orchidée (f)	आर्किड (m)	ārkid
pivoine (f)	पियोनी (m)	piyonī
violette (f)	वॉयलेट (m)	voyalet
pensée (f)	पैंज़ी (m pl)	painzī
myosotis (m)	फर्गेट मी नाट (m)	fargent mī nāt
pâquerette (f)	गुलबहार (f)	gulabahār
coquelicot (m)	खशखाश (m)	khashakhāsh
chanvre (m)	भांग (f)	bhāng

menthe (f)	पुदीना (m)	pudīna
muguet (m)	कामुदिनी (f)	kāmudinī
perce-neige (f)	सफ़ेद फूल (m)	safed fūl

ortie (f)	बिच्छू बूटी (f)	bichchhū būtī
oseille (f)	सोरेल (m)	sorel
nénuphar (m)	कुमुदिनी (f)	kumudinī
fougère (f)	फर्न (m)	farn
lichen (m)	शैवाक (m)	shaivāk

serre (f) tropicale	शीशाघर (m)	shīshāghar
gazon (m)	घास का मैदान (m)	ghās ka maidān
parterre (m) de fleurs	फुलवारी (f)	fulavārī

plante (f)	पौधा (m)	paudha
herbe (f)	घास (f)	ghās
brin (m) d'herbe	तिनका (m)	tinaka

feuille (f)	पत्ती (f)	pattī
pétale (m)	पंखड़ी (f)	pankharī
tige (f)	डंडी (f)	dandī
tubercule (m)	कंद (m)	kand

| pousse (f) | अंकुर (m) | ankur |
| épine (f) | काँटा (m) | kānta |

fleurir (vi)	खिलना	khilana
se faner (vp)	मुरझाना	murajhāna
odeur (f)	बू (m)	bū
couper (vt)	काटना	kātana
cueillir (fleurs)	तोड़ना	torana

232. Les céréales

grains (m pl)	दाना (m)	dāna
céréales (f pl) (plantes)	अनाज की फ़सलें (m pl)	anāj kī fasalen
épi (m)	बाल (f)	bāl

blé (m)	गेहूं (m)	gehūn
seigle (m)	रई (f)	raī
avoine (f)	जई (f)	jaī

| millet (m) | बाजरा (m) | bājara |
| orge (f) | जौ (m) | jau |

maïs (m)	मक्का (m)	makka
riz (m)	चावल (m)	chāval
sarrasin (m)	मोथी (m)	mothī

pois (m)	मटर (m)	matar
haricot (m)	राजमा (f)	rājama
soja (m)	सोया (m)	soya
lentille (f)	दाल (m)	dāl
fèves (f pl)	फली (f pl)	falī

233. Les légumes

légumes (m pl)	सब्जियाँ (f pl)	sabziyān
verdure (f)	हरी सब्जियाँ (f)	harī sabjiyān
tomate (f)	टमाटर (m)	tamātar
concombre (m)	खीरा (m)	khīra
carotte (f)	गाजर (f)	gājar
pomme (f) de terre	आलू (m)	ālū
oignon (m)	प्याज़ (f)	pyāz
ail (m)	लहसुन (m)	lahasun
chou (m)	बंदगोभी (f)	bandagobhī
chou-fleur (m)	फूल गोभी (f)	fūl gobhī
chou (m) de Bruxelles	ब्रसेल्स स्प्राउट्स (m)	brasels sprauts
betterave (f)	चुकन्दर (m)	chukandar
aubergine (f)	बैंगन (m)	baingan
courgette (f)	लौकी (f)	laukī
potiron (m)	कद्दू (m)	kaddū
navet (m)	शलजम (f)	shalajam
persil (m)	अजमोद (f)	ajamod
fenouil (m)	सोआ (m)	soa
laitue (f) (salade)	सलाद पत्ता (m)	salād patta
céleri (m)	सेलरी (m)	selarī
asperge (f)	एस्परैगस (m)	esparaigas
épinard (m)	पालक (m)	pālak
pois (m)	मटर (m)	matar
fèves (f pl)	फली (f pl)	falī
maïs (m)	मकई (f)	makī
haricot (m)	राजमा (f)	rājama
poivron (m)	मिर्च (f)	mirch
radis (m)	मूली (f)	mūlī
artichaut (m)	आर्तिशोक (m)	artishok

LA GÉOGRAPHIE RÉGIONALE

Les pays du monde. Les nationalités

234. L'Europe de l'Ouest

Europe (f)	यूरोप (m)	yūrop
Union (f) européenne	यूरोपीय संघ (m)	yūropīy sangh
européen (m)	यरोपीय (m)	yaropīy
européen (adj)	यरोपीय	yaropīy
Autriche (f)	ऑस्ट्रिया (m)	ostriya
Autrichien (m)	ऑस्ट्रियाई (m)	ostriyaī
Autrichienne (f)	ऑस्ट्रीयाई (f)	ostrīyaī
autrichien (adj)	ऑस्ट्रीयाई	ostrīyaī
Grande-Bretagne (f)	गेट ब्रिटेन (m)	gret briten
Angleterre (f)	इंग्लैंड (m)	inglaind
Anglais (m)	ब्रिटिश (m)	british
Anglaise (f)	ब्रिटिश (f)	british
anglais (adj)	अंग्रेज़	angrez
Belgique (f)	बेल्जियम (m)	beljiyam
Belge (m)	बेल्जियाई (m)	beljiyaī
Belge (f)	बेल्जियाई (f)	beljiyaī
belge (adj)	बेल्जियाई	beljiyaī
Allemagne (f)	जर्मन (m)	jarman
Allemand (m)	जर्मन (m)	jarman
Allemande (f)	जर्मन (f)	jarman
allemand (adj)	जर्मन	jarman
Pays-Bas (m)	नीदरलैंड्स (m)	nīdaralainds
Hollande (f)	हॉलैंड (m)	holaind
Hollandais (m)	डच (m)	dach
Hollandaise (f)	डच (f)	dach
hollandais (adj)	डच	dach
Grèce (f)	ग्रीस (m)	grīs
Grec (m)	ग्रीक (m)	grīk
Grecque (f)	ग्रीक (f)	grīk
grec (adj)	ग्रीक	grīk
Danemark (m)	डेन्मार्क (m)	denmārk
Danois (m)	डेनिश (m)	denish
Danoise (f)	डेनिश (f)	denish
danois (adj)	डेनिश	denish
Irlande (f)	आयरलैंड (m)	āyaralaind
Irlandais (m)	आयरिश (m)	āyarish

Irlandaise (f)	आयरिश (f)	āyarish
irlandais (adj)	आयरिश	āyarish
Islande (f)	आयसलैंड (m)	āyasalaind
Islandais (m)	आयसलैंडर (m)	āyasalaindar
Islandaise (f)	आयसलैंडर (f)	āyasalaindar
islandais (adj)	आयसलैंडर	āyasalaindar
Espagne (f)	स्पेन (m)	spen
Espagnol (m)	स्पेनी (m)	spenī
Espagnole (f)	स्पेनी (f)	spenī
espagnol (adj)	स्पेनी	spenī
Italie (f)	इटली (m)	italī
Italien (m)	इतालवी (m)	itālavī
Italienne (f)	इतालवी (f)	itālavī
italien (adj)	इतालवी	itālavī
Chypre (m)	साइप्रस (m)	saipras
Chypriote (m)	साइप्रस वासी (m)	saipras vāsī
Chypriote (f)	साइप्रस वासी (f)	saipras vāsī
chypriote (adj)	साइप्रसी	saiprasī
Malte (f)	माल्टा (m)	mālta
Maltais (m)	मोलतिज़्र (m)	molatiz
Maltaise (f)	मोलतिज़्र (f)	molatiz
maltais (adj)	मोलतिज़्र	molatiz
Norvège (f)	नार्वे (m)	nārve
Norvégien (m)	नार्वेजियन (m)	nārvejiyan
Norvégienne (f)	नार्वेजियन (f)	nārvejiyan
norvégien (adj)	नार्वेजियन	nārvejiyan
Portugal (m)	पुर्तगाल (m)	purtagāl
Portugais (m)	पुर्तगाली (m)	purtagālī
Portugaise (f)	पुर्तगाली (f)	purtagālī
portugais (adj)	पुर्तगाली	purtagālī
Finlande (f)	फ़िनलैंड (m)	finalaind
Finlandais (m)	फ़िनिश (m)	finish
Finlandaise (f)	फ़िनिश (f)	finish
finlandais (adj)	फ़िनिश	finish
France (f)	फ़्रांस (m)	frāns
Français (m)	फ़्रांसीसी (m)	frānsīsī
Française (f)	फ़्रांसीसी (f)	frānsīsī
français (adj)	फ़्रांसीसी	frānsīsī
Suède (f)	स्वीडन (m)	svīdan
Suédois (m)	स्वीड (m)	svīd
Suédoise (f)	स्वीड (f)	svīd
suédois (adj)	स्वीडिश	svīdish
Suisse (f)	स्विट्ज़रलैंड (m)	svitzaralaind
Suisse (m)	स्विस (m)	svis
Suissesse (f)	स्विस (f)	svis

suisse (adj)	स्विस	svis
Écosse (f)	स्कॉटलैंड (m)	skotalaind
Écossais (m)	स्कॉटिश (m)	skotish
Écossaise (f)	स्कॉटिश (f)	skotish
écossais (adj)	स्कॉटिश	skotish
Vatican (m)	वेटिकन (m)	vetikan
Liechtenstein (m)	लिकटेंस्टीन (m)	likatenstīn
Luxembourg (m)	लक्ज़मबर्ग (m)	lakzamabarg
Monaco (m)	मोनाको (m)	monāko

235. L'Europe Centrale et l'Europe de l'Est

Albanie (f)	अल्बानिया (m)	albāniya
Albanais (m)	अल्बानियाई (m)	albāniyaī
Albanaise (f)	अल्बानियाई (f)	albāniyaī
albanais (adj)	अल्बानियाई	albāniyaī
Bulgarie (f)	बुल्गारिया (m)	bulgāriya
Bulgare (m)	बल्गेरियाई (m)	balgeriyaī
Bulgare (f)	बल्गेरियाई (f)	balgeriyaī
bulgare (adj)	बल्गेरियाई	balgeriyaī
Hongrie (f)	हंगरी (m)	hangarī
Hongrois (m)	हंगेरियाई (m)	hangeriyaī
Hongroise (f)	हंगेरियाई (f)	hangeriyaī
hongrois (adj)	हंगेरियाई	hangeriyaī
Lettonie (f)	लाटविया (m)	lātaviya
Letton (m)	लाटवियाई (m)	lātaviyaī
Lettonne (f)	हंगेरियाई (f)	hangeriyaī
letton (adj)	लाटवियाई	lātaviyaī
Lituanie (f)	लिथुआनिया (m)	lithuāniya
Lituanien (m)	लिथुआनियन (m)	lithuāniyan
Lituanienne (f)	लिथुआनियन (f)	lithuāniyan
lituanien (adj)	लिथुआनियन	lithuāniyan
Pologne (f)	पोलैंड (m)	polaind
Polonais (m)	पोलिश (m)	polish
Polonaise (f)	पोलिश (f)	polish
polonais (adj)	पोलिश	polish
Roumanie (f)	रोमानिया (m)	romāniya
Roumain (m)	रोमानियाई (m)	romāniyaī
Roumaine (f)	रोमानियाई (f)	romāniyaī
roumain (adj)	रोमानियाई	romāniyaī
Serbie (f)	सर्बिया (m)	sarbiya
Serbe (m)	सर्बियाई (m)	sarbiyaī
Serbe (f)	सर्बियाई (f)	sarbiyaī
serbe (adj)	सर्बियाई	sarbiyaī
Slovaquie (f)	स्लोवाकिया (m)	slovākiya
Slovaque (m)	स्लोवाकियन (m)	slovākiyan

| Slovaque (f) | स्लोवाकियन (f) | slovākiyan |
| slovaque (adj) | स्लोवाकियन | slovākiyan |

Croatie (f)	क्रोएशिया (m)	kroeshiya
Croate (m)	क्रोएशियन (m)	kroeshiyan
Croate (f)	क्रोएशियन (f)	kroeshiyan
croate (adj)	क्रोएशियन	kroeshiyan

République (f) Tchèque	चेक गणतंत्र (m)	chek ganatantr
Tchèque (m)	चेक (m)	chek
Tchèque (f)	चेक (f)	chek
tchèque (adj)	चेक	chek

Estonie (f)	एस्तोनिया (m)	estoniya
Estonien (m)	एस्तोनियन (m)	estoniyan
Estonienne (f)	एस्तोनियन (f)	estoniyan
estonien (adj)	एस्तोनियन	estoniyan

Bosnie (f)	बोस्निया और हर्ज़ेगोविना	bosniya aur harzegovina
Macédoine (f)	मेसेडोनिया (m)	mesedoniya
Slovénie (f)	स्लोवेनिया (m)	sloveniya
Monténégro (m)	मोंटेनेग्रो (m)	montenegro

236. Les pays de l'ex-U.R.S.S.

Azerbaïdjan (m)	आज़रबाइजान (m)	āzarabaijān
Azerbaïdjanais (m)	आज़रबाइजानी (m)	āzarabaijānī
Azerbaïdjanaise (f)	आज़रबाइजानी (f)	āzarabaijānī
azerbaïdjanais (adj)	आज़रबाइजानी	āzarabaijānī

Arménie (f)	आर्मीनिया (m)	ārmīniya
Arménien (m)	आर्मीनियन (m)	ārmīniyan
Arménienne (f)	आर्मीनियन (f)	ārmīniyan
arménien (adj)	आर्मीनियाई	ārmīniyaī

Biélorussie (f)	बेलारूस (m)	belārūs
Biélorusse (m)	बेलारूसी (m)	belārūsī
Biélorusse (f)	बेलारूसी (f)	belārūsī
biélorusse (adj)	बेलारूसी	belārūsī

Géorgie (f)	जॉर्जिया (m)	jorjiya
Géorgien (m)	जॉर्जियन (m)	jorjiyan
Géorgienne (f)	जॉर्जियन (f)	jorjiyan
géorgien (adj)	जॉर्जिया	jorjiya

Kazakhstan (m)	कज़ाकस्तान (m)	kazākastān
Kazakh (m)	कज़ाकी (m)	kazākī
Kazakhe (f)	कज़ाकी (f)	kazākī
kazakh (adj)	कज़ाकी	kazākī

Kirghizistan (m)	किर्गीज़िया (m)	kirgīziya
Kirghiz (m)	किर्गीज़ (m)	kirgīz
Kirghize (f)	किर्गीज़ (f)	kirgīz
kirghiz (adj)	किर्गीज़	kirgīz

Moldavie (f)	मोलबोवा (m)	moladova
Moldave (m)	मोलबोवियन (m)	moladoviyan
Moldave (f)	मोलबोवियन (f)	moladoviyan
moldave (adj)	मोलबोवियन	moladoviyan

Russie (f)	रूस (m)	rūs
Russe (m)	रूसी (m)	rūsī
Russe (f)	रूसी (f)	rūsī
russe (adj)	रूसी	rūsī

Tadjikistan (m)	ताजिकिस्तान (m)	tājikistān
Tadjik (m)	ताजिक (m)	tājik
Tadjik (f)	ताजिक (f)	tājik
tadjik (adj)	ताजिक	tājik

Turkménistan (m)	तुर्कमानिस्तान (m)	turkamānistān
Turkmène (m)	तुर्कमानी (m)	turkamānī
Turkmène (f)	तुर्कमानी (f)	turkamānī
turkmène (adj)	तुर्कमानी	turkamānī

Ouzbékistan (m)	ऊज़्बेकिस्तान (m)	uzbekistān
Ouzbek (m)	ऊज़्बेकी (m)	uzbekī
Ouzbek (f)	ऊज़्बेकी (f)	uzbekī
ouzbek (adj)	ऊज़्बेकि	uzbeki

Ukraine (f)	यूक्रेन (m)	yūkren
Ukrainien (m)	यूक्रेनी (m)	yūkrenī
Ukrainienne (f)	यूक्रेनी (f)	yūkrenī
ukrainien (adj)	यूक्रेनी	yūkrenī

237. L'Asie

Asie (f)	एशिया (f)	eshiya
asiatique (adj)	एशियई	eshiyī

Vietnam (m)	वियतनाम (m)	viyatanām
Vietnamien (m)	वियतनामी (m)	viyatanāmī
Vietnamienne (f)	वियतनामी (f)	viyatanāmī
vietnamien (adj)	वियतनामी	viyatanāmī

Inde (f)	भारत (m)	bhārat
Indien (m)	भारतीय (m)	bhāratīy
Indienne (f)	भारतीय (f)	bhāratīy
indien (adj)	भारतीय	bhāratīy

Israël (m)	इसायल (m)	isrāyal
Israélien (m)	इसाइली (m)	israilī
Israélienne (f)	इसाइली (f)	israilī
israélien (adj)	इसाइली	israilī

Juif (m)	यहूदी (m)	yahūdī
Juive (f)	यहूदी (f)	yahūdī
juif (adj)	यहूदी	yahūdī
Chine (f)	चीन (m)	chīn

Chinois (m)	चीनी (m)	chīnī
Chinoise (f)	चीनी (f)	chīnī
chinois (adj)	चीनी	chīnī

Coréen (m)	कोरियन (m)	koriyan
Coréenne (f)	कोरियन (f)	koriyan
coréen (adj)	कोरियन	koriyan

Liban (m)	लेबनान (m)	lebanān
Libanais (m)	लेबनानी (m)	lebanānī
Libanaise (f)	लेबनानी (f)	lebanānī
libanais (adj)	लेबनानी	lebanānī

Mongolie (f)	मंगोलिया (m)	mangoliya
Mongole (m)	मंगोलियन (m)	mangoliyan
Mongole (f)	मंगोलियन (f)	mangoliyan
mongole (adj)	मंगोलियन	mangoliyan

Malaisie (f)	मलेशिया (m)	maleshiya
Malaisien (m)	मलेशियाई (m)	maleshiyaī
Malaisienne (f)	मलेशियाई (f)	maleshiyaī
malais (adj)	मलेशियाई	maleshiyaī

Pakistan (m)	पाकिस्तान (m)	pākistān
Pakistanais (m)	पाकिस्तानी (m)	pākistānī
Pakistanaise (f)	पाकिस्तानी (f)	pākistānī
pakistanais (adj)	पाकिस्तानी	pākistānī

Arabie (f) Saoudite	सऊदी अरब (m)	saūdī arab
Arabe (m)	अरब (m)	arab
Arabe (f)	अरबी (f)	arabī
arabe (adj)	अरबी	arabī

Thaïlande (f)	थाईलैंड (m)	thāīlaind
Thaïlandais (m)	थाई (m)	thaī
Thaïlandaise (f)	थाई (f)	thaī
thaïlandais (adj)	थाई	thaī

Taïwan (m)	ताइवान (m)	taivān
Taïwanais (m)	ताइवानी (m)	taivānī
Taïwanaise (f)	ताइवानी (f)	taivānī
taïwanais (adj)	ताइवानी	taivānī

Turquie (f)	तुर्की (m)	turkī
Turc (m)	तुर्क (m)	turk
Turque (f)	तुर्क (m)	turk
turc (adj)	तुर्किश	turkish

Japon (m)	जापान (m)	jāpān
Japonais (m)	जापानी (m)	jāpānī
Japonaise (f)	जापानी (f)	jāpānī
japonais (adj)	जापानी	jāpānī

Afghanistan (m)	अफ़्ग़ानिस्तान (m)	afagānistān
Bangladesh (m)	बांग्लादेश (m)	bānglādesh
Indonésie (f)	इण्डोनेशिया (m)	indoneshiya

Jordanie (f)	जॉर्डन (m)	jordan
Iraq (m)	इराक़ (m)	irāq
Iran (m)	इरान (m)	irān
Cambodge (m)	कम्बोडिया (m)	kambodiya
Koweït (m)	कुवैत (m)	kuvait
Laos (m)	लाओस (m)	laos
Myanmar (m)	म्यांमर (m)	myãmmar
Népal (m)	नेपाल (m)	nepāl
Fédération (f) des Émirats Arabes Unis	संयुक्त अरब अमीरात (m)	sanyukt arab amīrāt
Syrie (f)	सीरिया (m)	sīriya
Palestine (f)	फिलिस्तीन (m)	filistīn
Corée (f) du Sud	दक्षिण कोरिया (m)	dakshin koriya
Corée (f) du Nord	उत्तर कोरिया (m)	uttar koriya

238. L'Amérique du Nord

Les États Unis	संयुक्त राज्य अमरीका (m)	sanyukt rājy amarīka
Américain (m)	अमरीकी (m)	amarīkī
Américaine (f)	अमरीकी (f)	amarīkī
américain (adj)	अमरीकी	amarīkī
Canada (m)	कनाडा (m)	kanāda
Canadien (m)	कैनेडियन (m)	kainediyan
Canadienne (f)	कैनेडियन (f)	kainediyan
canadien (adj)	कैनेडियन	kainediyan
Mexique (m)	मेक्सिको (m)	meksiko
Mexicain (m)	मेक्सिकन (m)	meksikan
Mexicaine (f)	मेक्सिकन (f)	meksikan
mexicain (adj)	मेक्सिकन	meksikan

239. L'Amérique Centrale et l'Amérique du Sud

Argentine (f)	अर्जेंटीना (m)	arjentīna
Argentin (m)	अर्जेंटीनी (m)	arjentīnī
Argentine (f)	अर्जेंटीनी (f)	arjentīnī
argentin (adj)	अर्जेंटीनी	arjentīnī
Brésil (m)	ब्राज़ील (m)	brāzīl
Brésilien (m)	ब्राज़ीली (m)	brāzīlī
Brésilienne (f)	ब्राज़ीली (f)	brāzīlī
brésilien (adj)	ब्राज़ीली	brāzīlī
Colombie (f)	कोलम्बिया (m)	kolambiya
Colombien (m)	कोलम्बियन (m)	kolambiyan
Colombienne (f)	कोलम्बियन (f)	kolambiyan
colombien (adj)	कोलम्बियन	kolambiyan
Cuba (f)	क्यूबा (m)	kyūba
Cubain (m)	क्यूबन (m)	kyūban

Cubaine (f)	क्यूबन (f)	kyūban
cubain (adj)	क्यूबाई	kyūbaī

Chili (m)	चिली (m)	chilī
Chilien (m)	चीलीयन (m)	chīlīyan
Chilienne (f)	चीलीयन (f)	chīlīyan
chilien (adj)	चीलीयन	chīlīyan

Bolivie (f)	बोलीविया (m)	bolīviya
Venezuela (f)	वेनेज़ुएला (m)	venezuela
Paraguay (m)	परागुआ (m)	parāgua
Pérou (m)	पेरू (m)	perū

Surinam (m)	सूरीनाम (m)	sūrīnām
Uruguay (m)	उरुग्वे (m)	urugve
Équateur (m)	इक्वेडोर (m)	ikvedor

Bahamas (f pl)	बहामा (m)	bahāma
Haïti (m)	हाइटी (m)	haitī
République (f) Dominicaine	डोमिनिकन रिपब्लिक (m)	dominikan ripablik
Panamá (m)	पनामा (m)	panāma
Jamaïque (f)	जमैका (m)	jamaika

240. L'Afrique

Égypte (f)	मिस्र (m)	misr
Égyptien (m)	मिस्री (m)	misrī
Égyptienne (f)	मिस्री (f)	misrī
égyptien (adj)	मिस्री	misrī

Maroc (m)	मोरक्को (m)	morakko
Marocain (m)	मोरकन (m)	morakan
Marocaine (f)	मोरकन (f)	morakan
marocain (adj)	मोरकन	morakan

Tunisie (f)	ट्युनीसिया (m)	tyunīsiya
Tunisien (m)	ट्युनीसियन (m)	tyunīsiyan
Tunisienne (f)	ट्युनीसियन (f)	tyunīsiyan
tunisien (adj)	ट्युनीसियन	tyunīsiyan

Ghana (m)	घाना (m)	ghāna
Zanzibar (m)	ज़ैंज़िबार (m)	zainzibār
Kenya (m)	केन्या (m)	kenya
Libye (f)	लीबिया (m)	lībiya
Madagascar (f)	मडागास्कार (m)	madāgāskār

Namibie (f)	नामीबिया (m)	nāmībiya
Sénégal (m)	सेनेगाल (m)	senegāl
Tanzanie (f)	तंज़ानिया (m)	tanzāniya
République (f) Sud-africaine	दक्षिण अफ्रीका (m)	dakshin afrīka

Africain (m)	अफ्रीकी (m)	afrīkī
Africaine (f)	अफ्रीकी (f)	afrīkī
africain (adj)	अफ्रीकी	afrīkī

241. L'Australie et Océanie

Australie (f)	आस्ट्रेलिया (m)	āstreliya
Australien (m)	आस्ट्रेलियन (m)	āstreliyan
Australienne (f)	आस्ट्रेलियन (f)	āstreliyan
australien (adj)	आस्ट्रेलियन	āstreliyan
Nouvelle Zélande (f)	न्यू ज़ीलैंड (m)	nyū zīlaind
Néo-Zélandais (m)	न्यू ज़ीलैंडियन (m)	nyū zīlaindiyan
Néo-Zélandaise (f)	न्यू ज़ीलैंडियन (f)	nyū zīlaindiyan
néo-zélandais (adj)	न्यू ज़ीलैंडियन	nyū zīlaindiyan
Tasmanie (f)	तास्मानिया (m)	tāsmāniya
Polynésie (f) Française	फ्रेंच पॉलीनेशिया (m)	french polīneshiya

242. Les grandes villes

Amsterdam (f)	एम्स्टर्डम (m)	emstardam
Ankara (m)	अंकारा (m)	ankāra
Athènes (m)	एथेन्स (m)	ethens
Bagdad (m)	बगदाद (m)	bagadād
Bangkok (m)	बैंकॉक (m)	bainkok
Barcelone (f)	बार्सिलोना (m)	bārsilona
Berlin (m)	बर्लिन (m)	barlin
Beyrouth (m)	बेरूत (m)	berūt
Bombay (m)	मुम्बई (m)	mumbī
Bonn (f)	बॉन (m)	bon
Bordeaux (f)	बोर्दो (m)	bordo
Bratislava (m)	ब्राटीस्लावा (m)	brātīslāva
Bruxelles (m)	ब्रसेल्स (m)	brasels
Bucarest (m)	बुखारेस्ट (m)	bukhārest
Budapest (m)	बुडापेस्ट (m)	budāpest
Caire (m)	काहिरा (m)	kāhira
Calcutta (f)	कोलकाता (m)	kolakāta
Chicago (f)	शिकागो (m)	shikāgo
Copenhague (f)	कोपनहेगन (m)	kopanahegan
Dar es-Salaam (f)	दार-एस-सलाम (m)	dār-es-salām
Delhi (f)	दिल्ली (f)	dillī
Dubaï (f)	दुबई (m)	dubī
Dublin (f)	डब्लिन (m)	dablin
Düsseldorf (f)	डसेलडोर्फ़ (m)	daseladorf
Florence (f)	फ़्लोरेंस (m)	florens
Francfort (f)	फ़्रैंकफ़र्ट (m)	frainkfart
Genève (f)	जेनेवा (m)	jeneva
Hague (f)	हेग (m)	heg
Hambourg (f)	हैम्बर्ग (m)	haimbarg
Hanoi (f)	हनोई (m)	hanoī

Havane (f)	हवाना (m)	havāna
Helsinki (f)	हेलसिंकी (m)	helasinkī
Hiroshima (f)	हिरोशीमा (m)	hiroshīma
Hong Kong (m)	हांगकांग (m)	hāngakāng
Istanbul (f)	इस्तांबुल (m)	istāmbul
Jérusalem (f)	यरूशलम (m)	yarūshalam
Kiev (f)	कीव (m)	kīv
Kuala Lumpur (f)	कुआला लुम्पुर (m)	kuāla lumpur
Lisbonne (f)	लिस्बन (m)	lisban
Londres (m)	लंदन (m)	landan
Los Angeles (f)	लॉस एंजेलेस (m)	los enjeles
Lyon (f)	लिओन (m)	lion
Madrid (f)	मेड्रिड (m)	medrid
Marseille (f)	मार्सेल (m)	mārsel
Mexico (f)	मेक्सिको सिटी (f)	meksiko sitī
Miami (f)	मियामी (m)	miyāmī
Montréal (f)	मांट्रियल (m)	māntriyal
Moscou (f)	मॉस्को (m)	mosko
Munich (f)	म्यूनिख (m)	myūnikh
Nairobi (f)	नैरोबी (m)	nairobī
Naples (f)	नेपल्स (m)	nepals
New York (f)	न्यू यॉर्क (m)	nyū york
Nice (f)	नीस (m)	nīs
Oslo (m)	ओस्लो (m)	oslo
Ottawa (m)	ओटावा (m)	otāva
Paris (m)	पेरिस (m)	peris
Pékin (m)	बीजिंग (m)	bījing
Prague (m)	प्राग (m)	prāg
Rio de Janeiro (m)	रिओ डे जैनेरो (m)	rio de jainero
Rome (f)	रोम (m)	rom
Saint-Pétersbourg (m)	सेंट पीटरस्बर्ग (m)	sent pītarasbarg
Séoul (m)	सियोल (m)	siyol
Shanghai (m)	शंघाई (m)	shanghaī
Sidney (m)	सिडनी (m)	sidanī
Singapour (f)	सिंगापुर (m)	singāpur
Stockholm (m)	स्टॉकहोम (m)	stokahom
Taipei (m)	ताइपे (m)	taipe
Tokyo (m)	टोकियो (m)	tokiyo
Toronto (m)	टोरोन्टो (m)	toronto
Varsovie (f)	वॉरसॉ (m)	voraso
Venise (f)	वीनिस (m)	vīnis
Vienne (f)	विएना (m)	viena
Washington (f)	वॉशिंग्टन (m)	voshingtan

243. La politique. Le gouvernement. Partie 1

| politique (f) | राजनीति (f) | rājanīti |
| politique (adj) | राजनीतिक | rājanītik |

homme (m) politique	राजनीतिज्ञ (m)	rājanītigy
état (m)	राज्य (m)	rājy
citoyen (m)	नागरिक (m)	nāgarik
citoyenneté (f)	नागरिकता (f)	nāgarikata

| armoiries (f pl) nationales | राष्ट्रीय प्रतीक (m) | rāshtrīy pratīk |
| hymne (m) national | राष्ट्रीय धुन (f) | rāshtrīy dhun |

gouvernement (m)	सरकार (m)	sarakār
chef (m) d'état	देश का नेता (m)	desh ka neta
parlement (m)	संसद (m)	sansad
parti (m)	दल (m)	dal

| capitalisme (m) | पुंजीवाद (m) | punjīvād |
| capitaliste (adj) | पुंजीवादी | punjīvādī |

| socialisme (m) | समाजवाद (m) | samājavād |
| socialiste (adj) | समाजवादी | samājavādī |

communisme (m)	साम्यवाद (m)	sāmyavād
communiste (adj)	साम्यवादी	sāmyavādī
communiste (m)	साम्यवादी (m)	sāmyavādī

démocratie (f)	प्रजातंत्र (m)	prajātantr
démocrate (m)	प्रजातंत्रवादी (m)	prajātantravādī
démocratique (adj)	प्रजातंत्रवादी	prajātantravādī
parti (m) démocratique	प्रजातंत्रवादी पार्टी (m)	prajātantravādī pārtī

libéral (m)	उदारवादी (m)	udāravādī
libéral (adj)	उदारवादी	udāravādī
conservateur (m)	रूढ़िवादी (m)	rūrhivādī
conservateur (adj)	रूढ़िवादी	rūrhivādī

république (f)	गणतंत्र (m)	ganatantr
républicain (m)	गणतंत्रवादी (m)	ganatantravādī
parti (m) républicain	गणतंत्रवादी पार्टी (m)	ganatantravādī pārtī

élections (f pl)	चुनाव (m pl)	chunāv
élire (vt)	चुनना	chunana
électeur (m)	मतदाता (m)	matadāta
campagne (f) électorale	चुनाव प्रचार (m)	chunāv prachār

vote (m)	मतदान (m)	matadān
voter (vi)	मत डालना	mat dālana
droit (m) de vote	मताधिकार (m)	matādhikār

candidat (m)	उम्मीदवार (m)	ummīdavār
poser sa candidature	चुनाव लड़ना	chunāv larana
campagne (f)	अभियान (m)	abhiyān

| d'opposition (adj) | विरोधी | virodhī |
| opposition (f) | विरोध (m) | virodh |

visite (f)	यात्रा (f)	yātra
visite (f) officielle	सरकारी यात्रा (f)	sarakārī yātra
international (adj)	अंतर्राष्ट्रीय	antarrāshtrīy

| négociations (f pl) | वार्ता (f pl) | vārtta |
| négocier (vi) | वार्ता करना | vārtta karana |

244. La politique. Le gouvernement. Partie 2

société (f)	समाज (m)	samāj
constitution (f)	संविधान (m)	sanvidhān
pouvoir (m)	शासन (m)	shāsan
corruption (f)	भ्रष्टाचार (m)	bhrashtāchār

| loi (f) | कानून (m) | kānūn |
| légal (adj) | कानूनी | kānūnī |

| justice (f) | न्याय (m) | nyāy |
| juste (adj) | न्यायी | nyāyī |

comité (m)	समिति (f)	samiti
projet (m) de loi	विधेयक (m)	vidheyak
budget (m)	बजट (m)	bajat
politique (f)	नीति (f)	nīti
réforme (f)	सुधार (m)	sudhār
radical (adj)	आमूल	āmūl

puissance (f)	ताकत (f)	tākat
puissant (adj)	प्रबल	prabal
partisan (m)	समर्थक (m)	samarthak
influence (f)	असर (m)	asar

régime (m)	शासन (m)	shāsan
conflit (m)	टकराव (m)	takarāv
complot (m)	साज़िश (f)	sāzish
provocation (f)	उकसाव (m)	ukasāv

renverser (le régime)	तख़्ता पलटना	takhta palatana
renversement (m)	तख़्ता पलट (m)	takhta palat
révolution (f)	क्रांति (f)	krānti

| coup (m) d'État | तख़्ता पलट (m) | takhta palat |
| coup (m) d'État militaire | फ़ौजी बग़ावत (f) | faujī bagāvat |

crise (f)	संकट (m)	sankat
baisse (f) économique	आर्थिक मंदी (f)	ārthik mandī
manifestant (m)	प्रदर्शक (m)	pradarshak
manifestation (f)	प्रदर्शन (m)	pradarshan
loi (f) martiale	फ़ौजी कानून (m)	faujī kānūn
base (f) militaire	सैन्य अड्डा (m)	sainy adda

| stabilité (f) | स्थिरता (f) | sthirata |
| stable (adj) | स्थिर | sthir |

exploitation (f)	शोषण (m)	shoshan
exploiter (vt)	शोषण करना	shoshan karana
racisme (m)	जातिवाद (m)	jātivād
raciste (m)	जातिवादी (m)	jātivādī

| fascisme (m) | फ़ासिवादी (m) | fāsivādī |
| fasciste (m) | फ़ासिस्ट (m) | fāsist |

245. Les différents pays du monde. Divers

étranger (m)	विदेशी (m)	videshī
étranger (adj)	विदेश	videsh
à l'étranger (adv)	परदेश में	paradesh men

émigré (m)	प्रवासी (m)	pravāsī
émigration (f)	प्रवासन (m)	pravāsan
émigrer (vi)	प्रवास करना	pravās karana

Ouest (m)	पश्चिम (m)	pashchim
Est (m)	पूर्व (m)	pūrv
Extrême Orient (m)	सुदूर पूर्व (m)	sudūr pūrv

civilisation (f)	सभ्यता (f)	sabhyata
humanité (f)	मानवजाति (f)	mānavajāti
monde (m)	संसार (m)	sansār
paix (f)	शांति (f)	shānti
mondial (adj)	विश्वव्यापी	vishvavyāpī

patrie (f)	मातृभूमि (f)	mātrbhūmi
peuple (m)	जनता (m)	janata
population (f)	जनता (m)	janata
gens (m pl)	लोग (m)	log
nation (f)	जाति (f)	jāti
génération (f)	पीढ़ी (f)	pīrhī
territoire (m)	प्रदेश (m)	pradesh
région (f)	क्षेत्र (m)	kshetr
état (m) (partie du pays)	राज्य (m)	rājy

tradition (f)	रिवाज़ (m)	rivāz
coutume (f)	परम्परा (m)	parampara
écologie (f)	परिस्थितिकी (f)	paristhitikī

indien (m)	रेड इंडियन (m)	red indiyan
bohémien (m)	जिप्सी (f)	jipsī
bohémienne (f)	जिप्सी (f)	jipsī
bohémien (adj)	जिप्सी	jipsī

empire (m)	साम्राज्य (m)	sāmrājy
colonie (f)	उपनिवेश (m)	upanivesh
esclavage (m)	दासता (f)	dāsata
invasion (f)	हमला (m)	hamala
famine (f)	भूखमरी (f)	bhūkhamarī

246. Les groupes religieux. Les confessions

| religion (f) | धर्म (m) | dharm |
| religieux (adj) | धार्मिक | dhārmik |

foi (f)	धर्म (m)	dharm
croire (en Dieu)	आस्था रखना	āstha rakhana
croyant (m)	आस्तिक (m)	āstik
athéisme (m)	नास्तिकवाद (m)	nāstikavād
athée (m)	नास्तिक (m)	nāstik
christianisme (m)	ईसाई धर्म (m)	īsaī dharm
chrétien (m)	ईसाई (m)	īsaī
chrétien (adj)	ईसाई	īsaī
catholicisme (m)	कैथोलिक धर्म (m)	kaitholik dharm
catholique (m)	कैथोलिक (m)	kaitholik
catholique (adj)	कैथोलिक	kaitholik
protestantisme (m)	प्रोटेस्टेंट धर्म (m)	protestent dharm
Église (f) protestante	प्रोटेस्टेंट चर्च (m)	protestent charch
protestant (m)	प्रोटेस्टेंट (m)	protestent
Orthodoxie (f)	ऑर्थीडॉक्सी (m)	orthodoksī
Église (f) orthodoxe	ऑर्थीडॉक्स चर्च (m)	orthodoks charch
orthodoxe (m)	ऑर्थीडॉक्सी (m)	orthodoksī
Presbytérianisme (m)	प्रेस्बिटेरियनवाद (m)	presbiteriyanavād
Église (f) presbytérienne	प्रेस्बिटेरियन चर्च (m)	presbiteriyan charch
presbytérien (m)	प्रेस्बिटेरियन (m)	presbiteriyan
Église (f) luthérienne	लुथर धर्म (m)	luthar dharm
luthérien (m)	लुथर (m)	luthar
Baptisme (m)	बैप्टिस्ट चर्च (m)	baiptist charch
baptiste (m)	बैप्टिस्ट (m)	baiptist
Église (f) anglicane	अंग्रेज़ी चर्च (m)	angrezī charch
anglican (m)	अंग्रेज़ी (m)	angrezī
Mormonisme (m)	मोर्मनवाद (m)	mormanavād
mormon (m)	मोर्मन (m)	morman
judaïsme (m)	यहूदी धर्म (m)	yahūdī dharm
juif (m)	यहूदी (m)	yahūdī
Bouddhisme (m)	बौद्ध धर्म (m)	bauddh dharm
bouddhiste (m)	बौद्ध (m)	bauddh
hindouisme (m)	हिन्दू धर्म (m)	hindū dharm
hindouiste (m)	हिन्दू (m)	hindū
islam (m)	इस्लाम (m)	islām
musulman (m)	मुस्लिम (m)	muslim
musulman (adj)	मुस्लिम	muslim
Chiisme (m)	शिया इस्लाम (m)	shiya islām
chiite (m)	शिया (m)	shiya
Sunnisme (m)	सुन्नी इस्लाम (m)	sunnī islām
sunnite (m)	सुन्नी (m)	sunnī

247. Les principales religions. Le clergé

prêtre (m)	पादरी (m)	pādarī
Pape (m)	पोप (m)	pop
moine (m)	मठवासी (m)	mathavāsī
bonne sœur (f)	नन (f)	nan
pasteur (m)	पादरी (m)	pādarī
abbé (m)	एब्बट (m)	ebbat
vicaire (m)	विकार (m)	vikār
évêque (m)	बिशप (m)	bishap
cardinal (m)	कार्डिनल (m)	kārdinal
prédicateur (m)	प्रीचर (m)	prīchar
sermon (m)	धर्मोपदेश (m)	dharmopadesh
paroissiens (m pl)	ग्रामवासी (m)	grāmavāsī
croyant (m)	आस्तिक (m)	āstik
athée (m)	नास्तिक (m)	nāstik

248. La foi. Le Christianisme. L'Islam

Adam	आदम (m)	ādam
Ève	हव्वा (f)	havva
Dieu (m)	भगवान (m)	bhagavān
le Seigneur	ईश्वर (m)	īshvar
le Tout-Puissant	सर्वशक्तिशाली (m)	sarvashaktishālī
péché (m)	पाप (m)	pāp
pécher (vi)	पाप करना	pāp karana
pécheur (m)	पापी (m)	pāpī
pécheresse (f)	पापी (f)	pāpī
enfer (m)	नरक (m)	narak
paradis (m)	जन्नत (m)	jannat
Jésus	ईसा (m)	īsa
Jésus Christ	ईसा मसीह (m)	īsa masīh
le Saint-Esprit	पवित्र आत्मा (m)	pavitr ātma
le Sauveur	मुक्तिदाता (m)	muktidāta
la Sainte Vierge	वर्जिन मैरी (f)	varjin mairī
le Diable	शैतान (m)	shaitān
diabolique (adj)	शैतानी	shaitānī
Satan	शैतान (m)	shaitān
satanique (adj)	शैतानी	shaitānī
ange (m)	फरिश्ता (m)	farishta
ange (m) gardien	देवदूत (m)	devadūt
angélique (adj)	देवदूतीय	devadūtīy

apôtre (m)	धर्मदूत (m)	dharmadūt
archange (m)	महादेवदूत (m)	mahādevadūt
antéchrist (m)	ईसा मसीह का शत्रु (m)	īsa masīh ka shatru

Église (f)	गिरजाघर (m)	girajāghar
Bible (f)	बाइबिल (m)	baibil
biblique (adj)	बाइबिल का	baibil ka

Ancien Testament (m)	ओल्ड टेस्टामेंट (m)	old testāment
Nouveau Testament (m)	न्यू टेस्टामेंट (m)	nyū testāment
Évangile (m)	धर्मसिद्धान्त (m)	dharmasiddhānt
Sainte Écriture (f)	धर्म ग्रंथ (m)	dharm granth
Cieux (m pl)	स्वर्ग (m)	svarg

commandement (m)	धर्मादेश (m)	dharmādesh
prophète (m)	पैगंबर (m)	paigambar
prophétie (f)	आगामवाणी (f)	āgāmavānī

Allah	अल्लाह (m)	allāh
Mahomet	मुहम्मद (m)	muhammad
le Coran	कुरान (m)	qurān

mosquée (f)	मस्जिद (m)	masjid
mulla (m)	मुल्ला (m)	mulla
prière (f)	दुआ (f)	dua
prier (~ Dieu)	दुआ करना	dua karana

pèlerinage (m)	तीर्थ यात्रा (m)	tīrth yātra
pèlerin (m)	तीर्थ यात्री (m)	tīrth yātrī
La Mecque	मक्का (m)	makka

église (f)	गिरजाघर (m)	girajāghar
temple (m)	मंदिर (m)	mandir
cathédrale (f)	गिरजाघर (m)	girajāghar
gothique (adj)	गोथिक	gothik
synagogue (f)	सीनागोग (m)	sīnāgog
mosquée (f)	मस्जिद (m)	masjid

chapelle (f)	चैपल (m)	chaipal
abbaye (f)	ईसाई मठ (m)	īsaī math
couvent (m)	मठ (m)	math
monastère (m)	मठ (m)	math

cloche (f)	घंटा (m)	ghanta
clocher (m)	घंटाघर (m)	ghantāghar
sonner (vi)	बजाना	bajāna

croix (f)	क्रॉस (m)	kros
coupole (f)	गुंबद (m)	gumbad
icône (f)	देव प्रतिमा (f)	dev pratima

âme (f)	आत्मा (f)	ātma
sort (m) (destin)	भाग्य (f)	bhāgy
mal (m)	बुराई (f)	buraī
bien (m)	भलाई (f)	bhalaī
vampire (m)	पिशाच (m)	pishāch

223

sorcière (f)	डायन (f)	dāyan
démon (m)	असुर (m)	asur
esprit (m)	आत्मा (f)	ātma
rachat (m)	प्रयाश्चित (m)	prayāshchit
racheter (pécheur)	प्रयाश्चित करना	prayāshchit karana
office (m), messe (f)	धार्मिक सेवा (m)	dhārmik seva
dire la messe	उपासना करना	upāsana karana
confession (f)	पापस्वीकरण (m)	pāpasvīkaran
se confesser (vp)	पापस्वीकरण करना	pāpasvīkaran karana
saint (m)	संत (m)	sant
sacré (adj)	पवित्र	pavitr
l'eau bénite	पवित्र पानी (m)	pavitr pānī
rite (m)	अनुष्ठान (m)	anushthān
rituel (adj)	सांस्कारिक	sānskārik
sacrifice (m)	कुरबानी (f)	kurabānī
superstition (f)	अंधविश्वास (m)	andhavishvās
superstitieux (adj)	अंधविश्वासी	andhavishvāsī
vie (f) après la mort	परलोक (m)	paralok
vie (f) éternelle	अमर जीवन (m)	amar jīvan

DIVERS

249. Quelques mots et formules utiles

aide (f)	सहायता (f)	sahāyata
arrêt (m) (pause)	विराम (m)	virām
balance (f)	संतुलन (m)	santulan
barrière (f)	बाधा (f)	bādha
base (f)	आधार (m)	ādhār
catégorie (f)	श्रेणी (f)	shrenī
cause (f)	कारण (m)	kāran
choix (m)	चुनाव (m)	chunāv
chose (f) (objet)	वस्तु (f)	vastu
coïncidence (f)	समकालीनता (f)	samakālīnata
comparaison (f)	तुलना (f)	tulana
compensation (f)	क्षतिपुर्ति (f)	kshatipurti
confortable (adj)	आरामदेह	ārāmadeh
croissance (f)	वृद्धि (f)	vrddhi
début (m)	शुरू (m)	shurū
degré (m) (~ de liberté)	मात्रा (f)	mātra
développement (m)	विकास (m)	vikās
différence (f)	फ़र्क़ (m)	fark
d'urgence (adv)	तत्काल	tatkāl
effet (m)	प्रभाव (m)	prabhāv
effort (m)	प्रयत्न (m)	prayatn
élément (m)	तत्व (m)	tatv
exemple (m)	उदाहरण (m)	udāharan
fait (m)	तथ्य (m)	tathy
faute, erreur (f)	ग़लती (f)	galatī
fin (f)	ख़त्म (m)	khatm
fond (m) (arrière-plan)	पृष्ठिका (f)	prshtika
forme (f)	रूप (m)	rūp
fréquent (adj)	बारंबार	bārambār
genre (m) (type, sorte)	ढंग (m)	dhang
idéal (m)	आदर्श (m)	ādarsh
labyrinthe (m)	भूलभुलैया (f)	bhūlabhulaiya
mode (m) (méthode)	तरीका (m)	tarīka
moment (m)	पल (m)	pal
objet (m)	चीज़ें (f)	chīzen
obstacle (m)	अवरोध (m)	avarodh
original (m)	मूल (m)	mūl
part (f)	भाग (m)	bhāg
particule (f)	टुकड़ा (m)	tukara

pause (f)	विराम (m)	virām
position (f)	स्थिति (f)	sthiti
principe (m)	उसूल (m)	usūl
problème (m)	समस्या (f)	samasya
processus (m)	प्रक्रिया (f)	prakriya

progrès (m)	उन्नति (f)	unnati
propriété (f) (qualité)	गुण (m)	gun
réaction (f)	प्रतिक्रिया (f)	pratikriya
risque (m)	जोखिम (m)	jokhim
secret (m)	रहस्य (m)	rahasy

série (f)	श्रृंखला (f)	shrrnkhala
situation (f)	स्थिति (f)	sthiti
solution (f)	हल (m)	hal
standard (adj)	मानक	mānak
standard (m)	मानक (m)	mānak

style (m)	शैली (f)	shailī
système (m)	प्रणाली (f)	pranālī
tableau (m) (grille)	सारणी (f)	sāranī
tempo (m)	गति (f)	gati

terme (m)	पारिभाषिक शब्द (m)	pāribhāshik shabd
tour (m) (attends ton ~)	बारी (f)	bārī
type (m) (~ de sport)	प्रकार (m)	prakār
urgent (adj)	अत्यावश्यक	atyāvashyak

utilité (f)	उपयोग (m)	upayog
vérité (f)	सच (m)	sach
version (f)	विकल्प (m)	vikalp
zone (f)	क्षेत्र (m)	kshetr

250. Les adjectifs. Partie 1

affamé (adj)	भूखा	bhūkha
agréable (la voix)	अच्छा	achchha
aigre (fruits ~s)	खट्टा	khatta
amer (adj)	कड़वा	karava
ancien (adj)	प्राचीन	prāchīn

arrière (roue, feu)	पिछा	pichha
artificiel (adj)	कृत्रिम	krtrim
attentionné (adj)	विचारशील	vichārashīl
aveugle (adj)	अंधा	andha

bas (voix ~se)	धीमा	dhīma
basané (adj)	काले मुँख का	kāle munkh ka
beau (homme)	सुंदर	sundar
beau, magnifique (adj)	सुंदर	sundar

bien affilé (adj)	तेज़	tez
bon (~ voyage!)	अच्छा	achchha
bon (au bon cœur)	नेक	nek

bon (savoureux)	मज़ेदार	mazedār
bon marché (adj)	सस्ता	sasta
bronzé (adj)	सांवला	sānvala
calme (tranquille)	शांत	shānt
central (adj)	केंद्रीय	kendrīy
chaud (modérément)	गरम	garam
cher (adj)	महंगा	mahanga
civil (droit ~)	नागरिक	nāgarik
clair (couleur)	हल्का	halka
clair (explication ~e)	साफ़	sāf
clandestin (adj)	गुप्त	gupt
commun (projet ~)	संयुक्त	sanyukt
compatible (adj)	अनुकूल	anukūl
considérable (adj)	महत्वपूर्ण	mahatvapūrn
content (adj)	संतुष्ट	santusht
continu (incessant)	निरंतर	nirantar
continu (usage ~)	दीर्घकालिक	dīrghakālik
convenu (approprié)	उचित	uchit
court (de taille)	छोटा	chhota
court (en durée)	अल्पकालिक	alpakālik
cru (non cuit)	कच्चा	kachcha
d'à côté, voisin	निकट	nikat
dangereux (adj)	खतरनाक	khataranāk
d'enfant (adj)	बच्चों का	bachchon ka
dense (brouillard ~)	घना	ghana
dernier (final)	आखिरी	ākhirī
différent (adj)	भिन्न	bhinn
difficile (complexe)	कठिन	kathin
difficile (décision)	मुश्किल	mushkil
divers (adj)	विभिन्न	vibhinn
d'occasion (adj)	इस्तेमाल किया हुआ	istemāl kiya hua
douce (l'eau ~)	ताज़ा	tāza
droit (pas courbe)	सीधा	sīdha
droit (situé à droite)	दायां	dāyān
dur (pas mou)	कड़ा	kara
éloigné (adj)	सुदूर	sudūr
ensoleillé (jour ~)	सूरज का	sūraj ka
entier (adj)	पूरा	pūra
épais (brouillard ~)	घना	ghana
épais (mur, etc.)	मोटा	mota
étranger (adj)	विदेश	videsh
étroit (passage, etc.)	तंग	tang
excellent (adj)	उत्कृष्ट	utkrsht
excessif (adj)	अत्यधिक	atyadhik
extérieur (adj)	बाहरी	bāharī
facile (adj)	आसान	āsān
faible (lumière)	धुंधला	dhundhala

227

fatiguant (adj)	थकाऊ	thakaū
fatigué (adj)	थका	thaka
fermé (adj)	बंद	band
fertile (le sol ~)	उपजाऊ	upajaū
fort (homme ~)	शक्तिशाली	shaktishālī
fort (voix ~e)	ऊंचा	ūncha
fragile (vaisselle, etc.)	नाजुक	nāzuk
frais (adj) (légèrement froid)	ठंडा	thanda
frais (du pain ~)	ताज़ा	tāza
froid (boisson ~e)	ठंडा	thanda
gauche (adj)	बायाँ	bāyān
géant (adj)	विशाल	vishāl
gentil (adj)	दयालु	dayālu
grand (dimension)	बड़ा	bara
gras (repas ~)	चरबीला	charabīla
gratuit (adj)	मुफ्त	muft
heureux (adj)	प्रसन्न	prasann
hostile (adj)	शत्रुतापूर्ण	shatrutāpūrn
humide (adj)	नमी	namī
immobile (adj)	अचल	achal
important (adj)	महत्वपूर्ण	mahatvapūrn
impossible (adj)	असंभव	asambhav
indéchiffrable (adj)	समझ से बाहर	samajh se bāhar
indispensable (adj)	ज़रूरी	zarūrī
intelligent (adj)	बुद्धिमान	buddhimān
intérieur (adj)	आंतरिक	āntarik
jeune (adj)	जवान	javān
joyeux (adj)	हँसमुख	hansamukh
juste, correct (adj)	ठीक	thīk

251. Les adjectifs. Partie 2

large (~ route)	चौड़ा	chaura
le même, pareil (adj)	समान	samān
le plus important	सबसे महत्वपूर्ण	sabase mahatvapūrn
le plus proche	निकटतम	nikatatam
légal (adj)	कानूनी	kānūnī
léger (pas lourd)	हल्का	halka
libre (accès, etc.)	मुक्त	mukt
limité (adj)	सीमित	sīmit
liquide (adj)	तरल	taral
lisse (adj)	समतल	samatal
lointain (adj)	दूर	dūr
long (~ chemin)	लंबा	lamba
lourd (adj)	भारी	bhārī
maigre (adj)	दुबला	dubala
malade (adj)	बीमार	bīmār

mat (couleur)	मैट	mait
mauvais (adj)	बुरा	bura
méticuleux (~ travail)	सुव्यवस्थित	suvvavasthit
miséreux (adj)	गरीब	garīb
mort (adj)	मृत	mrt
mou (souple)	नरम	naram
mûr (fruit ~)	पक्का	pakka
myope (adj)	निकटदर्शी	nikatadarshī
mystérieux (adj)	रहस्यपूर्ण	rahasyapūrn
natal (ville, pays)	देसी	desī
nécessaire (adj)	ज़रूरी	zarūrī
négatif (adj)	नकारात्मक	nakārātmak
négligent (adj)	लापरवाह	lāparavāh
nerveux (adj)	बेचैन	bechain
neuf (adj)	नया	naya
normal (adj)	साधारण	sādhāran
obligatoire (adj)	अनिवार्य	anivāry
opposé (adj)	उल्टा	ulta
ordinaire (adj)	आम	ām
original (peu commun)	मूल	mūl
ouvert (adj)	खुला	khula
parfait (adj)	उत्तम	uttam
pas clair (adj)	धुंधला	dhundhala
pas difficile (adj)	आसान	āsān
pas grand (adj)	बड़ा नहीं	bara nahin
passé (le mois ~)	पिछला	pichhala
passé (participe ~)	बीता हुआ	bīta hua
pauvre (adj)	गरीब	garīb
permanent (adj)	स्थायी	sthāyī
personnel (adj)	व्यक्तिगत	vyaktigat
petit (adj)	छोटा	chhota
peu expérimenté (adj)	अनुभवहीन	anubhavahīn
peu important (adj)	महत्वहीन	mahatvahīn
peu profond (adj)	उथला	uthala
plat (l'écran ~)	सपाट	sapāt
plat (surface ~e)	समतल	samatal
plein (rempli)	भरा	bhara
poli (adj)	विनम्र	vinamr
ponctuel (adj)	ठीक	thīk
possible (adj)	संभव	sambhav
précis, exact (adj)	ठीक	thīk
présent (moment ~)	वर्तमान	vartamān
principal (adj)	मुख्य	mukhy
principal (idée ~e)	मूल	mūl
privé (réservé)	निजी	nijī
probable (adj)	मुमकिन	mumakin
proche (pas lointain)	समीप	samīp

propre (chemise ~)	साफ़	sāf
public (adj)	सार्वजनिक	sārvajanik
rapide (adj)	तेज़	tez
rare (adj)	असाधारण	asādhāran
reconnaissant (adj)	आभारी	ābhārī
risqué (adj)	खतरनाक	khataranāk
salé (adj)	नमकीन	namakīn
sale (pas propre)	मैला	maila
sans nuages (adj)	निर्मेघ	nirmegh
satisfait (client, etc.)	संतुष्ट	santusht
sec (adj)	सूखा	sūkha
similaire (adj)	मिलता-जुलता	milata-julata
simple (adj)	सरल	saral
solide (bâtiment, etc.)	मज़बूत	mazabūt
sombre (paysage ~)	विषादपूर्ण	vishādapūrn
sombre (pièce ~)	अंधेरा	andhera
spacieux (adj)	विस्तृत	vistrt
spécial (adj)	ख़ास	khās
stupide (adj)	बेवकूफ़	bevakūf
sucré (adj)	मीठा	mītha
suivant (vol ~)	अगला	agala
supplémentaire (adj)	अतिरिक्त	atirikt
suprême (adj)	उच्चतम	uchchatam
sûr (pas dangereux)	सुरक्षित	surakshit
surgelé (produits ~s)	जमा	jama
tendre (affectueux)	नाज़ुक	nāzuk
tranquille (adj)	शांत	shānt
transparent (adj)	पारदर्शी	pāradarshī
trempé (adj)	भीगा	bhīga
très chaud (adj)	गरम	garam
triste (adj)	उदास	udās
triste (regard ~)	उदास	udās
trop maigre (émacié)	पतला	patala
unique (exceptionnel)	अद्वितीय	advitīy
vide (bouteille, etc.)	खाली	khālī
vieux (bâtiment, etc.)	पुराना	purāna
voisin (maison ~e)	पड़ोस	paros

LES 500 VERBES LES PLUS UTILISÉS

252. Les verbes les plus courants (de A à C)

abaisser (vt)	नीचे करना	nīche karana
accompagner (vt)	साथ चलना	sāth chalana
accoster (vi)	किनारे लगाना	kināre lagāna
accrocher (suspendre)	टांगना	tāngana
accuser (vt)	आरोप लगाना	ārop lagāna
acheter (vt)	खरीदना	kharīdana
admirer (vt)	सराहना	sarāhana
affirmer (vt)	स्वीकार करना	svīkār karana
agir (vi)	करना	karana
agiter (les bras)	हाथ हिलाना	hāth hilāna
aider (vt)	मदद करना	madad karana
aimer (apprécier)	अच्छा लगना	achchha lagana
aimer (qn)	प्यार करना	pyār karana
ajouter (vt)	और डालना	aur dālana
aller (à pied)	जाना	jāna
aller (en voiture, etc.)	जाना	jāna
aller bien (robe, etc.)	फिट करना	fit karana
aller se coucher	सोने जाना	sone jāna
allumer (~ la cheminée)	जलाना	jalāna
allumer (la radio, etc.)	चलाना	chalāna
amener, apporter (vt)	लाना	lāna
amputer (vt)	अंगविच्छेद करना	angavichchhed karana
amuser (vt)	मन बहलाना	man bahalāna
annoncer (qch a qn)	बताना	batāna
annuler (vt)	रद्द करना	radd karana
apercevoir (vt)	देखना	dekhana
apparaître (vi)	सामने आना	sāmane āna
appartenir à …	स्वामी होना	svāmī hona
appeler (au secours)	बुलाना	bulāna
appeler (dénommer)	नाम देना	nām dena
appeler (vt)	बुलाना	bulāna
applaudir (vi)	तालियां बजाना	tāliyān bajāna
apprendre (qch à qn)	सीखाना	sīkhāna
arracher (vt)	फाड़ना	fārana
arriver (le train)	पहुंचना	pahunchana
arroser (plantes)	सींचना	sīnchana
aspirer à …	… की महत्वाकांक्षा करना	… kī mahattvākānksha karana

assister (vt)	मदद करना	madad karana
attacher à ...	बांधना	bāndhana
attaquer (mil.)	हमला करना	hamala karana
atteindre (lieu)	पहुंचना	pahunchana
atteindre (objectif)	पाना	pāna
attendre (vt)	इंतज़ार करना	intazār karana
attraper (vt)	पकड़ना	pakarana
attraper ... (maladie)	छूत का रोग लगना	chhūt ka rog lagana
augmenter (vi)	बढ़ना	barhana
augmenter (vt)	बढ़ाना	barhāna
autoriser (vt)	अनुमति देना	anumati dena
avertir (du danger)	चेतावनी देना	chetāvanī dena
aveugler (par les phares)	अंधा करना	andha karana
avoir (vt)	होना	hona
avoir confiance	यकीन करना	yakīn karana
avoir peur	डरना	darana
avouer (vi, vt)	मानना	mānana
baigner (~ les enfants)	नहाना	nahāna
battre (frapper)	पीटना	pītana
boire (vt)	पीना	pīna
briller (vi)	चमकना	chamakana
briser, casser (vt)	तोड़ना	torana
brûler (des papiers)	जलाना	jalāna
cacher (vt)	छिपाना	chhipāna
calmer (enfant, etc.)	शांत करना	shānt karana
caresser (vt)	सहलाना	sahalāna
céder (vt)	मान जाना	mān jāna
cesser (vt)	बंद करना	band karana
changer (~ d'avis)	बदलना	badalana
changer (échanger)	बदलाना	badalāna
charger (arme)	भरना	bharana
charger (véhicule, etc.)	लादना	lādana
charmer (vt)	मोहना	mohana
chasser (animaux)	शिकार करना	shikār karana
chasser (faire partir)	भगा देना	bhaga dena
chauffer (vt)	गरमाना	garamāna
chercher (vt)	तलाश करना	talāsh karana
choisir (vt)	चुनना	chunana
citer (vt)	उद्धत करना	uddhat karana
combattre (vi)	झगड़ना	jhagarana
commander (~ le menu)	ऑर्डर करना	ordar karana
commencer (vt)	शुरू करना	shurū karana
comparer (vt)	तुलना करना	tulana karana
compenser (vt)	क्षतिपूर्ति करना	kshatipūrti karana
compliquer (vt)	उलझाना	ulajhāna
composer (musique)	रचना	rachana

comprendre (vt)	समझना	samajhana
compromettre (vt)	समझौता करना	samajhauta karana

compter (l'argent, etc.)	गिनना	ginana
compter sur ...	भरोसा रखना	bharosa rakhana
concevoir (créer)	डिज़ाइन बनाना	dizain banāna
concurrencer (vt)	प्रतियोगिता करना	pratiyogita karana
condamner (vt)	सज़ा देना	saza dena

conduire une voiture	कार चलाना	kār chalāna
confondre (vt)	उलट-पलट करना	ulat-palat karana
connaître (qn)	जानना	jānana
conseiller (vt)	सलाह देना	salāh dena
consulter (docteur, etc.)	सलाह करना	salāh karana

contaminer (vt)	संक्रमित करना	sankramit karana
continuer (vt)	जारी रखना	jārī rakhana
contrôler (vt)	नियंत्रित करना	niyantrit karana
convaincre (vt)	यकीन दिलाना	yakīn dilāna

coopérer (vi)	सहयोग करना	sahayog karana
coordonner (vt)	समन्वय करना	samanvay karana
corriger (une erreur)	ठीक करना	thīk karana
couper (avec une hache)	काटना	kātana

couper (un doigt, etc.)	काटना	kātana
courir (vi)	दौड़ना	daurana
coûter (vt)	दाम होना	dām hona
cracher (vi)	थूकना	thūkana
créer (vt)	बनाना	banāna

creuser (vt)	खोदना	khodana
crier (vi)	चिल्लाना	chillāna
croire (vi, vt)	विश्वास करना	vishvās karana
cueillir (fleurs, etc.)	तोड़ना	torana
cultiver (plantes)	उगाना	ugāna

253. Les verbes les plus courants (de D à E)

dater de ...	तारीख़ डालना	tārīkh dālana
décider (vt)	फ़ैसला करना	faisala karana
décoller (avion)	उड़ना	urana
décorer (~ la maison)	सजाना	sajāna

décorer (de la médaille)	पुरस्कार देना	puraskār dena
découvrir (vt)	खोजना	khojana
dédier (vt)	अर्पित करना	arpit karana
défendre (vt)	रक्षा करना	raksha karana
déjeuner (vi)	भोजन करना	bhojan karana

demander (de faire qch)	कहना	kahana
dénoncer (vt)	आरोप लगाना	ārop lagāna
dépasser (village, etc.)	गुज़रना	guzarana
dépendre de ...	निर्भर होना	nirbhar hona

233

déplacer (des meubles)	सरकाना	sarakāna
déranger (vt)	बाधा डालना	bādha dālana
descendre (vi)	उतरना	utarana
désirer (vt)	चाहना	chāhana
détacher (vt)	ढीला करना	dhīla karana
détruire (~ des preuves)	तबाह करना	tabāh karana
devenir (vi)	हो जाना	ho jāna
devenir pensif	ख्यालों में गुम रहना	khyālon men gum rahana
deviner (vt)	अनुमान लगाना	anumān lagāna
devoir (v aux)	ज़रूर	zarūr
diffuser (distribuer)	बाँटना	bāntana
diminuer (vt)	कम करना	kam karana
dîner (vi)	भोजन करना	bhojan karana
dire (vt)	कहना	kahana
diriger (~ une usine)	नेतृत्व करना	netrtv karana
diriger (vers …)	रास्ता बताना	rāsta batāna
discuter (vt)	वाद-विवाद करना	vād-vivād karana
disparaître (vi)	गायब होना	gāyab hona
distribuer (bonbons, etc.)	बांटना	bāntana
diviser (~ par 2)	विभाजित करना	vibhājit karana
dominer (château, etc.)	ऊँचा होना	ūncha hona
doubler (la mise, etc.)	दुगुना करना	duguna karana
douter (vt)	शंक करना	shak karana
dresser (~ une liste)	संकलन करना	sankalan karana
dresser (un chien)	सधाना	sadhāna
éclairer (soleil)	प्रकाश करना	prakāsh karana
écouter (vt)	सुनना	sunana
écouter aux portes	छिपकर सुनना	chhipakar sunana
écraser (cafard, etc.)	कुचलना	kuchalana
écrire (vt)	लिखना	likhana
effacer (vt)	साफ़ करना	sāf karana
éliminer (supprimer)	हटाना	hatāna
embaucher (vt)	काम पर रखना	kām par rakhana
employer (utiliser)	उपयोग करना	upayog karana
emporter (vt)	ले जाना	le jāna
emprunter (vt)	कर्ज़ लेना	karz lena
enlever (~ des taches)	धब्बा मिटाना	dhabba mitāna
enlever (un objet)	हटाना	hatāna
enlever la boue	साफ़ करना	sāf karana
entendre (bruit, etc.)	सुनना	sunana
entraîner (vt)	प्रशिक्षित करना	prashikshit karana
entreprendre (vt)	ज़िम्मेदारी लेना	zimmedārī lena
entrer (vi)	अंदर आना	andar āna
envelopper (vt)	लपेटना	lapetana
envier (vt)	ईर्ष्या करना	īrshya karana
envoyer (vt)	भेजना	bhejana

épier (vt)	छिपकर देखना	chhipakar dekhana
équiper (vt)	तैयारी करना	taiyārī karana
espérer (vi)	आशा रखना	āsha rakhana
essayer (de faire qch)	कोशिश करना	koshish karana
éteindre (~ la lumière)	बुझाना	bujhāna

| éteindre (incendie) | बुझाना | bujhāna |
| étonner (vt) | हैरान करना | hairān karana |

être (vi)	होना	hona
être allongé (personne)	लेटना	letana
être assez (suffire)	बहुत हो जाना	bahut ho jāna
être assis	बैठना	baithana

être basé (sur ...)	आधारित होना	ādhārit hona
être convaincu de ...	यकीन आना	yakīn āna
être d'accord	राज़ी होना	rāzī hona
être différent	फ़र्क होना	fark hona

être en tête (de ...)	संचालन करना	sanchālan karana
être fatigué	थकना	thakana
être indispensable	ज़रूरी होना	zarūrī hona
être la cause de ...	की वजह होना	kī vajah hona

être nécessaire	आवश्यक होना	āvashyak hona
être perplexe	सटपटाना	satapatāna
être pressé	जल्दी करना	jaldī karana
étudier (vt)	पढ़ना	parhana

éviter (~ la foule)	टालना	tālana
examiner (une question)	विचार करना	vichār karana
exclure, expulser (vt)	बरख़ास्त करना	barakhāst karana
excuser (vt)	माफ़ी देना	māfī dena

exiger (vt)	माँगना	māngana
exister (vi)	होना	hona
expliquer (vt)	समझाना	samajhāna
exprimer (vt)	प्रकट करना	prakat karana

254. Les verbes les plus courants (de F à N)

fâcher (vt)	क्रोध में लाना	krodh men lāna
faciliter (vt)	आसान बनाना	āsān banāna
faire (vt)	करना	karana
faire allusion	इशारा करना	ishāra karana

faire connaissance	परिचय करना	parichay karana
faire de la publicité	विज्ञापन देना	vigyāpan dena
faire des copies	ज़ीरोक्स करना	zīroks karana
faire la guerre	युद्ध करना	yuddh karana

faire la lessive	धोना	dhona
faire le ménage	साफ़ करना	sāf karana
faire surface (sous-marin)	पानी की सतह पर आना	pānī kī satah par āna

faire tomber	गिराना	girāna
faire un rapport	रिपोर्ट करना	riport karana
fatiguer (vt)	थकाना	thakāna
féliciter (vt)	बधाई देना	badhaī dena
fermer (vt)	बंद करना	band karana

finir (vt)	ख़त्म करना	khatm karana
flatter (vt)	चापलूसी करना	chāpalūsī karana
forcer (obliger)	विवश करना	vivash karana
former (composer)	बनाना	banāna

frapper (~ à la porte)	खटखटाना	khatakhatāna
garantir (vt)	गारंटी देना	gārantī dena
garder (lettres, etc.)	रखना	rakhana
garder le silence	चुप रहना	chup rahana

griffer (vt)	खरोंचना	kharonchana
gronder (qn)	डाँटना	dāntana
habiter (vt)	रहना	rahana
hériter (vt)	उत्तराधिकार में पाना	uttarādhikār men pāna

imaginer (vt)	सोचना	sochana
imiter (vt)	नकल करना	nakal karana
importer (vt)	आयात करना	āyāt karana
indiquer (le chemin)	दिखाना	dikhāna

influer (vt)	असर डालना	asar dālana
informer (vt)	ख़बर देना	khabar dena
inquiéter (vt)	परेशान करना	pareshān karana
inscrire (sur la liste)	दर्ज करना	darj karana
insérer (~ la clé)	डालना	dālana

insister (vi)	आग्रह करना	āgrah karana
inspirer (vt)	प्रेरित करना	prerit karana
instruire (vt)	निर्देश देना	nirdesh dena
insulter (vt)	अपमान करना	apamān karana

interdire (vt)	मना करना	mana karana
intéresser (vt)	रुचि लेना	ruchi lena
intervenir (vi)	घुलना-मिलना	ghulana-milana
inventer (machine, etc.)	आविष्कार करना	āvishkār karana

inviter (vt)	आमंत्रित करना	āmantrit karana
irriter (vt)	नाराज़ करना	nārāz karana
isoler (vt)	अलग करना	alag karana
jeter (une pierre)	फेंकना	fenkana

jouer (acteur)	अभिनय करना	abhinay karana
jouer (s'amuser)	खेलना	khelana
laisser (oublier)	छोड़ना	chhorana
lancer (un projet)	शुरू करना	shurū karana
larguer les amarres	फेंक देना	fenk dena

laver (vt)	धोना	dhona
libérer (ville, etc.)	आज़ाद करना	āzād karana
ligoter (vt)	बाँधना	bāndhana

limiter (vt)	पाबंदी लगाना	pābandī lagāna
lire (vi, vt)	पढ़ना	parhana
louer (barque, etc.)	किराये पर लेना	kirāye par lena
louer (prendre en location)	किराए पर लेना	kirae par lena
lutter (contre ...)	लड़ना	larana

lutter (sport)	कुश्ती लड़ना	kushtī larana
manger (vi, vt)	खाना	khāna
manquer (l'école)	ग़ैरहाज़िर होना	gairahājir hona
marquer (sur la carte)	चिह्न लाना	chihn lāna

mélanger (vt)	मिलाना	milāna
mémoriser (vt)	याद करना	yād karana
menacer (vt)	धमकाना	dhamakāna
mentionner (vt)	उल्लेख करना	ullekh karana
mentir (vi)	झूठ बोलना	jhūth bolana

mépriser (vt)	नफ़रत करना	nafarat karana
mériter (vt)	लायक होना	lāyak hona
mettre (placer)	रखना	rakhana
montrer (vt)	दिखाना	dikhāna

multiplier (math)	गुणा करना	guna karana
nager (vi)	तैरना	tairana
négocier (vi)	वार्त्ता करना	vārtta karana
nettoyer (vt)	साफ़ करना	sāf karana

nier (vt)	नकारना	nakārana
nommer (à une fonction)	तय करना	tay karana
noter (prendre en note)	लिख लेना	likh lena
nourrir (vt)	खिलाना	khilāna

255. Les verbes les plus courants (de O à R)

obéir (vt)	मानना	mānana
objecter (vt)	एतराज़ करना	etarāz karana
observer (vt)	देखना	dekhana
offenser (vt)	नाराज़ करना	nārāz karana

omettre (vt)	छोड़ना	chhorana
ordonner (mil.)	हुक्म देना	hukm dena
organiser (concert, etc.)	आयोजित करना	āyojit karana
oser (vt)	साहस करना	sāhas karana

ouvrir (vt)	खोलना	kholana
paraître (livre)	छापना	chhāpana
pardonner (vt)	क्षमा करना	kshama karana
parler avec ...	से कहना	se kahana

participer à ...	भाग लेना	bhāg lena
partir (~ en voiture)	चला जाना	chala jāna
payer (régler)	दाम चुकाना	dām chukāna
pécher (vi)	पाप करना	pāp karana
pêcher (vi)	मछली पकड़ना	machhalī pakarana

pénétrer (vt)	घुसना	ghusana
penser (croire)	सोचना	sochana
penser (vi, vt)	सोचना	sochana
perdre (les clefs, etc.)	खोना	khona
permettre (vt)	अनुमति देना	anumati dena
peser (~ 100 kilos)	वज़न करना	vazan karana
photographier (vt)	फ़ोटो खींचना	foto khīnchana
placer (mettre)	रखना	rakhana
plaire (être apprécié)	अच्छा लगना	achchha lagana
plaisanter (vi)	मज़ाक करना	mazāk karana
planifier (vt)	योजना बनाना	yojana banāna
pleurer (vi)	रोना	rona
plonger (vi)	गोता मारना	gota mārana
posséder (vt)	रखना	rakhana
pousser (les gens)	धकेलना	dhakelana
pouvoir (v aux)	सकना	sakana
prédominer (vi)	विजयी होना	vijayī hona
préférer (vt)	तरजीह देना	tarajīh dena
prendre (vt)	लेना	lena
prendre en note	लिखना	likhana
prendre le petit déjeuner	नाश्ता करना	nāshta karana
prendre un risque	जोखिम उठाना	jokhim uthāna
préparer (le dîner)	बनाना	banāna
préparer (vt)	तैयार करना	taiyār karana
présenter (faire connaître)	परिचय कराना	parichay karāna
présenter (qn)	प्रस्तुत करना	prastut karana
préserver (~ la paix)	बचाना	bachāna
pressentir (le danger)	महसूस करना	mahasūs karana
presser (qn)	जल्दी करना	jaldī karana
prévoir (vt)	भविष्य देखना	bhavishy dekhana
prier (~ Dieu)	दुआ देना	dua dena
priver (vt)	वंचित करना	vanchit karana
progresser (vi)	आगे बढ़ना	āge barhana
promettre (vt)	वचन देना	vachan dena
prononcer (vt)	उच्चारण करना	uchchāran karana
proposer (vt)	प्रस्ताव करना	prastāv karana
protéger (la nature)	रक्षा करना	raksha karana
protester (vi, vt)	विरोध करना	virodh karana
prouver (une théorie, etc.)	साबित करना	sābit karana
provoquer (vt)	उकसाना	ukasāna
punir (vt)	सज़ा देना	saza dena
quitter (famille, etc.)	छोड़ना	chhorana
raconter (une histoire)	बताना	batāna
ranger (jouets, etc.)	रख देना	rakh dena
rappeler (évoquer un souvenir)	याद दिलाना	yād dilāna

réaliser (vt)	पूरा करना	pūra karana
recommander (vt)	सिफ़ारिश करना	sifārish karana
reconnaître (erreurs)	मानना	mānana
reconnaître (qn)	पहचानना	pahachānana
refaire (vt)	दोबारा करना	dobāra karana
refuser (vt)	इन्कार करना	inkār karana
regarder (vi, vt)	देखना	dekhana
régler (~ un conflit)	सुलझाना	sulajhāna
regretter (vt)	अफ़सोस करना	afasos karana
remarquer (qn)	देख लेना	dekh lena
remercier (vt)	धन्यवाद देना	dhanyavād dena
remettre en ordre	ठीक करना	thīk karana
remplir (une bouteille)	भरना	bharana
renforcer (vt)	दृढ़ करना	drrh karana
renverser (liquide)	छलकाना	chhalakāna
renvoyer (colis, etc.)	वापस भेजना	vāpas bhejana
répandre (odeur)	निकलना	nikalana
réparer (vt)	ठीक करना	thīk karana
repasser (vêtement)	इस्तरी करना	istarī karana
répéter (dire encore)	दोहराना	doharāna
répondre (vi, vt)	जवाब देना	javāb dena
reprocher (qch à qn)	ताने देना	tāne dena
réserver (une chambre)	बुक करना	buk karana
résoudre (le problème)	हल करना	hal karana
respirer (vi)	साँस लेना	sāns lena
ressembler à ...	मिलता-जुलता होना	milata-julata hona
retenir (empêcher)	रोकना	rokana
retourner (pierre, etc.)	उलटना	ulatana
réunir (regrouper)	संयुक्त करना	sanyukt karana
réveiller (vt)	जगाना	jagāna
revenir (vi)	लौटाना	lautāna
rêver (en dormant)	सपना देखना	sapana dekhana
rêver (faut pas ~!)	सपने देखना	sapane dekhana
rire (vi)	हसना	hansana
rougir (vi)	चेहरा लाल होना	chehara lāl hona

256. Les verbes les plus courants (de S à V)

s'adresser (vp)	संबोधित करना	sambodhit karana
saluer (vt)	स्वागत करना	svāgat karana
s'amuser (vp)	आनंद उठाना	ānand uthāna
s'approcher (vp)	पास आना	pās āna
s'arrêter (vp)	रुकना	rukana
s'asseoir (vp)	बैठ जाना	baith jāna
satisfaire (vt)	संतुष्ट करना	santusht karana
s'attendre (vp)	आशा करना	āsha karana

sauver (la vie à qn)	बचाना	bachāna
savoir (qch)	मालूम होना	mālūm hona
se baigner (vp)	तैरना	tairana
se battre (vp)	झगड़ना	jhagarana
se concentrer (vp)	ध्यान देना	dhyān dena
se conduire (vp)	बरताव करना	baratāv karana
se conserver (vp)	बचाना	bachāna
se débarrasser de ...	छुटकारा पान	chhutakāra pān
se défendre (vp)	रक्षा करना	raksha karana
se détourner (vp)	मुड़ना	murana
se fâcher (contre ...)	क्रोध में आना	krodh men āna
se fendre (mur, sol)	चीर पड़ना	chīr parana
se joindre (vp)	जुड़ना	jurana
se laver (vp)	नहाना	nahāna
se lever (tôt, tard)	उठना	uthana
se marier (prendre pour épouse)	शादी करना	shādī karana
se moquer (vp)	मज़ाक उड़ाना	mazāk urāna
se noyer (vp)	डूबना	dūbana
se peigner (vp)	अपने बालों में कंघी करना	apane bālon men kanghī karana
se plaindre (vp)	शिकायत करना	shikāyat karana
se préoccuper (vp)	फ़िक्र होना	fikr hona
se rappeler (vp)	याद करना	yād karana
se raser (vp)	शेव करना	shev karana
se renseigner (sur ...)	जानकारी पाना	jānakārī pāna
se reposer (vp)	आराम करना	ārām karana
se rétablir (vp)	ठीक हो जाना	thīk ho jāna
se rompre (la corde)	फटना	fatana
se salir (vp)	मैला होना	maila hona
se servir de ...	उपयोग करना	upayog karana
se souvenir (vp)	याद करना	yād karana
se taire (vp)	चुप होना	chup hona
se tromper (vp)	गलती करना	galatī karana
se trouver (sur ...)	रखा होना	rakha hona
se vanter (vp)	डींग मारना	dīng mārana
se venger (vp)	बदला लेना	badala lena
s'échanger (des ...)	बदलना	badalana
sécher (vt)	सुखाना	sukhāna
secouer (vt)	हिलाना	hilāna
sélectionner (vt)	चुनना	chunana
semer (des graines)	बोना	bona
s'ennuyer (vp)	ऊबना	ūbana
sentir (~ les fleurs)	सूंघना	sūnghana
sentir (avoir une odeur)	गंध देना	gandh dena
s'entraîner (vp)	प्रशिक्षण करना	prashikshan karana

serrer dans ses bras	गले लगाना	gale lagāna
servir (au restaurant)	सेवा करना	seva karana
s'étonner (vp)	हैरान होना	hairān hona
s'excuser (vp)	माफ़ी मांगना	māfī māngana
signer (vt)	हस्ताक्षर करना	hastākshar karana
signifier (avoir tel sens)	अर्थ बताना	arth batāna
signifier (vt)	अर्थ होना	arth hona
simplifier (vt)	सरल बनाना	saral banāna
s'indigner (vp)	गुस्से में आना	gusse men āna
s'inquiéter (vp)	परेशान होना	pareshān hona
s'intéresser (vp)	रुचि लेना	ruchi lena
s'irriter (vp)	नाराज़ होना	nārāz hona
soigner (traiter)	इलाज कराना	ilāj karāna
sortir (aller dehors)	बाहर जाना	bāhar jāna
souffler (vent)	फूंकना	fūnkana
souffrir (vi)	सहना	sahana
souligner (vt)	रेखांकित करना	rekhānkit karana
soupirer (vi)	आह भरना	āh bharana
sourire (vi)	मुस्कुराना	muskurāna
sous-estimer (vt)	कम आंकना	kam ānkana
soutenir (vt)	समर्थन करना	samarthan karana
suivre ... (suivez-moi)	पीछे जाना	pīchhe jāna
supplier (vt)	प्रार्थना करके मनाना	prārthana karake manāna
supporter (la douleur)	सहना	sahana
supposer (vt)	अंदाज़ा लगाना	andāza lagāna
surestimer (vt)	ज़्यादा आंकना	zyāda ānkana
suspecter (vt)	शक करना	shak karana
tenter (vt)	कोशिश करना	koshish karana
tirer (~ un coup de feu)	गोली चलाना	golī chalāna
tirer (corde)	खींचना	khīnchana
tirer une conclusion	नतीजा निकालना	natīja nikālana
tomber amoureux	प्रेम में पड़ना	prem men parana
toucher (de la main)	छूना	chhūna
tourner (~ à gauche)	मोड़ना	morana
traduire (vt)	अनुवाद करना	anuvād karana
transformer (vt)	रूप बदलना	rūp badalana
travailler (vi)	काम करना	kām karana
trembler (de froid)	कांपना	kāmpana
tressaillir (vi)	सिहर जाना	sihar jāna
tromper (vt)	धोखा देना	dhokha dena
trouver (vt)	ढूंढ लेना	dhūnrh lena
tuer (vt)	मारना	mārana
vacciner (vt)	टीका लगाना	tīka lagāna
vendre (vt)	बेचना	bechana
verser (à boire)	डालना	dālana

viser ... (cible)	निशाना लगाना	nishāna lagāna
vivre (vi)	जीना	jīna
voler (avion, oiseau)	उड़ना	urana
voler (qch à qn)	चुराना	churāna
voter (vi)	मतदान डालना	matadān dālana
vouloir (vt)	चाहना	chāhana

www.ingramcontent.com/pod-product-compliance
Lightning Source LLC
Chambersburg PA
CBHW071326090426
42738CB00012B/2806

* 9 7 8 1 7 8 6 1 6 5 3 2 9 *